한국소년운동사

방정환연구소 총서 01

한국 근대 민족운동 속 어린이운동의 태동과 전개

한국소년운동사

김정의 지음

헌정

우리 역사 위에
한 송이 꽃으로 피어난
한국소년운동사

어린이를 위해
민족독립운동을 위해
헌신하신
수많은 소년운동가를 생각하며
이 책을 바칩니다.

『한국소년운동사』 복간의 자랑과 기쁨

김정의 선생님이 주신 1992년 초판본 저서 『한국소년운동사-1860년~1945년』을 새삼 펼쳐 보니, 서명해 주신 날짜 '2023년 6월 26일'이 반갑게 나타납니다. 숫자 7개가 마치 오늘을 기다려 왔다는 듯이 날렵하게 춤을 추는 듯이 느껴지는 것은 다만 우리의 착각일까요?

김정의 『한국소년운동사』가 출간된 지 어언 34년만에 드디어 '복간'의 뜻을 이루었습니다. 지난 3년여 동안 찬찬히 읽고, 입력하고, 교정하고, 국한문 혼용체에서 한글옷을 입혀 드리기까지, 공들이며 힘써 온 과정의 결실! 어찌 춤추고 싶지 않겠어요? 어찌 기쁘지 않겠어요?

우리가 『한국소년운동사』를 복간하고자 한 뜻은 분명했습니다. 첫째, 이 책은 새 인류 어린이 연구의 필독서였습니다. 둘째, 한국 소년운동사, 아니 세계 소년운동사의 신기원을 고증한 역사서였습니다. 셋째, 새 시대 소년운동의 이론과 실천적 기반이 될 교과서요 지도서였습니다.

한국소년운동사 복간위원회가 꾸려졌습니다. 한자와 한글을 오가며 한 자 한 자 확인하고, 본문에 인용된 자료도 오류가 없도록 원문을 찾아 대조해 나갔습니다. 『한국소년운동사』 저술 업적에 누가 되지 않기를 염려하면서 추가 발굴된 『어린이』 자료와 소년운동 단체의 기록을 보완하였습니다. 그 과정은 여간 힘든 일이 아니었지만 참 보람된 일이었습니다.

『한국소년운동사』 복간 과정을 동화처럼 순수하고 아름다운 '사과나무'에 비유해 보고 싶습니다. 김정의 선생님은『한국소년운동사』 복간의 일을 방정환연구소에 일체 일임해 주셨습니다. 기획부터 오늘의 출간에 이르기까지, 마치 한마음인 듯이 믿어주신 선생님의 은혜에 절로 고개가 숙여집니다. 또한 성주현·이주영·박길수·홍승진 교수 등 복간위원회의 쟁쟁한 학자 님들께서는『한국소년운동사』가 시대에 맞게 충실히 복간될 수 있도록 해 주셨습니다.

지난 12월 16일, 인쇄 전 최종 교정지와 밝은 노랑색 책표지 시안을 안고 김정의 선생님을 찾아 뵈었지요. 시간을 잊은 채 훈훈한 담소를 나누던 중 바깥은 이미 어둑어둑해졌죠. 곧 떠날 우리를 위해 몰래 보리밥을 지어 베풀어 주신 예산 삽교의 '사과나무' 문호석 대표 님. 우리가 사양할 걸 짐짓 아시고 '보리밥이 조금 남아 있는데 드시고 갈 수 있겠느냐'고 넌지시 권해 주시던 그 마음이 정겹게 생각납니다.

김정의『한국소년운동사』는 이 시대 어느 학자도 뒤쫓아갈 수 없을 만큼 방대한 문헌을 섭렵하여 한국 소년운동사 연구를 학문의 체계로 집대성한 업적 그 자체였습니다. 이 책을 읽는 독자들도 놀랄 것입니다. 무엇보다도 이 책이 한글날 100돌을 맞이하는 기념의 해에 출간됩니다. 한글날 기념사업으로도 한 몫을 하였으니 더없이 큰 자랑이요 기쁨입니다.

이제, 한글을 사랑하는 모든 세대가 꼭 한국 소년운동의 역사서인『한국소년운동사』를 만날 수 있기를 간절히 바랍니다.

2026년 3월

한국소년운동사 복간위원회를 대표하여 장정희

책 머리에

광복 후 반세기 동안 한국사에 관한 연구는 숱한 난관 속에서도 총체적으로 보아 괄목할 만한 발전을 거듭하였다. 그중에서도 민족독립운동사의 천착은 획기적 성과를 거두었다. 그러나 민족독립운동사의 최후 보루로서의 기대감을 갖고 전개되었던 소년운동사는 몇 분의 논문만 발표되었을 뿐 아직 체계적인 논저가 한 권도 없는 형편이다. 이에 소년운동사 관계의 졸고들을 모아 미흡하나마 우선 단행본으로 낼 마음을 굳히게 되었다.

이 책은 민족운동사의 시각에서 소년운동사의 전 과정(1860-1945)을 고찰하여 체계적으로 한국소년운동사를 정리하고자 시도하였다. 그 주요 목차는 1. 소년운동의 기반 조성 2. 『개벽』지의 소년관 3. 소년회 운동 4. 범민족적 소년운동 5. 소년단(少年團, Boy Scout) 운동 6. 소년운동의 노선 갈등과 일제 탄압 7. 국외에서의 한인소년운동으로 해서 주제를 설정하였다. 물론 이와 같은 작업의 목적은 소년운동사가 민족운동사에 기여한 의의를 구명하는 데에 있다. 그 결과 한국소년운동사는 민족운동사 그 자체의 가장 유용한 민족전위운동(民族前衛運動)이었음을 분명히 파악하게 되었다.

그런데 마침 올해(1992)는 고희(70주년)의 어린이날 기념행사와 '청소년의 해'가 겹쳐 있는 해이다. 이처럼 뜻 깊은 해에 『한국소년운동사』(韓國少年運動史)를 상재하게 되어 한편 두렵고 한편 행운으로 생각된다. 아무튼 이 책에 관심 있는 분들에게 한국소년운동사에 관하여 조금이라도 이해에 보탬이 되었으면 하는 바람이다. 그리고 미진한 부분에 대하여는 기탄 없는 질정을 기대한다.

이 책이 나오기까지 그동안 많은 격려와 용기를 주신 여러분의 은혜를 잊을 수 없다. 한민족의 고귀한 민족정신을 일깨워 주신 고 홍이섭(洪以燮) 선생님, 배움의 길을 자상하게 인도하여 주신 추헌수(秋憲樹) 선생님, 역사 연구의 방법을 바르게 틔워 주신 이광린(李光麟) 선생님, 현실과 역사의 공존에서 소년운동사 연구의 폭을 넓혀 주신 이현희(李炫熙) 선생님, 그리고 실학으로서 학문하는 자세를 다져 주신 원유한(元裕漢) 선생님께 감사드린다. 이 밖에도 많은 분의 도움이 있었다. 그분들에게도 고마움을 드린다. 끝으로 출판계의 어려운 여건 속에서도 무악실학회총서 제1집으로 이 책의 출간을 흔쾌히 맡아주신 민족문화사 신준호(申駿浩) 사장님의 배려와 편집실 여러분의 노고에 대하여도 감사를 드린다.

1992년 3월

행원(杏園)에서 지은이 씀

차례

1992년도 초판을 낸 김정의 『한국소년운동사』를 34년만인 2026년에 다시 복간 편찬 하면서 복간위원회는 몇 가지 원칙을 세우고 진행하였으며, 구체적인 용례를 아래와 같다.

[복간의 원칙]
① 저자의 저술 업적이 최대한 원문 그대로 복원되도록 하는 것을 원칙으로 한다.
② 맞춤법은 현대표준어 규정을 적용하고, 인쇄 과정의 명백한 오식은 바로잡는다.
③ 해석이 쉽지 않는 한자 조어는 쉬운 한글로 풀어쓴다.
④ 자료 발굴 등 내용 보정이 이루어진 경우, 초판 내용을 확인할 수 있는 비교표를 작성해 둔다.

[구체적 용례]
① 인용한 문헌 내용이 원문과 다른 경우 바로잡는다.
　예) 억지로 참고 각골정신(刻骨精神)으로 10년의 시간을 → 억지로 참고 각골정심(刻骨精心)으로 10년의 시간을
② 원문 인용은 아래아(·)를 포함한 옛 어법을 현대 어법으로 바꾼다.
　예) 난(亂)으로 인ᄒ야 치(治)홈을 알며 → 난(亂)으로 인하여 치(治)함을 알며
③ 요즘 잘 사용하지 않는 어색한 한자어는 자연스런 우리말 표현으로 바꾼다.
　예) 가능한 데서 나온 어세(語勢)라고 보아진다. → 가능한 데서 나온 말의 힘으로 보인다.
④ 고전 인용은 한글 번역문으로 바꾸고, 원문을 각주로 내린다.
　예) 父兮生我 하시고 母兮鞠我 하시니 欲報其德인대 → 아버님 날 낳으시고 어머님 날 기르시니 그 은덕에 보답코자 하나
⑤ 숫자 표시는 읽기 발음으로 표기된 것을 숫자로 바꾼다.
　예) 일백설흔네곳 소년회의 회원 전톄가 총출동하야 삼십만장의 선전지를 → 134곳 소년회의 회원 전체가 총출동하여 30만 장의 선전지를

제1장
머리말

　한국소년운동사(1860-1945)가 단순한 소년운동으로서의 임무뿐만 아니라 민족독립을 위한 최후 보루로서의 소년에 대한 기대감을 갖고 전개한 민족운동의 전위운동(前衛運動)이라는 점에 초점을 맞추어, 첫째, 한국소년운동사의 정신적 기반을 어디에서 구하고 있는가를 살피고, 둘째, 국내외에서 유기적으로 전개된 한국소년운동사의 전 과정을 고찰하여 그 전모를 밝히고, 셋째, 한국소년운동사가 민족운동사 상에서 갖는 위상과 의의를 구명하는 데에 연구의 목적을 두었다.

19세기부터 시작된 반외세·반봉건의 자주화·근대화운동은 민족운동사의 일관된 주류를 이루어 왔다. 개화 초기에는 보수와 개화의 양파로 갈리어 개화운동, 위정척사운동, 동학운동으로 나타나 대립과 반목 속에 자주나 개혁을 뜻대로 이루지 못하고 외세에 이용당하기도 하였다. 그러나 그들의 목적은 모두 순수한 애국정신에서 비롯되었다. 그러기에 청일전쟁, 러일전쟁, 을사조약으로 인하여 국가 존망의 위기의식을 느끼자 차츰 하나로 합류하여 애국계몽운동과 의병운동을 전개할 수가 있었다.

그럼에도 불구하고 국망에 이르자 한민족은 한 덩이가 되어 3·1운동을 일으키고 '대한민국임시정부'를 수립하였다. 국내에서는 일제의 무단통치를 이른바 문화통치로 바뀌게 하고, 정치, 경제, 사회, 문화의 여러 분야에서 각종의 민족운동을 전개하였다. 그리하여 언론운동, 교육운동, 노동운동, 농민운동, 청년운동, 소년운동, 여성운동, 종교운동, 물산장려운동, 민립대학설립운동, 신간회운동, 6·10만세운동, 광주학생운동 등 많은 운동으로 나타났다. 한편 국외에서는 주로 무장투쟁의 군사운동으로 나타났다. 이와 같이 1920년대는 민족독립의 자신감을 얻은 시기로 민족운동이 매우 활성화되었다.

그동안 선학(先學)들은 여러 방면에서 민족운동의 실체를 밝혀 민족운동사를 정립할 수 있을 만큼 커다란 성과를 거두었다. 그러나 소년운동사는 민족운동사에 지대한 공헌을 하여 민족운동사의 전위(前衛)로서 중요한 몫을 차지하였음이 분명해 보이는데도 소년운동사에 관한 연구가 다른 민족운동사에 비해 상대적으로 미흡하였다. 본서는 이 점에 착안하여 한국소년운동사(1860-1945)가 단순한 소년운동으로서의 임무뿐만 아니라 민족독립을 위한 최후 보루로서의 소년에 대한 기대감을 갖고 전개한 민족운동의 전위운동(前衛運動)이라는 점에 초점을 맞추어, 첫째, 한국소년운동사의 정신적 기반을 어디에서 구하고 있는가를 살피고, 둘째, 국내외에서 유기적으로 전개된 한국소년운동사의 전 과정을 고찰하여 그 전모를 밝히고, 셋째, 한국소년운동사가 민족운동사 상에서 갖는 위상과 의의를 구명하는 데에 연구의 목적을 두었다.

광복 후 지금까지 진행된 한국소년운동사 관계의 연구 성과는 다음의 몇 가지로 간추려진다.

첫째, 소년운동을 직접 선도했거나 목격한 사람에 의하여 일반 잡지나 연맹사(聯盟史)에 개괄적으로 소개한 체험적인 논술로는 다음과 같은 것이 있다.

정홍교. 1960. 「소년운동과 그 사명」, 『자유문학』 5월호.

윤석중. 1962. 「동심으로 향했던 독립혼」, 『사상계』 5월호.

정홍교. 1969. 「한국소년운동의 사적 고찰」, 『선도』 3월호.

정홍교. 1969. 「한국소년운동과과 사회성」, 『현대교육』 5월호.

최창파. 1969. 「소파 선생님과 소년운동」, 『신인간』, 5월호.

문익환. 1973. 「태초와 종말의 만남」, 『크리스챤문학』 신춘호.

김용우. 1974. 「야영의 모닥불에 키워 온 꿈」, 『서울연맹20년사』.

성봉덕. 1985.「천도교소년운동과 소춘 선생」,『신인간』5월호.

김창준. 1985.「해란강에 비 오면 다정하던 님」,『여성동아』8월호.

위와 같은 논술에는 소년운동 당시의 상황이 생동감 있게 묘사되어 있어서 소년운동의 실상을 파악하는 데 많은 도움이 된다. 특히 민족운동의 여러 갈래 중 소년운동이 근본적으로 매우 중요한 민족운동이었음을 확인하는 데 결정적인 자료가 되어 주었다. 이와 같이 사료적 가치는 충분히 인정되었으나 체계 있게 정리한 연구물이 아니란 점에 아쉬움이 있다.

둘째, 저서 및 편저로는 다음과 같은 것이 있다.

한국보이스카우트연맹. 1973.『한국 보이스카우트 50년사』(未刊 草稿本).

정인섭. 1975.『색동회 어린이운동사』, 학원사(學園社).

외솔회. 1983.『나라사랑-소파방정환 특집호』49.

한국보이스카우트연맹. 1984.『한국 보이스카우트 60년사』.

이 책들은 한국소년운동사의 양대 줄기라고 볼 수 있는 소년회 운동과 소년단(보이스카우트) 운동의 큰 흐름을 각각 정리한 것으로, 보기 드문 성과를 올린 역작이다. 그러나 이것은 소년단이나 색동회, 혹은 방정환의 소년운동 등 부분적인 소년운동에 치중하여 기술함으로써 객관성을 잃은 흠이 있다. 따라서 균형 잡힌 안목으로 전체적인 소년운동사의 흐름을 재조명, 재평가할 필요성을 갖게 되었다.

셋째, 학술적인 연구논문으로는 김상련이 「소파연구」[1]를 함으로써 선구적인 소년운동가의 업적을 밝혀 소년운동사에 중요한 열쇠를 풀었다. 그 후 조찬석이 「일제하의 한국소년운동」을 위시하여 1920년대의 각 지방별 소년운동의 실체를 심도 있게 규명하였다. 또한 조철호(趙喆鎬)에 관한 연구 등 일련의 소년운동사 관계의 귀중한 논문을 연작으로 발표[2]하여 소년운동사 연구 풍토의 기초를 다졌다. 이를 바탕으로 신재홍은 「일제치하에서의 한국 소년운동 고(考)」[3] 등을 발표하여 1920년대에 멈췄던 소년운동사의 연구범위를 1930년대까지 확장시켜 소년운동사의 새로운 장을 열었다. 여기에다 필자는 「한국 근대 소년운동 연구」[4] 등을 보태어 소년운동의 커다란 윤곽을 드러냈다. 그러나 한국소년운동사의 몇몇 분야는 아직도 연구가 미흡하여 천착해야 할 여지가 많다. 더욱이 현재 한국에는 어린

1 김상련. 1972. 「소파연구」(상)(중)(하) 『신인간』 295~297호.
2 조찬석. 1973. 「일제하의 한국소년운동」, 『논총』 4, 인천교육대학.
   ______. 1976. 「1920년대 경기지방의 소년운동」, 『기전문화연구』 7, 인천교육대학.
   ______. 1978. 「1920년대 서울지방의 소년운동」, 『논문집』 12, 인천교육대학.
   ______. 1981. 「관산(冠山) 조철호에 관한 연구」, 『교육논총』 12, 인천교육대학.
   ______. 1983. 「1920년대 경상북도지방의 소년운동」, 『김판영박사화갑기념논문집』, 동아출판사.
3 신재홍. 1981, 「일제치하에서의 한국 소년운동 고(考)」, 『사학연구』 33, 한국사학회.
   ______. 1983. 「1920년대 한국 청소년운동」, 『인문과학연구』 2, 성신여자대학교.
4 김정의. 1985. 「근대 소년운동의 배경 고찰」, 『논문집』 8, 한양여자전문대학.
   ______. 1988. 「한국 근대 소년운동 연구 - 초기 소년단 운동을 중심으로」, 『논문집』 11, 한양여자전문대학.
   ______. 1989. 「한국 근대 소년운동고(考) - 천도교소년회운동을 중심으로」, 『한국사상』 21, 한국사상연구회.
   ______. 1991. 「한국 근대 소년운동사의 역사적 배경에 관한 연구」, 『백산박성수교수화갑기념논총 -한국독립운동사의 인식』.

이날이 법정공휴일이고 어린이회관, 어린이공원이 있을 뿐만 아니라 제17회 세계 스카우트 잼버리(1991)까지 개최한 주최국인데도 이와 같은 현실을 가능케 한 한국소년운동사에 대하여는 막상 전모를 밝힌 논저가 한 권도 없다는 점에 유의하여 전술한 선행 논문을 바탕으로 아직도 다루어지지 않았거나 미흡하게 다듬어진 다음의 몇 가지를 마저 다루어 한국소년운동사에 대한 관심을 정리해 보고자 한다.

첫째, 한국소년운동사의 기반 조성을 좀 더 구체적으로 고찰하여 소년에 대한 시대적인 관심의 추이를 정리해 보고, 둘째, 『개벽』지가 보인 소년관(少年觀)을 분석하여 한국소년운동사와의 상관관계를 알아보고자 한다. 셋째, 소년회와 소년단 운동의 전개와 범민족적 소년운동협회의 활동을 고찰하여 소년운동이 초기 단계에서 자리 잡아 가는 과정을 알아보고, 넷째, 국외의 한인소년운동과 국내 소년운동의 공통점, 차이점 등을 밝히고 국내외 소년운동의 유기성을 고찰해 보고자 한다. 다섯째, 한국소년운동사의 내적 문제점을 살펴보고자 한다. 특히 민족소년운동과 무산소년운동(無産少年運動)의 끊임없는 노선 갈등을 고찰하여 민족의 고뇌를 드러내고 민족 협력의 방도를 찾아보며, 여섯째, 일제의 말기적인 소년운동 탄압상을 고찰하고, 이에 굴하지 않고 광복이 되기까지 단절 없이 전개된 소년운동의 불굴의 정신이 갖는 의미를 새겨보고자 한다. 일곱째, 한국소년운동사의 전모가 드러나면 소년운동사의 각 시기를 단계별로 구분하여 그 형태가 좀 더 뚜렷이 보이도록 시도하고자 한다.

이와 같이 미흡한 분야를 천착하여 한국소년운동사의 전모를 드러내고, 한국소년운동사가 민족운동사에서 갖는 기여도와 그 위상을 구명하기 위한 연구의 범위와 방법은 아래와 같이 설정하여 연구 작업을 추진하고자 한다.

첫째, 한국소년운동의 기반 조성 과정은 소년에 대한 근대적인 인식이 싹틀 때부터 고찰해 보기로 한다. 그것은 한국소년운동을 가능케 한 기반을 도외시할 수 없는 까닭에서이다.

둘째, 한국소년운동사 연구 시기의 포괄 범위는 1905년 11월 을사조약으로 사실상 국권이 상실된 시점부터 1945년 8월 광복 때까지로 하기로 한다. 그것은 이 기간이 민족운동으로서 근대소년운동 전개 시기에 해당된다고 보기 때문이다.[5]

---

5 소년운동사에 대한 시기 구분으로는 먼저 정홍교(丁洪敎)는 1969년 다음과 같이 여섯 기(期)로 시대구분을 설정한 일이 있다. 즉 "제1기(1920-1924년)는 민족소년운동의 자연발생기이고, 제2기(1925-1930년)는 전성기였으며, 제3기(1931-1935년)는 수난기였고, 제4기(1936-1937년)는 왜정(倭政) 탄압으로 해산 당하던 시기이며, 제5기(1945-1947년)는 신(新) 민족소년운동의 배태기(胚胎期)였고, 제6기(1948년 이후)부터는 민족민주주의 소년운동의 발족기(發足期)라 보겠다."(정홍교. 1969. 「한국 소년운동의 사회성」, 『현대문학』 5. 43쪽. 신재홍(申載洪)은 4단계로 시기 구분을 설정하였다. 즉 "첫째는 1919년 3·1운동부터 1924년 소년운동협회 성립까지를 민족운동지도자들에 의하여 추진된 소년운동 발흥기(發興期)로, 둘째, 1925년 「오월회(五月會)」 조직에서서부터 1928년 조선소년연합회 창립까지로서 이 시기는 무산소년운동자(無産少年運動者)의 대두와 좌우 연합기로, 셋째는 1928년 조선소년총연맹 결성에서 1931년 전조선 어린이날 중앙준비연합회 결성까지로 이때는 좌우의 대립과 소년운동의 분열기로, 그 이후 1937년까지는 일제의 탄압으로 인한 소년운동의 쇠퇴기로 잡을 수 있다."(신재홍. 앞의 「일제치하에서의 한국소년운동 고찰」, 111쪽). 한편 필자는 이에 토대하여 다음과 같이 9단계로 구분한 바 있다.
제1기(1876-1909) ― 개화사상을 통한 소년애호심(少年愛護心) 고취기
제2기(1910-1918) ― 근대 소년운동의 역량 축적기
제3기(1919-1923) ― 근대 소년운동의 발생기
제4기(1924-1930) ― 근대 소년운동의 전성기
제5기(1931-1937) ― 분열·수난으로 인한 붕괴기
제6기(1938-1944) ― 지하 잠적기

셋째, 한국소년운동사의 공간 대상(空間對象)은 한국 내는 물론이고 그 밖에 상해(上海), 해간도(海間島 ; 연해주·간도), 미주(美洲) 지역을 포함시키고자 한다. 그것은 국내외에서 전개된 한국소년운동이 같은 차원의 민족운동으로서 서로 유기적으로 영향을 주고받았다고 보기 때문이다.

넷째, 이 연구에서 소년의 개념은 당시의 소년 개념을 존중하기로 한다. 소년의 연령은 소년단체의 성격과 사정에 따라 일정치 않으나 전체적으로 보아 '어른'에 대하여 '어른이 아닌 사람'으로 사용되었는데 대략 6세에서 22세까지라는 매우 광범위한 구성으로 나타나고 있다. 따라서 당시 소년단체에서 소년회원으로 입회(入會) 내지는 입단(入團)시킨 소년은 모두 소년으로 간주하여 연구대상으로 삼고자 한다.

다섯째, 이 연구는 《동아일보》, 《조선일보》, 《신한민보(新韓民報)》, 『개벽』, 『천도교회월보』, 『어린이』, 『독립운동사 자료집』, 『朝鮮の治安狀況(조선의 치안상황)』 등에 수록된 소년운동에 관한 제반 기록을 자료로 하고 기타 소년운동에 관한 선행논문을 참고하여 비교하는 문헌 연구법을 사용하기로 한다.

여섯째, 이 연구에서는 소년운동사의 연구가 아직은 미진하거나 개척 중에 있으므로 되도록 자세한 자료의 제시를 꾀해 보고자 한다.

제7기(1945-1948) — 현대 소년운동으로의 과도기
제8기(1948-1980) — 현대 소년운동의 성장기
제9기(1981년 이후) — 현대 소년운동의 각성기(김정의. 앞의 「한국 근대 소년운동 고찰」, 『한국사상』 21. 157쪽).

제2장

소년운동의 기반 조성

동학은 종래의 전통적인 가치관을 근본적으로 타파하고 소년 애호를 통하여 실질적인 근대인식의 새로운 지평을 열어가기 시작하였다. 천도교가 김기전이나 방정환 같은 근대소년운동의 주역을 배출하게 된 것도 그 실은 해월의 가르침에 연유된 것이다. 따라서 해월 최시형은 소년운동을 태동시킨 선각자라고 생각된다. 그것은 동학의 소년해방사상이 한국소년운동의 기저사상이라는 점에서도 명백하게 뒷받침된다고 생각된다.

Ⅰ. 근대 변혁기의 소년 인식

1. '동학'의 소년해방사상(少年解放思想)

소년에 대한 근대적 인식은 조선 후기 실학자들에 의하여 부분적, 간접적으로 제기되었다.[1] 그 후 개화사상이 퍼지기 시작하면서 소년에 대한 인식도 점차 발전적으로 확산되어 갔다. 이러한 소년에 대한 인식은 '동학'의 지도이념 실현, 독립협회의 계몽활동, 애국계몽 사상가들의 소년문제 제기, 그리고 『소년』지 등의 발간을 통해서 선양되었다. 당시 개화사상 구현의 최대 관심사는 소년을 애호하고[2] 소년의 교육을 중시하고[3] 소년을 사회적으로 바르게 교도(敎導)하여[4] 장차 자강독립(自强獨立)의 역군으로 삼고자

---

1 소년에 관한 실학자들의 인식은 유수원의 「논사서명분(論士庶名分)」, 박지원의 「양반전」, 정약종의 「주교요지」, 정약용의 「애민」, 최한기의 「교인(敎人)」 등의 논술에서 별견(瞥見)되고 있다(김정의. 1991. 「한국 근대 소년운동사의 역사적 배경에 관한 연구」, 『백산 박성수 교수 화갑기념 논총-한국독립운동사의 인식』, 363-365쪽).
2 최동희. 1969. 「천도교 지도정신의 발전 과정」, 『3 · 1운동 50주년 기념논집』, 동아일보사, 88-89쪽.
3 한흥수. 1977. 『근대 한국 민족주의 연구』, 연세대학교출판부, 116쪽.
4 「「소년」지 간행 취지」, 『소년』 1908년 11월호, 1쪽.

함에 있었다. 이처럼 개화사상에 부각된 소년애호사상은 동학의 소년 해방, 독립협회의 소년교육 중시, 애국계몽 사상가들의 소년교육론, 『소년』지의 소년 선양 등으로 나타나 소년에 대한 인식이 한껏 고조되었다.

이러한 흐름의 선구는 동학의 소년해방사상에서 비롯되었다. 동학은 일종의 민족종교로서 서학(西學, 天主敎)을 의식하면서 민족고유의 정신에 토대를 두고 1860년 최제우(水雲 崔濟愚, 1824~1864)에 의해 창시되었다.[5] 그 후 제2대 교주 최시형(海月 崔時亨, 1827~1898)을 거치면서 교세가 확장되어 민족종교로서의 발전을 거듭하였다. 민족정신이 가장 잘 발휘되었던 것은 1894년 척양척왜(斥洋斥倭)를 내걸고 투쟁했던 동학혁명에서라고 보겠다. 이렇게 민족의 참다운 독립에 기여하여 겨레의 정신적 지주로서의 역할을 발휘한 동학의 지도 이념이 소년해방사상의 골격을 형성한 것은 많은 사람에게 어린이 인권 보호 관념을 심어주는 데 도움이 되었을 것으로 생각된다.

1885년 해월은 다음과 같이 설교하고 있다.

도가(道家, 동학을 믿는 집)에서 어린이를 때리는 것은 곧 하느님의 뜻을 상하는 것이므로 깊이 삼가야 한다. … 사람의 마음을 떠나서 따로 하느님이 없고 하느님을 떠나서 따로 마음이 없다. 이 이치를 깨달아야만 도(道)를 깨달았다고 할 수 있다. … 우리 선생님[水雲]의 가르침을 내가 어찌 꿈엔들 잊으리오. 선생님은 어느 때 '하느님을 섬기듯이 사람을 섬기라(事人如天)'고 가르치셨다. 그러므로 나는 비록 부인·소아(小兒, 어린아이)의 말이라도 하느

5   오지영. 1940. 『동학사』, 영창서관, 19-22쪽 참조.

님의 말씀으로 알고 여기서 배울 것은 배운다.[6]

그가 이 설교를 하던 1885년은 갑신정변 다음 해로서 이미 개화사상이 널리 퍼져 있던 시대이다. 이러한 시대 상황에서 그가 행한 설교 가운데 괄목되는 것은 "'소아(小兒), 즉 어린이의 말'이라도 하느님의 말씀으로 알라"고 한 점이다. 그는 또 1871년경의 설법인 「대인접물(待人接物)」에서도 어린이 애호심을 다음과 같이 고취하고 있다.

> 모든 사람을 하느님같이 여기고 손님이 오면 하느님이 오셨다고 하라. … 어린이를 때리지 말라. 이것은 하느님을 때리는 것이다.[7]

이처럼 '어린이를 때리는 것이 하느님을 때리는 것과 같다'고 설파할 정도로 어린이 보호에 각별한 배려를 하고 있었다. 뿐만 아니라 그는 소년의 인격을 존중하여 하느님을 모시듯 '성경신(誠敬信)'으로 대하라고 역설하고, 태교의 중요성도 지적하였다.[8] 해월은 성인들이 소년을 무관심 내지는 학대하는 것을 전통적인 고정관념이라고 질타매도하면서 소년의 주장도 경청[9]하는 진지한 생활태도를 취해야 할 것이라고 소년 존중사상을 피력하

---

6 최동희. 1969. 「천도교 지도정신의 발전 과정」, 『3·1운동 50주년 기념논집』, 동아일보사, 88-89쪽.

7 최동희. 위의 책, 91-92쪽.

8 『해월신사법설』 「성경신(誠敬信)」; 「내칙(內則)」.

9 『해월신사법설』 「대인접물」. "누가 나에게 어른이 아니며 누가 나에게 스승이 아니리오. 나는 부인과 어린아이의 말이라도 배울 만한 것은 배우고 스승으로 모실 만한 것은 스승으로 모시노라."

였다.[10] 그리하여 동학도들에게 소년 존중관이 온축되어, 마침내 동학혁명 때는 소년이 동학군의 선두에서 진두 지휘하였다는 신화적인 사실이 나타났다.[11]

이로써 동학은 종래의 전통적인 가치관을 근본적으로 타파하고 소년 애호를 통하여 실질적인 근대인식의 새로운 지평을 열어가기 시작하였다. 천도교가 김기전이나 방정환 같은 근대소년운동의 주역을 배출하게 된 것도 그 실은 해월의 가르침에 연유된 것이다. 따라서 해월 최시형은 소년운동을 태동시킨 선각자라고 생각된다.[12] 그것은 동학의 소년해방사상이 한국소년운동의 기저사상이라는 점에서도 명백하게 뒷받침된다고 생각된다.[13]

2. 독립협회의 소년교육 중시

개국 후 개화당(開化黨), 갑신정변, 동학혁명, 갑오경장으로 이어진 개화사상은 발전적 흐름에 의해 1896년 '독립협회'가 나타나게 된다.

일찍이 개화의 실천가인 김옥균(金玉均, 1851-1893)은 "인민(人民)의 신용(信用)을 거두고, 널리 학교를 설립하여 인지(人智)를 개발하고, 외국의 종교를

10 이현희. 1985.『동학혁명과 민중』, 대광서림, 101쪽 참조.
11 김용덕. 1975.「해월의 생애」,『한국사의 탐구』, 을유문화사, 226쪽 참조.
12 김용덕. 앞의 책, 226쪽 참조.
13 김정의. 1985.「근대소년운동의 배경 고찰」,『논문집』8, 한양여자전문대학, 12-13쪽 참조.

유입하여 교화에 힘쓰는 것도 역시 한 방편이라 하노이다."[14]라고 하여 인지(人智)를 개발하기 위하여 근대식 학교가 필요하다고 상소하였다.

또한 박영효는 좀 더 구체적으로 아래와 같이 상소하였다.

오늘의 급무(急務)는 학교를 크게 일으키며, 위로는 세자 전하로부터 아래로는 서민의 자제에 이르기까지 학교에 입학시켜 공부케 함으로써 천지의 무궁한 이치를 밝힐 것 같으면, 문덕(文德)과 재예(才藝)가 다시 찬연해질 것입니다. 소·중학교(小中學校)를 설립하여 6세 이상의 남녀로 하여금 모두 학교에 들어가서 배움을 받도록 할 것입니다.[15]

이와 같이 실용을 먼저하고 문화(文華)를 뒤에 하는 근대학교의 설립을 주장하였다. 더욱이 6세 이상의 모든 남녀 소년들의 의무교육까지도 강조하였다. 이는 대단히 획기적인 발상으로 근대학교를 통한 소년교육의 필요성을 제고시키는 데 기여하였다. 이 같은 초기 개화파들의 적극적인 활동으로 1883년 최초의 근대학교인 '원산학사(元山學舍)'가 설립되어 근대교육의 효시를 이루었다.[16] 그 후 독립협회(1896-1898, 이후 1899년까지는 '만민공동회')는 대외적인 자주의 자세를 대내적인 자강(自强)에서부터 추구하여 독립의 기반을 확립코자 개명진보(開明進步), 국권자립(國權自立), 민권자수(民

14　이광린·신용하. 1984. 「김옥균의 상소문」, 『사료로 본 한국문화사』(근대편), 일지사, 102쪽.

15　박영효. 「개화소(開化疏)」, 『일본외교문서』 21, 일본외무성장판(藏版).

16　신용하. 1983. 「개화정책」, 『한국사』 16, 국사편찬위원회, 377쪽.

權自修)를 근대화의 지향 목표를 인식하게 되었다.[17] 이를 위해 자강책의 일환으로 "문명진보 하는 나라에서들은 인민 교육을 제일 사무로 아는지라"[18]라고 서양열강이 가장 중시하는 것이 교육임을 소개하였다. 그리고 우리도 "젊은 사람들과 아이들은 남녀 물론하고 교육을 시켜 무슨 노릇을 하여 먹든지 하게 하여 주어…"[19]라고 교육을 중시하는 주장을 하기에 이르렀다. 더욱이 개명진보를 위한 급선무가 교육에 있다고 본 독립협회는 교육 기관의 대폭 증설과 교육 기회의 확대를 촉구했다. 특히 기초교육으로서의 계몽교육을 여성교육과 함께 중시하여 소학교의 설립을 위해 재정 지원을 가장 우선적으로 정부에 건의한 것[20]으로 보아, 소년교육을 제일 중요시했음을 알 수 있다.

이토록 개화사상의 흐름 중에서도 소년을 교육하여 개명·진보케 하여 자강의 독립을 보지(保持)코자 한 독립협회의 노력은 소년애호심을 한층 두드러지게 한 계기가 되었다고 생각된다.[21]

3. 애국계몽 사상가의 소년교육 활동

한말 대한제국은 국망(國亡)의 위기의식에 휩싸였다. 그러자 전통 시대에는 소홀했던 소년문제에 시선이 집중되기 시작하였다. 그것은 소년에게

---

17 한홍수. 앞의 『근대 한국 민족주의 연구』, 108쪽.
18 『대조선독립협회회보』, 1896년 11월 30일자.
19 《독립신문》 1897년 2월 27일자 〈논설〉.
20 《독립신문》 1896년 5월 12일자 ; 9월 5일자 ; 1897년 5월 18일자 ; 5월 20일자 논설.
21 김정의. 앞의 『근대 소년운동의 배경 고찰』, 13-14쪽.

근대교육, 민족교육을 시켜 그들로 하여금 지난 세대가 실추한 국권을 회복하게 하고자 하는 기대의 반작용이었다. 애국계몽 사상가들은 민족적 위기를 극복하기 위해서는 교육이 가장 급선무라고 인식하고 모든 활동 중에서 교육 활동이 우선시되어야 한다고 주장하였다.[22] 그들의 견해에 대하여 지난날 반대 입장에 있었던 세력마저도 동조하거나, 적어도 반대하지는 않았다. 그리하여 애국계몽 사상가들은 '대한자강회(大韓自强會)', '서우학회(西友學會)', '대한신민회(大韓新民會)' 등의 단체를 만들어 신교육 구국운동을 펼쳤다.

먼저 대한자강회는 자강의 방법을 다음과 같이 제시하였다.

> 자강(自强)의 방도를 강구하려 할 것 같으면 다른 곳에 있지 않고 교육을 진작하고 산업을 일으키는 데 있으니 무릇 교육이 일어나지 않으면 민지(民智)가 열리지 않고 산업이 일어나지 않으면 국부(國富)가 강해지지 못하는 것이다. 그러한즉 민지를 열고 국력을 기르는 길은 교육과 산업의 발달에 달려 있다고 아니할 수 있겠는가![23]

즉 교육과 산업의 발달이 곧 자강의 방책임을 천명하고, 주저하지 말고 혈성(血誠)을 같이하여 국권회복에 매진하여 독립의 기초를 세우자는 것이다. 또한 서우학회는 교육의 확장 방안을 다음과 같이 제안하고 있다.

22 단국대학교 동양학연구소. 1975. 『박은식전서』 하, 86쪽; 노승윤. 1987. 「백암(白岩) 박은식의 민족교육사상 연구」, 중앙대학교대학원 박사학위논문, 1-2쪽 참조.
23 《황성신문》 1906년 4월 2일자.

사회의 조직은 공중의 역량을 연합하여 사업경영의 좋은 성과를 얻을지니, 이에 주력할진대 우리 대한의 전국 13도로 1개 단체를 결합하여 통틀어서 한 가지 교육을 확장하는 것이 완전하고 아름다운 사업이다.[24]

한편 신민회는 신교육의 필요성을 다음과 같이 역설하였다.

난(亂)으로 인하여 치(治)함을 알며 망(亡)을 추측하여 재(在)함을 앎이니, 앞 차의 엎어짐은 뒷 차의 경계할 바이라. 우리들 옛날로부터 자신(自信)치 못하여 악수악과(惡樹惡果)를 오늘에 거두게 되었으나, 오늘 능히 진실로 자신(自信)할진대 선수선과(善樹善果)를 다른 날에 거둘지라. 신민회(新民會)는 무엇을 위하여 일어남이뇨? 민습(民習)의 완부(頑腐)에 신사상(新思想)이 시급하며, 민습(民習)의 우미(愚迷)에 신교육(新敎育)이 시급하며….[25]

이와 같이 신민회도 대한자강회나 서우학회와 마찬가지로 신교육에 역점을 두고자 발족했음을 밝혀 당시 애국계몽 사상가들의 기개를 뚜렷하게 드러내고 있다. 이들의 활동은 일제의 탄압에도 굴하지 않고 전개하여 1907년부터 1909년 4월까지의 짧은 기간 동안에 민중들이 자발적으로 세운 사립학교 수가 무려 3천여 개에 달하여, 한국의 근대사에서 전무후무한 교육열을 보였다.[26]

24 『서우학회월보』 1906년 7월 30일자.
25 1909. 「대한신민회의 취지문」, 『주한일본공사기록』(헌병대장기밀보고).
26 손인수. 1984. 「근대교육의 보급」, 『한국사』 22, 국사편찬위원회, 166쪽 참조.

이들 학교 중 표본적인 민족학교가 바로 안창호가 1907년 평양에 세운 대성학교(大成學校)이다. 대성학교는 다음과 같은 교육 방침을 표방하였다.

첫째, 건전한 인격의 함양

둘째, 애국정신이 강한 민족운동자 양성

셋째, 국민으로서 실력을 구비한 인재 교육

넷째, 강장(强壯)한 체력의 훈련[27]

이를 실천하기 위하여 안창호는 평소 그의 신념대로 무실역행과 주인정신을 강조하였다. 그에 의하면, 무실역행은 공리공론을 하지 말고, 우선 나한 사람부터 성신(誠信)한 사람이 됨으로써 민족중흥의 새로운 힘이 될 수 있음을 이르는 것이다.[28]

또한 같은 해에 이승훈이 세운 오산학교(五山學校)도 민족교육의 당위성을 아래와 같이 토로하고 있다.

총을 드는 사람, 칼을 드는 사람도 있어야 할 것이다. 그러나 그보다도 더 귀중한 일은 백성들이 깨어 일어나는 일이다. 내가 오늘 이 학교를 세우는 것도 후진을 가르쳐 만분의 일이라도 나라에 도움이 되기를 원하기 때문이다.[29]

27 오천석. 1964. 『한국신교육사』, 현대교육총서출판사, 205쪽.
28 손인수. 앞의 「근대교육의 보급」, 187쪽.
29 김기호. 1964. 『남강 이승훈』, 현대교육총서출판사, 90쪽.

그리고 애국계몽가들의 소년교육관은 그대로 가락화(歌樂化)되어 교육 현장에 투영되었다. '애국가', '소년남자가', '소년모험맹진가', '독립가'가 이때에 애창된 곡들이다. 이 가운데 '소년남자가'의 가사는 다음과 같다.

> 무쇠 골격 돌 근육 소년 남자야
> 애국의 정신을 분발하여라
> 다다랐네 다다랐네 우리나라에
> 소년의 활동 시대 다다랐네
> 만인(萬人) 적대(敵對) 연습하여 후일 전공 세우세
> 절세 영웅 대사업이 우리 목적 아닌가[30]

또 '소년모험맹진가'는 제목부터 대단히 격렬한 것으로 그 가사는 다음과 같다.

> 이천만 동포 우리 소년아
> 국가의 수치 네가 아느냐
> 천부(天賦)의 자유권은 차(差)가 없거늘
> 우리 민족 무슨 죄로 욕을 받는가
> 나라 사랑하는 자 적지 않건만
> 모험맹진 하는 자 몇이 되느냐
> 깰지라 소년들아 험한 마당에

---

30 《황성신문》 1909년 3월 21일자.

조금도 사양 말고 달려 나가세[31]

위와 같이 내용도 자유와 독립을 위해 주저 말고 나가 싸우라는 도전적 기개를 노래한 것이다. 물론 싸움의 상대는 일제의 침략이었다. 이토록 강렬한 민족의식의 고취는 국망의 위기에서 독립해야만 하는 절체절명의 사명의식을 일깨우려는 선각적 애국계몽가들의 소년교육관의 발로라고 보겠다. 이러한 민족적인 소년교육관은 일제 강점으로 이어져 근대소년운동의 지향점도 궁극적으로 민족운동에 귀일(歸一)되는 구심점 역할을 수행했다고 생각된다.

한편 역사교과서 내용 중에는 화랑에 관하여 다음과 같이 기술되어 있다.

진흥왕 시대는 미남자(美男子)를 장식(粧飾)하여 호왈(號曰) 화랑(花郎)이라 하고 그(其) 도(徒)가 도의(道義)로써 상마(相磨)하며 혹 가무(歌舞)로 상열(相悅)하여 그 인(人)의 예망(譽望)이 다(多)한 자를 택용(擇用)하되 그 골품(骨品)으로 용인(用人)함은 의구(依舊)한지라. 고로 재지인사(才智人士)가 타국(他國)에 분(奔)하여 공업(功業)을 건(建)한 자가 다(多)하고 기후(其後)에는 사(射)로써 인(人)을 선(選)하다.[32]

이와 같이 화랑도의 역사적 실체를 싣고 있어서 소년들에게는 이를 본받

---

31 조용만 외. 1970. 『일제하의 문화운동사』, 현암사: 민중서관, 254쪽.
32 현채. 1906. 『동국사략(東國史略)』 권1. 40쪽.

고자 하는 기상이 높아졌다고 보아진다. 그것은 당시 이러한 내용을 익힌 조철호나 정홍교, 조소앙 등이 훗날 소년운동의 정신으로 화랑도를 강조하고 있음에서도 확인되는 것이다.

4. 『소년한반도』와 『소년』지의 소년 교도(敎導) 사상

『소년한반도』와 『소년』이 창간되던 1906-1908년대의 시대적 배경은 바로 망국을 눈앞에 둔 전야였다. 술렁대는 국내외 정치 정세와, 외적의 침략으로부터 조국 독립을 지키기 위한 애국의 소리와, 개화를 부르짖는 소리가 한데 뭉쳐서 소용돌이치던 숨막히는 때였다. 이러한 당시의 사상과 정열과 숨결이 『소년한반도』를 창간케 하였고, 이어서 『소년』을 탄생시켰다. 『소년한반도』는 1906년 11월 1일 양재건, 조겸응, 이인직, 이해조 등이 펴낸 잡지로, 최초의 소년잡지라는 영예를 안고 출범하여 통권 6호로 종간되었다.[33]

한편 『소년』지는 1908년 11월 1일자로 시작하여 1911년 5월 15일 통권 23호로 종간되었다. 그간 1회의 미간(未刊) 사건을 제하고는 비교적 순조롭게 간행되었다.[34] 『소년』은 당시 안창호의 조선정신에 감화된 19세의 소년이었던 최남선(崔南善)[35]에 의해서 제작된 잡지인데, 이 잡지 속에는 그의 애국적 정열과 포부가 그대로 표현되어 있다는 점에서도 의의는 큰 것

---

33 한국현대사편찬위원회 편. 1972. 『한국현대사』 9, 신구문화사, 200쪽.
34 백순재. 1971. 「『소년』지 영인본에 붙여」, 『소년』 영인본, 문양사, 1쪽.
35 백철. 1975. 『한국 신문학 발달사』, 박영사, 40쪽.

이다. 이러한 그의 뜻은 『소년』지가 매권 간행될 때마다 거의 다 게재했던 『소년』 간행 취지에 다음과 같이 잘 나타나 있다.

> 나는 이 잡지의 간행하는 취지에 대하여 길게 말씀하지 아니하리라. 그러나 한마디 간단하게 할 것은 '우리 대한으로 하여금 소년의 나라로 하라. 그리 하려 하면 능히 이 책임을 감당하도록 그를 교도하여라.' 이 잡지가 비록 작으나 우리 동인(同人)은 이 목적을 관철하기 위하여 온갖 방법으로써 힘쓰리라. 소년으로 하여금 이를 읽게 하라. 아울러 소년을 훈도(訓導)하는 부형(父兄)으로 하여금도 이를 읽게 하여라.[36]

이 점에 대해서 다시 부연해서 다음과 같이 설명하였다.

> 『소년』의 목적을 간단히 말하자면 신대한(新大韓)의 소년으로 깨달은 사람 되고 생각하는 사람이 되고 아는 사람 되어, 하는 사람이 되어서 혼자 어깨에 진 무거운 짐을 감당케 하도록 교도하자 함이라.[37]

'대한으로 하여금 소년의 나라로 하기 위하여', 그리고 '이 책임을 능히 감당할 수 있게 교도하기 위하여' 간행함을 뚜렷이 밝히고 있다. 즉 신(新)대한 소년이 깨달은 사람이 되고, 아는 사람이 되고, 하는 사람이 되어서, 혼자 어깨에 진 무거운 짐을 감당케 하도록 교도하기 위해 간행되었으니, 『소

---

36 「『소년』 간행 취지」, 『소년』 1908년 11월호, 1쪽.
37 「『소년』의 기왕(旣往)과 및 장래」, 『소년』 1910년 6월호, 18쪽.

년』은 곧 새 시대 새 국가를 건설할 역군인 소년을 대상으로 한 점에 그 목적이 있었음이 드러난다.

그러나 여기에서의 소년이란 반드시 나이 어린 소년만을 대상으로 한 것은 아니고, 널리 청년, 장년들에게까지도 읽혔던 한말의 유일한 교양지로서 개화사상 전달의 기수였으며 신문화 계몽으로 일관된 사실을 전제로 『소년』지를 인식해 두어야 할 것이다.

『소년』은 창간호부터 제2년 제4권까지는 표지 오른편 위에 "금(今)에 아(我) 제국(帝國)은 우리 소년의 지력(智力)을 자(資)하여 아국 역사에 대광채(大光彩)를 첨(添)하고 세계문화에 대공헌을 위(爲)코저 하나니 그 임(任)은 중(重)하고 그 책임은 대(大)한지라."38라고 적어 놓았고, 또 왼편 위에는 "본지(本誌)는 차(此) 책임을 극당(克當)할 만한 활동적 진취적 발명적(發明的) 대(大)국민을 양성하기 위하여 출래(出來)한 명성(明星)이다. 신대한의 소년은 수유(須臾)도 가리(可離)치 못할지라."39라는 '표지말'을 넣어 웅대한 새 한국 국민상을 제시함으로써 소년에 대한 기대감을 보이고 있다.

『소년』이 소년에게 기대감을 갖고, 또 애착을 가지고 있음은 『소년』 창간호에 게재된 「해(海)에게서 소년(少年)에게」에도 잘 나타나 있다. 제6연에 보면, '담 크고 순정한 소년'에게 기대를 걸고 있는 모습이 뚜렷하다.

철… ㄹ썩, 처… ㄹ썩, 척, 쏴… 아

저 세상 저 사람 모두 미우나,

---

38 「『소년』 표지말」, 『소년』 1908년 11월호, 표지.
39 앞의 글.

그중에서 꼭 하나 사랑하는 일이 있으니

담(膽) 크고 순정(純精)한 소년배(少年輩)들이,

재롱처럼, 귀엽게 나의 품에 와서 안김이로다.

오너라 소년배 입 맞춰 주마.

철… ㄹ썩, 철… ㄹ썩, 척, 튜르릉, 콱.[40]

또 『소년』 제2권 4호에 실린 최남선의 시를 보면 소년이 할 일을 다음과 같이 일깨워 주고 있다.

우리는 아무것도 가진 것 없소

칼이나 육혈포나—

그러나 무서움 없네

철장(鐵杖) 같은 형세(形勢)라도

우리는 웃지 못하네

우리는 옳은 것 짐을 지고

큰길을 걸어가는 자(者)—일세(下略)[41]

이러한 문학 면에 나타난 일련의 개화사상 물결을 탄 소년교도사상은 민족사적인 측면에서도 후세에 지대한 영향을 주었음이 틀림없겠다. 『소년한반도』지 제호에서 처음으로 사용되기 시작한 '소년'(少年)이란 호칭을 익

---

40 최남선. 1908. 「해(海)에게서 소년에게」, 『소년』, 1908년 11월호, 4쪽.
41 최남선. 1909. 「구작3편(舊作三篇)」, 『소년』, 1909년 4월호, 2쪽.

히며 『소년』과 더불어 '소년의 시대'[42]에서 자라난 소년들이 3·1운동 때는 이미 청년으로 성장하여 있었고, 소년운동의 발생 시에는 그들이 바로 지도층의 연령에 있었다는 것이 엄연한 사실이다. 그 한 예로 『소년』지 창간 때 9세였던 방정환(方定煥, 1899-1931)이 천도교소년회의 지도자로 활약하기 시작할 때(1921)의 연령은 22세라는 점을 보아서도 알 수 있다.[43]

II. 3·1운동이 소년운동 발생에 미친 영향

1. 무단통치하의 민족교육운동

한말로부터 내려온 민족 실력 양성에 의한 독립사상인 애국계몽운동은 국권 침탈 초기 안악사건(安岳事件, 安明根 事件), 일명 '105인 사건'으로 큰 타격을 받았으나, 교육기관을 통하여 끈기 있고 굳건하게 전통을 이어 나갔다. 조선총독부는 교육에 의한 한국민의 민족적 자각과 독립사상을 가장 위험시하여 한국민에게는 고등교육을 실시하지 않고 실업교육을 위주로 하는 우민정책을 강행하였으며, 교육령으로 엄격한 사립학교 규제를 제정하여 사립학교를 감시하고 많은 학교를 폐쇄하였다.[44]

---

42 『소년』 지가 간행되면서 나타난 시대를 백철은 '소년의 시대'라고 명명했다. 이광수의 「어린 벗에게」, 「소년의 비애」, 「윤광호(尹光浩)」도 이 시대에 나온 작품이다(백철. 앞의 『한국 신문학 발달사』, 45-48쪽).

43 김정의. 앞의 『근대 소년운동의 배경 고찰』, 14쪽.

44 최영희. 1969. 「3·1운동에 이르는 민족독립운동의 원류」, 『3·1운동 50주년 기념논

『조선총독부 통계연보』에 의하면 1911년 사립학교가 1,467개교에 학생 수 57,532명이었던 것이 1917년에는 822개교에 43,643명으로 감축되었다. 이로써도 학교 특히 사립학교가 항일 독립사상의 온상지였기 때문에 조선총독부가 얼마나 이의 사찰에 힘썼고, 그 수를 줄이려고 노력했는지를 알 수 있다. 그리고 총독부는 강제로 공립학교 입학을 강요하였으나, 유교 가정에서는 이를 기피하게 되었다. 총독부가 일어교육을 강요하고 한국에 관한 교육은 못하게 함에 제2차 한일협약(1905, '을사조약') 체결 이후 신지식의 흡수는 부국강병을 위한 신교육 열에 대한 복고(復古)로써 다시 머리를 땋고 서당으로 가게까지 되었다.[45] 이 기간에 있어서 사립학교가 감소됨에 비례하여 표 2-1과 같이 서당은 증가하고 있다. 서당수와 그 생도수의 증가는 앞에서 말한 바와 같이 신교육에 대한 반동인 복고주의라기보다는 일제통치에 대한 민족의 항의의 일환이었다. 당시 서당은 무단치하에서 민족사가 전개되었다고 하는 역사적 특수성에 의해 전통적 서당과는 또 다른 의의를 확립하여 민족의 항거, 민족의식의 성장, 근대화운동 등으로 민족의 역동적 작용에 의하여 전진되고 있었다.

그리하여 무단통치하의 서당 교육은 이러한 외부적 작용에서 내적 쇄신을 정력적으로 일으켜 민족적, 시대적 요청에 부응할 수 있도록 재편되어 있었다.[46] 따라서 서당에서는 한국지리와 한국역사 서적 등으로 교육을 행했고, 이를 통해 민족독립사상을 고취하였다. 항일 독립 결사의 주동이나

집』, 동아일보사, 40-41쪽.
45 김진봉. 1969. 「3·1운동과 민중」, 『3·1운동 50주년 기념논집』, 동아일보사, 355쪽.
46 노영택. 1974. 「일제하 서당 연구」, 『역사연구』 16, 93쪽.

결사원(結社員)의 직업이 서당 교사가 많았음은 이러한 사실의 반영이라고 보아야 할 것이다.

표 2 -1 서당 상황(1911-1917)

	서당 수	교원 수	생도 수
1911	16,540	16,771	141,604
1912	18,238	18,435	169,077
1913	20,468	20,807	195,689
1914	21,385	21,570	204,161
1915	23,441	23,644	229,550
1916	25,486	25,831	259,531
1917	24,294	24,520	264,835

※ 1918. 『조선총독부통계연보』, 1004쪽. 「서당 상황」에서 발췌 작성

일본경찰은 한인 학생의 운동을 평하여, 한국에 있어서의 학생 사건의 대부분은 일반적으로 사회현상의 반영이라 할 수 있는 것으로, 학생 사상의 추이도 일반 사상에 수반되었다고 하였는데,[47] 조국을 잃은 일제 무단통치하에서 한인 학생은 민족독립운동이란 민족 본능의 원동력이 되었다.

교육을 받은 이들 학생은 야간학교나 소학교의 교사가 되어 소년들에게 독립정신을 일깨워 주었다. 그 성과는 조선국민회(朝鮮國民會) 회원이 어떤 소학교 3, 4학년생에게 '반도(半島)와 우리와의 관계'라는 제목으로 작문을 짓게 하였는데 당시 100점을 받은 글에 다음과 같이 잘 나타나 있다.

---

47 『고등경찰보(高等警察報)』 제5호.

반도삼천리(半島三千里)의 강산은 우리들의 몸, 우리들의 집이다. 우리들이 사랑하는 반도는 우리들과 어떤 관계가 있는가. 너와 나는 서로 헤어질 수 없는 관계에 있다. 내가 사랑하는 반도를 생각하여 보라. 한 마디(一寸)의 벌레도 밟으면 움직이고 일촌의 벌도 건드리면 반드시 쏜다. 내가 사랑하는 반도여, 너는 어찌하여 오늘의 비경(悲境)에 빠져 있는가. 지금은 각성하여야 할 시기이다. 명랑 광명한 태양은 벌써 동천(東天)에 올라오고 있지 않은가. 너는 왜 잠자고 있는가.[48]

기타 학생의 작문 중에도 "청년학도여, 세월을 허송하지 말고 일심분발(一心憤發)하여 자유종을 울리라." "50년 후에는 우리 민족을 전멸하려는 저 원수를 우리들은 강철과 같은 마음으로 멸살(滅殺)하리라."라는 글들이 있는 것으로 보아, 당시 소년들의 일본에 대한 격한 분노심과 조국애를 짐작하고도 남음이 있다. 이는 민족적 본능의 발로이기도 하였으나, 가정과 학교에서의 민족교육에 의한 결과이기도 하였다.

실로 무단통치 기간 10년간은 민족교육에 의한 민족의 힘의 축적 기간이었다. 이 힘의 발전적 지향으로 3·1운동이 발발했고 그 후에는 좀 더 근원적 독립운동인 소년운동의 커다란 밑바탕이 되었음을 빼놓을 수 없겠다.[49]

48　『秘密結社發見處分の件續報』 고제3270호, 1918년 2월 19일자.
49　김정의. 앞의 『근대 소년운동의 배경 고찰』, 18쪽.

2. 3·1운동 당시 소년의 역할과 그 여파

3·1운동은 민족적인 권리를 욕구하는 운동으로 민족 전원의 공통된 명제였다. 따라서 지역, 직업, 종교, 교육 정도 및 연령층에 구애됨이 없이 골고루 참여하고 있으므로 어느 일부 계층에 집중된 부분적인 운동이 아니라 거족적인 항쟁으로 볼 수 있는 것이다.[50]

이러한 전제 속에 소년의 역할을 간략히 살펴보고자 한다. 우선 보통학교 아동들의 민족정신은 어느 정도였는가 하는 문제를 매켄지(麥墾西, F. A. Mckenzie, 1869-1931)는 어느 보통학교의 졸업식에서 수석을 한 열두세 살 난 꼬마가 행한 연설을 아래와 같이 묘사하고 있다.

그는 단상으로 올라가서 학교 선생들과 당국에 감사를 표하는 연설을 하였다. 그는 예의가 몸에 배어 있었다. 절할 때마다 90도로 하였고, 경어를 길게 늘어놓는 풍이 마치 경어의 발음을 좋아하는 것같이 보였다. 귀빈들은 기분이 좋았다. 그런데 갑자기 엄숙한 식장의 분위기는 끝장이 나고 말았다. "이제 이것만은 말씀 드려야겠습니다."고 그 아이는 말의 끝을 맺었다. 그의 목소리가 달라졌다. 그는 몸을 폈다. 그의 몸에는 결의가 보였다. 지금 그가 외치려는 소리가 지난 며칠 동안 수많은 사람의 목숨을 앗아갔다는 것을 그는 똑똑히 알고 있었다. "우리는 한 가지를 더 여러분께 부탁드리겠습니다." 그는 품속에 손을 넣더니, 태극기(太極旗)를—그것을 가지고만

---

50 홍이섭. 1969. 「3·1운동의 사상사적 위치」, 『3·1운동 50주년 기념논집』, 동아일보사. 608-609쪽, 614쪽.

있어도 죄가 되는 것을—꺼내었다. 그 기를 흔들면서 그는 소리쳤다. "우리 나라를 돌려주시오. 대한 만세(大韓萬歲)! 만세!" 소년들이 모두 자리를 박차고 일어섰다. 저마다 윗옷 속에서 태극기를 꺼내어 외쳤다. "만세! 만세! 만세!" 그들은 이제 겁에 질린 내빈들 면전에서 소중한 졸업장을 찢어, 땅바닥에 던지고는 몰려나갔다.[51]

위의 글에서 보통학교 어린이들의 민족정신을 선명히 읽을 수 있거니와 이들의 강렬한 민족정신은 도처에서 나타났다.

3월 2일에는 인천의 보통학교 어린이들이, 7일에는 시흥의 보통학교 어린이들이 각각 시위 및 맹휴 선언(盟休宣言)을 하였다. 10일에는 당진의 보통학교 어린이들이, 13일에는 강화의 보통학교 어린이들이, 15일에는 고창의 보통학교 어린이들이, 19일에는 괴산의 보통학교 일부 어린이들과 진주의 보통학교 어린이들이 시위 및 맹휴를 단행했다. 3월 23일에는 서울의 정동보통학교와 의동(義洞)보통학교 어린이들이 졸업식장에서 만세 시위를 했다. 26일에는 회령(會寧)의 보통학교 졸업생들이, 4월 2일에는 밀양의 보통학교 어린이들이, 4일에는 김제군의 보통학교 어린이 600여 명이, 8일에는 원산의 보통학교 어린이 600여 명이, 18일에는 전북 부안 줄포의 보통학교 어린이들이 각각 시위를 하였다. 이 중에서도 김제군 만경에서 벌어진 보통학교 어린이 600여 명의 시위운동은 그 학교 교사가 앞장서서 '폭동화'하게 된 것으로 이색적이었다. 이 당시 소년층의 시위 관련으로 일

51 F. A. Mckenzie, 이광린 역. 1969. 『한국의 독립운동』(Korean's Fight for Freedom), 일조각, 182쪽.

제 당국이 집계한 3월 1일 이후 4월 30일까지의 통계만으로도 피검자 총수 26,713명 중 학생이 2,037명[52]이었던 것만 보아서도 당시 소년들의 활동은 대단했던 것임을 알 수 있다.

전술한 바와 같이 소년들의 시위운동은 퍽 광범위하여 거족적인 민족운동의 일익으로서 그 역할을 충실하게 감행하였음을 간파할 수 있거니와, 이로써 당시 기성 지도층도 독립운동 전개에 자신을 가지기에 이르렀던 것이다.[53] 이러한 소년들의 강렬한 민족정신의 폭발을 돌파구로 곧이어 소년운동이 발생하여, 3·1운동은 식민지하의 어려운 여건 속에서 소년운동이 전개될 수 있는 기본정신의 원천으로 자리잡았다. 따라서 3·1민족정신은 바로 소년들도 한몫 단단히 해냈던 3·1운동 당시 거족적인 민족운동에서 승화된 것이라고 보아 마땅할 것이다.

1919년의 거족적인 3·1만세운동은 정치적인 면에서는 당장의 독립의 쟁취가 실패로 돌아갔다. 그러나 항쟁의 가능성을 측정하고, 민족 독립을 위한 실력양성의 필요성을 절감하고, 사회적 내지는 문화적으로 사회문화운동에 의하여 민족의 새로운 운명을 개척코자 모색하는 새 기운이 조성된 것은 민족사적으로도 일대 진전이 아닐 수 없겠다. 확실히 기미독립운동은 이 나라에 있어서 온갖 방면으로 전·후기의 분기점이 되었는데[54] 소년운동 역시 마찬가지로 보아야 할 것이다.

비록 『소년』지 간행 이후 무단통치 시기가 문예적으로는 '소년의 시대'란

---

52 조선총독부학무국. 1921. 『騷擾と学校』.
53 김대상. 1969. 「3·1운동과 학생층」. 앞의 『3·1운동 50주년 기념논집』, 301-302쪽.
54 백철. 앞의 『한국 신문학 발달사』, 66쪽.

표현을 낳을 정도로 소년이 주인공으로 나섰지만, 그것은 소년운동의 과도기에 불과하였다. '소년의 시대'의 주인공이었던 소년들이 청년으로 성장하여 3·1운동을 체험하고 난 연후에 비로소 소년운동의 중심 세력을 형성하고 소년운동을 하나의 사회적인 운동으로서 비약시키는 일을 해낸 것이다. 이러한 사조 속에 일제는 한민족에 대한 회유책으로 문화정치의 가장(假裝)된 문화 기운을 펴나가기에 안간힘을 쓰고 있었지만, 한민족의 독립을 향한 신생운동(新生運動), 실력양성운동이라는 명료한 의식은 1920년대로 넘어가면서 더 활기를 띠고 나타났다. 그래서 각종 사회운동, 즉 청년운동, 여성운동, 교육운동, 경제자립운동이 표면화되는 가운데 많은 인사들이 소년 문제도 계몽하고 나서기에 이르렀다. 우선 『개벽』지 2호를 통해 김기전(小春 金起田)은 '장유유서의 말폐, 유년(幼年) 남녀의 해방을 제창함'이라는 제목으로 유년 남녀의 해방을 제창했고,[55] 이돈화(李敦化)는 〈새 조선의 건설과 아동문제〉라는 글에서 소년의 중요성을 다음과 같이 말하고 있다.

우리가 십년 혹은 기십년(幾十年) 후의 새 조선을 건설키 위함에는 그 준비를 지금으로부터 시작하지 아니하면 안 된다 하면 우리는 장래의 우리 조선을 위하여 장래의 조선민족인 저들의 아동을 우리의 현재보다 더욱 중요히 보며 지중차대(至重且大)히 생각하여 그들의 장래를 위하여 주밀(周密)한 용의(用意)를 가지지 아니하여서는 아니 됩니다.[56]

---

55 김소춘(金小春). 1920. 「장유유서의 말폐-유년 남녀의 해방을 제창함」, 『개벽』 2, 52-58쪽.
56 이돈화. 1921. 「신조선의 건설과 아동문제」, 『개벽』 18, 23쪽.

이처럼 새 조선 건설을 위해 '주밀한 용의'를 갖고 아동을 지지하고 지원하도록 당시 기성세대를 계몽했다. 그는 다시 새 조선의 기초가 될 아동문제를 해결하기 위해 무엇보다도 먼저 아동 존경의 풍토를 만들 것을 위시하여, 아동보호 기관과 소년지도 기관 설치를 제창했다.[57]

또 노아자(魯啞子, 春園 李光洙)는 소년이야말로 우리의 운명으로서 우리 민족의 흥망이 소년에게 달렸다고 일깨우며 당시 12,13세 소년의 일생이 될 4, 50년간이 우리 민족의 운명을 좌우할 시기로[58] 내다보고, 이 일을 해내기 위한 신뢰할 만하고 능력 있는 '범인(凡人)의 시대'를 만드는 것이 우리 민족의 살 길이라고[59] 역설했다. 특히 그는 이러한 연설을 재강조하며 다음과 같이 절규하였다.

이 가슴에 피를 찍어 쓴 편지에 공명(共鳴)하심이 있거든 그날부터 그 자각(自覺)대로 실행하기를 결심해 주십시오.[60]

3·1운동 이후 선각자들에 의한 소년문제에 관한 이 같은 계몽들은 확실히 일반인의 소년문제에 관한 인식을 새롭게 했을 뿐 아니라 소년운동이 태동하고 발생할 수 있는 토양을 배양해 주는 데 크게 기여했다고 생각된다.

---

57 이돈화. 앞의 글 24-28쪽.
58 노아자(이광수). 1922. 「소년에게(4)」, 『개벽』 20. 58쪽.
59 노아자. 1922. 「소년에게(5)」, 『개벽』 21, 35쪽.
60 노아자. 앞의 글 42쪽.

제3장

『개벽』지의 소년관

"신뢰할 만하고 능력 있는 범인(凡人)!" 영웅, 호걸이나 성인의 시대가 아니라 신뢰할 만하고 능력 있는 평범한 사람의 시대가 전 민족은 못 되더라도 1만인이라도 얻어야 살아날 것이라고 내다본 것은 당시의 범세계적인 시대 조류를 바르게 반영한 것으로 보인다. 아무튼 "만일 여러분께서 나의 이 가슴에 피를 찍어 쓴 편지에 공명(共鳴)하심이 있거든 그날부터 그 자각대로 실행하기를 결심해 줍시오."라는 말에서 읽을 수 있듯이, 그는 소년동맹의 성패가 민족 사활(死活)의 관건임을 절규하고 있다. 이는 소년운동의 필요성을 가장 극적으로 제고한 것으로, 그 여파는 1920년대에 전개된 무수한 소년운동의 확산이 말해주고 있다.

Ⅰ. 전통사회의 소년관 비판

1. 장유유서의 모순 진단

조선시대에 소년의 개념은 성년의 대칭(對稱)으로 파악되었다. 즉 미성년자를 가리킨 말로, 성인의 대칭을 뜻하였다.[1] 원래 성인(成人)은 중국의 고례(古例)를 모방하여 연령이 20세에 달하면 관(冠)을 쓰고 성인식을 행함으로써 성인의 자격을 부여하고 장자(長者; 어른)로서의 권위를 인정하는 데서 유래하였다.[2] 따라서 20세 미만의 미성년은 소년으로 취급되었다. 그런데 20세의 가관(加冠)이 변형되어 차츰 가관은 결혼의 상징으로 화하고, 결혼은 부모의 위열제(慰悅制, 기쁘게 하는 제도)로 변하여 조혼의 풍조가 퍼졌다. 그리하여 15세 내지는 11, 12세에 가관(加冠)이 되므로 성인 되는 기준도 이 가관 여부에 따르게 되었다. 입에서 젖 냄새가 나는 아동이라도 결혼을 하였으면 중인(衆人)은 그에게 성인의 예우를 해 주었고, 노인일지라도 미혼이면 미성인(未成人)이라 하여 소년으로 지목할 뿐 예우를 하지 않았

---

1   김소춘. 앞의 「장유유서의 말폐-유년 남녀의 해방을 제창함」, 53-54쪽.
2   김소춘. 앞의 글 53쪽.

다. 그러므로 부모는 위열(기쁨)을 구하는 외에 다른 일면으로는 자기 아손(兒孫 ; 어린 자손)으로 하여금 성인의 예우를 받게 하려고 조혼을 선호하였다.[3] 이는 성인이라야 예우가 되고 소년의 인격은 말살된 데서 나온 자구책의 한 방도라고 볼 수 있겠다. 그렇다면 소년의 인격이 말살된 근본 원인은 무엇인가. 이 점에 대하여 김소춘[4]은 다음과 같이 지적하고 있다.

> 일언(一言)으로 폐(蔽)하면 구(舊) 윤리 도덕의 잔폐(殘弊), 절언(切言)하면 소위 오륜(五倫) 중의 일(一)인 장유유서의 말폐라고 여(余, 나)는 단언(斷言)하노라.[5]

이와 같이 소년의 인격 말살의 근본 원인이 장유유서의 모순에 있다고 단언하였다. 그러나 백두산인(白頭山人, 李敦化)은 장년자(長年者)의 인격은 인정하지만 소년의 인격은 멸시하는 불평등한 사회 풍토로 인해 장유유서의 도덕은 폐해를 양성하게 되었다고 개탄하였다.[6] 그리고 보면 장유유서의 말폐(末弊)가 소년의 인격을 말살하게 되었고, 또한 소년의 인격 멸시가 장유유서의 도덕적 폐해를 가져오는 결과로 상승작용이 나타났음을 알 수 있겠다. 이러한 분위기는 비단 장유(長幼)만의 문제가 아니었다. 서양의 자

---

3 김소춘. 앞의 글 54쪽.
4 김소춘(金小春)은 김기전(金起瀍)의 호(號) 소춘(小春)에서 따온 이름으로 김소춘(金小春), 소춘(小春), 김기전(金起瀍), 기전(起瀍), 김기전(金起田), 기전(起田)은 모두 동일인물이다.
5 김소춘. 앞의 「장유유서의 말폐 - 유년 남녀의 해방을 제창함」, 54쪽.
6 백두산인(白頭山人). 1921. 「현대 윤리사상의 개관」, 『개벽』 16, 33쪽. 백두산인은 야뢰(夜雷) 이돈화(李敦化)의 필명이다.

연법 사상은 하나님 밑에 만인이 평등하다고 깨우치고 있지만[7] 동양의 유교 윤리는 하느님 밑에 또다시 군신(君臣), 남녀, 장유(長幼), 친자(親子 ; 아버지와 아들), 노소(老少), 현우(賢愚), 귀천(貴賤) 등을 설정하여 군(君), 남(男), 장(長), 친(親), 노(老), 현(賢), 귀(貴)가 신(臣), 여(女), 유(幼), 자(子), 소(少), 우(愚), 천(賤)에 대하여 스스로 권리를 행사하게 되었다. 여기에는 아무 이유가 없었다. 다만 선천적으로 친(親)이 되고 남(男)이 된 까닭에 그 권리를 행사하는 것이고, 또한 선천적으로 자(子)가 되고 여(女)가 된 까닭에 그 권리의 행사를 받는 것뿐이었다.[8] 이와 같은 유교 윤리의 문제점에 대하여 김기전은 두 가지 결점을 다음과 같이 지적하였다.

> 온전한 한낱의 사람을 자(子)라, 여(女)라, 소(少)라, 우(愚)라, 천(賤)이라 하는 등 여러 가지(幾多)의 부스러기로 만들어 놓고 마는 것이 그 일(其一)이요 이 부스러기 사람에 대하여는 스스로 능압(凌壓: 업신여기고 압박함)을 가(加)하게 되는 것이 그 이(其二)라.[9]

이러한 유교의 인간 구분 구조 속에서는 장유유서의 모순은 어차피 나타날 수밖에 없는 필연적인 현상이었다. 그러나 그 도가 심하였다. 물론 다른 유교 윤리도 마찬가지겠지만 장유유서를 설정한 근본 뜻은 예의상 장유(長幼)의 순서를 말함이지 결코 성인이 소년의 인격을 무시하라고 위서(位序)

7　차하순. 1976. 『서양사 총론』, 탐구당, 397-405쪽 참조.
8　김기전. 1921. 「우리의 사회적 성격의 일부를 고찰하야써 동포 형제의 자유 처단(處斷)을 촉(促)함」, 『개벽』 16, 8쪽.
9　김기전. 앞의 글.

를 정함은 아니었다. 비교적 나이가 많고 지혜가 많고 체격이 큰 성인에 대하여 이에 못 미치는 소년이 배우는 자세로 성인에게 경의를 표하며 예양(禮讓)을 행하여야 하는 것은 인륜임에 틀림없다.[10] 마찬가지로 부자유친(父子有親), 군신유의(君臣有義) 등의 교훈이 나쁜 것은 아니다. 다만 삼강오륜(三綱五倫)으로 그 명칭을 부여하고, 다시금 절대 위력을 부여하고, 그러한 후 그를 악용한 무리가 나쁠 뿐이다. 이에 대해 김소춘은 다음과 같이, 지적한다.

> 그를 찬(讚)하며 그를 배(拜)하며 그를 연(演)하며 그를 송(頌)하여 그저 거룩거룩하외다 지당하외다 하여 일(日)이 이(移)하고 세(歲) 환(換)하는 간(間)에 그(三剛五倫)는 천강고훈(天降誥訓)이 되고 대경대법(大經大法)이 되고 절대 신성품(神聖品)이 되며 그의 위(威)는 불가침(不可侵), 그의 역(力)은 불가항(不可抗)이 되어 그의 거영(巨影)은 엄연히 동양 천지를 하복(下覆)하였도다.[11]

이처럼 동양의 기본 윤리상의 폐습이 진행된 정곡을 찌르고, 삼강오륜을 이용하여 그를 악용하므로 그의 독소가 세상을 병들게 하고 그의 모순이 인생(인간)을 멸시하였다고 꾸짖었다. 심지어 탐관오리가 인민의 고혈(膏血)을 착취하는 구실마저도 '이놈, 형제불목(兄弟不睦)하였지 … 부자상리(父子相離)한 놈…. 이소능장(以少凌長)…'이었다. 이렇게 삼강오륜의 미명 아래 비도(非道)를 감행하고 사욕(私慾)을 자행한 악한들의 소행이 민중으로

---

10 김소춘. 앞의 「장유유서의 말폐 -유년 남녀의 해방을 제창함」, 54쪽.
11 김소춘. 앞의 글, 55쪽.

하여금 삼강오륜을 나쁜 것으로 믿게 하였다. 따라서 성인 대 소년의 비도덕(非道德) 비인정(非人情)도 장유유서 때문이 아니라 그것이 오륜의 하나가 되었으므로 나타난 현상이니 환언하면 말폐(末弊)의 소치라고 보아진다.

2. 부자관계의 하나의 신책(新策) 강구

유교 이데올로기의 전통사회에서는 효(孝)를 윤리도덕의 대종(大宗)으로 삼아 효를 생활화하는 데에 치중하였다.[12] 이는 『충경』(忠經)은 없어도 『효경』(孝經)은 있는 것으로 보아도 알 수 있다.

유가(儒家)에서는 부자의 윤서(倫序)를 일층 신중히 하고자 부위자강(父爲子綱)이라 하여 삼강(三綱)의 하나로 삼고, 부자유친(父子有親)이라 하여 오륜(五倫)의 으뜸으로 삼아, 이를 천륜(天倫)이라 하여 신성불가침으로 여겼다.[13] 이리하여 효도는 자녀에게 절대명령이 되었으며 세상에 있는 최고의 도덕으로 자리 매겨졌다. 그러면 자식이 부모에게 효도(孝)하는 이유는 무엇인가. 그것은 다음과 같은 『시경』(詩經)의 '요아지시'(蓼莪之詩)가 극명히 말해 주고 있다.

아버님 날 낳으시고 어머님 날 기르시니

그 은덕에 보답코자 하나 하늘처럼 크신 덕이 끝이 없도다.[14]

---

12 묘향산인(妙香山人). 1920. 「종래의 효도를 비판하야써 금후의 부자 관계를 성언(聲言)함」, 『개벽』 4, 19쪽. '묘향산인'은 김기전의 필명이다.
13 묘향산인. 앞의 글, 20쪽.
14 "父兮生我 하시고 母兮鞠我 하시니 欲報其德인대 昊天罔極이로다."(『詩經』 蓼莪篇)

즉 효의 근본 취지는 '생아국아(生我鞠我)'를 보답함에 있다는 것이다. 까마귀도 반포(反哺)를 알거든 사람이 그 효를 알지 못하면 까마귀만 같지 못하다는 데에서도 효도의 근본의(根本義)가 부모에 대한 보은임을 알 수 있다.

그러나 효의 치중은 적지 않은 문제점을 노출하였으니 묘향산인(妙香山人)이 『개벽』지를 통하여 종래 효도에 대해 행한 비판을 요약하면 그 모순점이 명료해지리라고 생각된다.[15]

첫째는 종래 효도의 계술(繼述) 제일주의에 대한 비판이다. 부모는 언제든지 그 자녀보다 앞선 세대인 만큼 그의 사상은 자녀 시대의 신사상보다 일보 뒤의 사상인데 이를 고수하면 인습의 형식이 아니면 반(反) 시대적인 것이다. 그런데 "부모에게 효(孝)하라 함은 그 사상 그 유산을 그대로 잉습(仍襲: 따르다)하라 함이니 그 결과는 오직 선인(先人)의 유법(遺法)이 있음을 아는 외에 후세인(後世人)의 건설이 큰 것임을 생각지 못한 것이다." 따라서 보수의뢰(保守依賴)의 악벽(惡癖)을 기르게 되고 일면으로 친족권(親族權), 노인벌(老人閥)의 자의적인 행태가 일반화되어 언론의 자유는 가정으로부터 박탈되고 사상의 독창은 사회로부터 억제되어 결국은 수구로 돌아서는 현상이 도출된다.

둘째는 종래 효도의 위친(爲親) 제일주의에 대한 비판이다. "부모에게 효도하라 함은 부모의 심지(心志)와 신체가 있음을 알되 자기의 존재는 알지 못하는 처지이다. 부모의 신상에 관한 것은 물론이고 자신에 관한 크고 작은 일에 대하여 부모의 뜻으로 행하다가 부모가 운명하면 천지간(天地間)

---

15 묘향산인. 앞의 글, 21-24쪽 참조.

죄인의 몸이 되어 거상(居喪) 3년을 하되 그간에는 일체의 자신의 판단에 의한 활동이 중단될지니, 이에 어떤 사람이 50여 세까지 부모시하의 몸이 되고, 그 후 부모의 상(喪)을 당하여 거상의 예(禮)를 봉(奉)한다면 그는 60년의 생(生)을 살았다 하더라도 일생 중 자기의 생은 없는 셈이다.

셋째는 종래 효도의 회고(回顧) 제일주의에 대한 비판이다. 부모에게 효도하라 함은 자식 된 자신의 자봉(自奉)은 인정치 않음은 물론이며 나아가서 자식된 그 사람의 자식에 대한 양육의 도를 다하지 못함이다. 효도의 가르침에 따르면 그저 자기 부모만 양육하면 그만이다. 항상 부모, 부모하며 자녀의 장래에 생각이 이르지 못하여, 일반으로 하여금 자녀 문제를 망각하고 그에 대한 책임 관념이 경감되니 실로 불상사다.

이처럼 묘향산인은 효의 모순을 간파하고 이의를 제기했지만 다음과 같이 효의 대도는 무시하지 않았다.

> 종래의 계술 제일주의를 비판(批)한다 하여 부모의 유업(遺業)과 유지(遺志)에 무리(無理)하게 반대하라 함이 아니다.[16]

그가 비난하는 바는 오직 세간(世間)으로 하여금 그 친(親, 어버이)이 있는 외에 또는 그 친(親)을 섬기고 있는 외에 타인이 있음을 인정치 아니한 그것, 즉 위에 적시한 '제일주의'라는 그 점이며 또는 그것으로부터 파생하는 폐단을 비판할 뿐이라고 단서를 달고 있음에 유의하게 된다. 그는 결론적으로 다음과 같이 나름대로의 부자관계의 하나의 신책(新策)을 제시하였다.

16 묘향산인. 앞의 글 24쪽.

一. 자식의 어버이에게 대한 효의 정도는 자연(天然)으로 흘러나오는 그
감정의 유명(攸命)에 한정하고 다시 다른 의의를 억지로 더하는 일이 없게
하라.

一. 부모 자식 간에 있어서는 자녀가 그 부모를 위하고 그 부모가 그 부모
를 위하는 종래 도덕의 회고주의(回顧主義)를 버리고 그 부모가 그 자녀를 위
하고 그 자녀가 그 자녀를 위하는 현재의 도덕의 이상주의(理想主義)를 취하
라.

一. 어버이 된 자는 그 자녀가 자기의 손바닥 안의 물건이 아니요 완전한
인격체임을 인정하며, 자녀 된 자도 또한 자신은 다른 사람의 자녀가 되는
외에 독립(獨立)한 인간이 된 것을 기억할 것이라.

一. 어버이 되는 자는 그 자녀를 낳음과 함께 그 자녀를 충분히 기르고 가
르칠 의무를 반드시 부담하되 그 의무를 이행치 못할 경우이면 차라리 자녀
의 산출(産出)을 회피할 방법을 강구할 것이며, 어버이 되는 자는 자신이 노
쇠하기 전에 적어도 자신을 부양할 자산(資産)을 마련하여 그 자녀에게 부양
을 요구치 않도록 할 것이니, 그렇지 못하면 그 자녀가 그 자녀에게 대한 책
임을 다하지 못하게 됨으로써이다.[17]

---

17 묘향산인. 앞의 글 25-26쪽.
[원문] 一. 子의 親에게 대한 孝의 程度는 天然으로 流出하는 그 感情의 攸命에 限하
고 更히 他 意義를 牽强附會함이 無케 하라. 一. 父子間에 在하야는 子가 그 父를 爲
하고 그 父가 그 父를 爲하는 從來 道德의 回顧主義를 去하고 그 父가 그 子를 爲하고
그 子가 그 子를 爲하는 現今 道德의 理想主義를 取하라. 一. 親 된 者는 그 子女가 自
己의 掌中物이 안이오 完全한 人임을 認하며 子된 者도 亦 自身은 他人의 子가 되는
外에 獨立한 人이 된 것을 記할 것이라. 一. 親 되는 者는 그 子女를 生함과 共히 그
子女를 充分히 기르고 가르칠 義務를 必負하되 그 義務를 履行치 못할 境遇이면 寧히

이는 이후 한국 사회에서 자식이 부모의 소유물에서 벗어나 하나의 독립적인 인격체로 예우되는 데 적지 않은 영향을 끼친 것으로 보인다.

아무튼 그가 유교사회에서 그것도 효를 으뜸으로 내세우는 사회에서 유가(儒家)들의 비난을 무릅쓰고 효도의 폐단에 도전했음은 높게 평가할 만하다. 더욱이 폐단을 지적함에 머물지 않고 부자관계의 한 새로운 방책을 위와 같이 제시하여 신효도주의(新孝道主義)를 제창했음은 특히 주목되는 바가 크다고 생각된다.

3. 소년교육의 개선책 모색

"나무를 심음은 10년의 대계요, 사람을 교육함은 100년의 대계"라 함은 옛사람이 우리에게 준 교훈이다. 따라서 민족의 백년대계를 세우려면 먼저 소년 교육에 유의하게 마련이다. 그러나 청년 혹은 장년자의 교육과 수양 방법에 대하여는 관심이 지대하지만 상대적으로 소년 교육에 대하여는 둔감하였다.[18] 이에 백두산인(이돈화)은 소년교육책을 제시하여 사회 분위기를 환기하고자 시도하였다. 그는 주로 가정교육에서의 유년 교육의 개선책에 대하여 지면을 할애하였다.[19]

첫째는 언어에 관해서다. 언어를 극히 신중히 사용하여 비록 책(責)할 말

子女의 産出을 回避할 道를 講할 것이며 親 되는 者는 自身이 老衰하기 前에 小하야
도 自身을 養할 資産을 有하야 그 子에게 扶養을 要求치 않도록 할 것이니 그러치 못
하면 그 子가 그 子에게 대한 責을 盡치 못하게 됨으로써라.

18 백두산인. 1921. 「사회현상 개관, 나의 생각은 이러합니다」, 『개벽』 10, 47쪽.
19 백두산인. 앞의 글, 48-50쪽.

이 있다 하더라도 '상말' 대신 존댓말로써 해야 한다는 것이다. 그리고 동화를 들려주는 것은 좋은 일이지만 주의할 점은 공포심, 경의심(驚疑心) 혹은 위압, 거짓말로써 아동을 교훈함은 좋지 못하다는 것이다.

둘째는 유희품(遊戱品)에 관해서다. 어린이는 천연적으로 성장하는 무의식의 충동을 갖고 있으므로 가만히 앉아 있고는 견디지 못한다는 것이다. 만약 성인과 같이 젊지 않은 태도를 갖고 있다 하면 그 어린이는 병든 어린이거나 천치(天痴)라는 것이다. 만일 적당한 유희품을 어린이에게 주면 그는 거기에 흥미를 붙이고 거기에 기능을 발휘하느라고 정진한다는 것이다.

셋째는 의복침식(衣服寢食)에 관해서다. 의복은 어린이의 신체 발육이나 활동에 편리하면 좋다는 것이다. 그렇지 아니하고 고가품으로 부모의 눈에 들도록 입히는 것은 어린이의 인격을 멸시하고 애완물(愛玩物)로 여기는 일이라는 것이다. 음식도 아이가 사랑스럽다고 함부로 진미(珍味)를 먹이는 것은 도리어 해롭다는 것이다.

넷째는 유치원과 소년단에 관해서다. 장래의 민족을 위하여 유년단(幼年團)의 교육을 실시하는 상유치원(上幼稚園)과 소년단 조직을 촉구하였다.

이처럼 가정교육의 중요성을 역설하고 소년단의 조직을 촉구한 것은 소년교육 개선에 탁견(卓見)임에 틀림없겠다.

한편 박달성(朴達成, 1895-1934)은 서당 개량을 역설하였는바 이 또한 시의적절한 주장이었다. 당시 서당 수는 21,629개의 생도 수는 서당 1개당 대략 10명씩 계산하여 216,290명으로 어림되었다.[20] 서당 수 2만여 개는 참으

20 박달성. 1920.「세계와 공존키 위하야 교육문제를 재거(再擧)하며 위선 서당 개량

로 장한 현상이지만 서당 1개의 10여 명의 생도 수는 열악한 조건이었음이 엿보인다. 이에 그는 이 문제를 포함하여 몇 가지의 개량책을 제안하고 있다.[21]

첫째, 학부형이 모여서 서당에 5, 60명씩의 학생을 수용시켜 공부할 수 있도록 서당을 번듯하게 수리하여 글방다워 보이도록 할 것.

둘째, 순전히 한문만 숭상하여 가르치는 훈장 대신 우리글을 알고 우리 역사를 알고 산술(算術)을 가르칠 수 있는, 신학·구학을 겸한 교사를 초빙할 것.

셋째, 학생의 머리를 깎아 주며 세수를 시키는 등 위생에 유의하고, 위협적 교수 방법을 청산하고 유쾌 활달의 성격을 양성하는 데 진력할 것.

넷째, 교과목은 천자문, 사서삼경 같은 한문만 넣지 말고 조선어, 산술, 지리역사 같은 과정도 포함할 것.

이와 같이 서당 개량이 가능하도록 다각도로 모색한 것은 당시 조선총독부의 일본화 교육을 감안한다면 소년 교육의 개선을 실질적으로 촉진한 귀한 제안이라고 본다. 특히 조선어, 조선사를 교과목에 포함토록 촉구한 것은 일제하의 그의 민족의식이 가늠되고, 이를 교육을 통해 소년에게 일깨우고자 하는 충정이라고 이해된다. 나아가서 서당 개량의 동기는 항일독

을 절규함」, 『개벽』 5, 27쪽. 국권 침탈 후 1911년에 사립학교가 1,467개교에 학생 수 57,532명이었던 것이, 1917년에는 822개교에 43,643명으로 감축되었다. 그러나 서당은 같은 기간에 1911년 16,540개 서당에 생도 수 141,604명에서 1917년에는 24,294서당에 생도 수 264,835명으로 증가하고 있음을 알 수 있는데 (김정의. 1985. 「근대 소년운동의 배경 고찰」, 『한양여대논문집』 8, 16-17쪽) 박달성이 논술할 당시에 서당 수는 21,629개로 줄어들어 있다.
21 박달성. 앞의 글, 28-29쪽.

립사상의 온상지로서의 기반 조성을 위한 것이라고 볼 수 있다.

II. 소년문제의 논의

1. 소년에의 기대감 조성

　조국 잃은 식민지민들이 실의 속에서 그래도 실낱같은 희망을 갖고 산 것은 소년들에 대한 기대감에서였다. 앞 절에서 밝혀진 바와 같이 전통사회에서 소년들에게 멍에가 되었던 삼강오륜의 모순을 여지없이 드러내어 소년의 입지를 만들어 주었다. 즉 장유유서의 속박을 진단하여 소년의 인격 존중의 필요성이 거론되었고, 부자관계의 신책(新策)을 논의하여 자녀가 부모의 소유물이 아니라 하나의 인격체라는 것을 입증하였다. 또한 소년 교육 개선책을 논의하여 가정교육과 사회교육의 중요성을 역설하였고, 서당 개량을 통한 민족교육의 온상지 확보책을 제안하기도 하였다. 이처럼 소년에 대해서 눈을 뜨도록 계몽한 선각자들은 연이어 소년에의 기대감을 품고 민족의 장래를 설계하기 시작하였다. 노아자(魯亞子, 李光洙)는 「소년에게」 첫마디에서 애정 어린 필치로 소년에 대한 기대감을 다음과 같이 드러냈다.

　　소년 여러분! 지금 이십 세 이내 되시는 여러 아우님들과 누이들이며 장차 아름다운 조선의 땅을 밟고 나오실 여러 아드님들과 따님들! 나는 가장 큰 뜨거운 사랑과 희망과 가장 공손한 존경으로 이 글을 여러분께 드립니

다.[22]

그는 또한 식민지를 벗어날 민족독립의 희망을 다음과 같이 소년에게서 찾고자 하였다.

> 우리의 현재와 장래의 살길을 위하여 긴급한 말씀을 드릴 곳이 어디입니까. 한울입니까, 한울에는 말이 없습니다. 땅입니까, 땅에는 손이 없습니다. 어른들입니까, 어른들은 늙고 힘이 없습니다. 그러므로 이에 대한 서러운 사정을 할 곳도 여러분이요 내두(來頭)의 큰일을 부탁할 곳도 여러분밖에 없습니다. 여러분의 조그마한 손에는 무한한 힘이 있습니다. 우리를 살릴 이는 오직 이 손이요 이 힘뿐입니다.[23]

노아자는 현실 타개의 방편을 소년에게서 발견한 것이다. 조국을 잃은 것이 성인이었다면 조국을 찾을 자는 오직 소년들뿐이라고 믿고 있었다. 그는 마치 집안에 급한 병을 앓는 이가 있을 때에 곧 명의(名醫)를 생각하는 모양으로 조국의 식민지 상황 타개를 위해 소년을 연상한 것이다.[24] 그래서 그는 『개벽』지에 다섯 차례에 걸쳐 '소년에게'라는 제하로 소년에게 절규하였다.[25]

22　노아자(이광수). 1921. 「소년에게(1)」, 『개벽』 17, 25쪽.

23　앞의 글, 26-27쪽.

24　앞의 글, 27쪽.

25　『개벽』지에는 '소년에게'가 1921년 11월호에 처음 실려 있고 계속해서 12월호와 1922년 1월호. 2월호, 3월호에 걸쳐 다섯 차례 연재되어 있다.

　　그는 사람의 일생에는 인생관, 직업, 배필을 택하는 것이 가장 중요한데
이 중 인생관과 직업은 실로 일생의 행·불행과, 그 사람이 사는 사회의 흥
망이 달리는 것이라고 언급하고 다음과 같이 부연해서 말하고 있다.

　　　　우리는 혼자 사는 사람들이 아니요 사회의 일원으로 사는 사람들이니 우
　　　리의 인생관은 우리 민족의 인생관이요 우리의 직업은 우리 민족의 생활의
　　　일(一) 기능(機能)입니다.[26]

　　즉 개인의 인생관이나 직업을 정함에는 민족의 현상을 명확히 앎이 근본
적으로 요긴하다고 보고 있는 것이다. 이렇게 그는 식민지 상황의 타개책
을 구체적으로 제시하고 있다. 더욱이 그는 소년이야말로 우리의 운명으
로서 우리 민족의 흥망이 소년에게 달렸다고 일깨우고, 당시의 12, 3세의
소년의 일생이 될 4, 50년간이 우리 민족의 운명을 좌우할 시기로 내다보
았다.[27] 따라서 이 일을 해내기 위한 신뢰할 만하고 능력 있는 '범인(凡人)의
시대'를 만드는 것이 우리 민족의 살길이라고 강조함으로써, 독립국가 건
설을 위한 소년에 대한 기대감을 두드러지게 표출하였다.[28]
　　한편 소년에의 기대감은 이돈화에게도 남달랐다. 그는 「신조선의 건설
과 아동문제」에서 우리가 하는 모든 일은 적어도 10년을 단위로 시대와 같
이 변하여 한 가지 사업씩 성취토록 해야 된다고 전제하고, 10년 이후의 나

26　앞의 글, 28쪽.
27　노아자. 1922. 「소년에게(4)-소년동맹과 조선민족의 부활」, 『개벽』 20, 58쪽.
28　노아자. 1922. 「소년에게(5)-소년동맹과 조선민족의 부활」, 『개벽』 21, 35쪽.

를 위하여 현재의 나를 개조해야 한다고 말한다.[29] 그가 실현 가능하다고 생각하는 10년 후의 세상은 "10년이라는 광명(光明)을 자못 1일의 조석(朝夕)과 같이 생각하여 고픈 배를 억지로 참고 각골정심(刻骨精心)으로 10년의 시간을 황금화(黃金化)하게 되면 10년 이후의 조선은 실로 괄목하고 대(對)하게 될 것입니다."[30]라는 표현에서 잘 드러나고 있다.

그는 이러한 시각으로 조선의 개조사업 방책을 펼쳐 나갔는데 그가 가장 역점을 둔 것은 다음과 같은 관점의 인간 개조(改造)였다.

> 일(事)의 성패(成敗)는 경영에 있으며 경영의 선부(善否)는 인물에 있으며 인물의 실부실(實不實)은 오로지 교육의 힘(力)에 있나니 그러므로 인물의 양성은 모든 근본적 사업 중 가장 큰 근본 사업이 되겠습니다. … 조선의 개조사업이, 아니 세계의 개조 사업이 먼저 인물 개조에 있다 하면 그 개조의 목표는 '사람' 본위(本位)에 있는 것이요 그리하여 사람의 개조 본위는 전(全)히 아동문제에 있다 합니다. 곧 아동을 해결함이 곧 장래 세계를 해결함이요 장래 모든 문제를 해결하는 근본적 해결이 될 것입니다.[31]

사람의 본위는 전적으로 소년문제에 있다는 것을 발견하고 소년문제의 해결이 곧 장래 문제의 근본적 해결 방안이라는 인식을 하게 된다. 그리하여 그는 장래의 조선을 위하여 장래의 조선민족인 소년들을 주도면밀한 자

---

29 이돈화. 1921. 「신조선의 건설과 아동 문제」, 『개벽』 18, 19-21쪽 참조.
30 이돈화. 앞의 글, 21-22쪽.
31 이돈화. 앞의 글, 21-22쪽.

세로 바르게 키워 장래의 모든 책임을 질 인격을 양성하는 것이 "신조선의 신조선 될 근본적 해결책이며 기초적 준비술(準備術)"[32]이라고 꿰뚫어보았다. 이는 식민지 상황을 타개하고 광복의 신조선을 건설하는 데에 소년의 역할이 얼마나 중차대한가를 명료하게 알려주는 글로서, 그가 조선의 독립 쟁취를 위해서 소년에의 기대감을 얼마나 크게 갖고 있는가를 잘 드러내는 글이라고 보겠다. 그리고 이로 인한 여파로 소년에의 기대감이 사회 일반에 전파되고 그 분위기가 조성되어 갔던 것으로 보인다.

2. 소년문제의 해결책 논의

1920년대에는 세계적으로 소년문제가 노동문제, 부인문제, 인종문제와 더불어 4대 문제의 하나였다.[33] 그만큼 당시의 소년문제는 중차대한 문제로 대두되었다. 우리나라도 예외는 아니었다. 그리하여 전통사회의 굴레에서 소년을 해방하고 그들을 하나의 인격체로 예우하려는 풍토가 표3-1, 2와 같이 『개벽』지의 각별한 지면 배려로 점차로 일반층에 인식되어 갔다.[34]

32 이돈화. 앞의 글, 24쪽.
33 이돈화. 앞의 글, 23쪽.
34 잡지 『개벽』은 1920년 6월 25일 창간되어 1926년 8월 1일 통권 72호로써 폐간된 일제 강점기의 대표적인 민중을 위한 언론잡지(1923. 『개벽』 37, 권두언(「돌이켜보고 내켜보고」) 참조)로서 그 영향력은 가히 왕자적(王者的) 위치였다.(김근수. 1980. 「개벽지 압수원본 선집 간행에 즈음하여」, 『「개벽」압수원본선집』, 현대사. 1쪽).
　　『개벽』에 수록된 소년 관계의 글은 다음과 같다. 이돈화. 1920. 「최근 조선에서 기(起)하는 각종의 신현상」(1920.6); 소춘(小春). 1920. 「금싸락 옥가루」(1920.6); 김종래 조선의 소년문제는 원시 상태를 면치 못했다. 다만 『개벽』지가 등장하면서 적극적으로 소년문제를 거론하기 시작하였다. 그중에서도 특히 소년문제의 해결을 위한 김소춘의 「장유유서의 말폐-유년 남녀의 해방을 제창함」과 이돈화의 「신조선의 기초 되는 아동문제는 여하(如何)히 해결할까」에는 종래의 전근대적인 소년관을 타파하고 새로운 소년관을 정립하는

기전. 1920. 「의식(儀式)의 구속보다 애정 그대로」(1920.6).; 소춘. 1920. 「장유유서의 말폐-유년 남녀의 해방을 제창함」(1920.7); 이돈화. 1920. 「신시대와 신인물」(1920.8).; 잔물(방정환). 1920. 「어린이 노래」(1920.8). ; 묘향산인. 1920. 「종래의 효도를 비판하야써 금후의 부자 관계를 성언(聲言)함」(1920.9).; 박달성. 1920. 「세계와 공존키 위하여 교육문제를 재거(再擧)하며 위선 서당 개량을 절규함」(920.11).; 백두산인. 1921. 「유년교육」(1921.4).; 노아(魯啞). 1921. 「팔자설(八字說)을 기초로 한 조선민족의 인생관」(1921.8).; 이돈화. 1921. 「생활의 조건을 본위로 한 조선의 개조사업」(1921.9).; 김기전. 1921. 「우리의 사회적 성격의 일부를 고찰하여서 동포형제의 자유를 촉(促)함」(1921.10).; 백두산인. 1921. 「현대 윤리사상의 개관」(1921.10).; 백두산인. 1921. 「아동 호상간(互相間)의 경어 사용」(1921.10).; 백두산인. 1921. 「가하(可賀)할 소년계의 자각」(1921.10).; 노아자. 1921. 「소년에게(1)」(1921.11).; 백두산인. 1921. 「동양식의 윤리사상 변천 개관」(1921.11). ; 백두산인. 1921. 「청추(淸秋)의 소년운동회」(1921.11).; 이돈화. 1921. 「신조선의 건설과 아동문제」(1921.12).; 노아자. 1921. 「소년에게(2)」(1921.12).; 노아자. 1921. 「소년에게(3)」(1922.1).; 노아자. 1922. 「소년에게(4) - 소년동맹과 조선민족의 부활」(1922.2).; 노아자. 1922. 「소년에게(5) - 소년동맹과 그 구체적 고찰」(1922.3).; 세검정인(洗劍亭人). 1922. 「불쌍한 소년! 조선의 소년」(1922.9).; 이돈화. 1922. 「진리의 체험」(1922.9).; 조철호. 1923. 「소년군단(少年軍團)! 조선 '뽀이스카우트'」(1923.1); 소파. 1923. 「고래(古來) 동화 현상모집 당선 발표」(1923 · 1).; 소파. 1923. 「새로 개척되는 '동화'에 관하야」(1923.1).; 기전. 1923. 「개벽운동과 합치되는 조선의 소년운동」(1923.5).; 소춘. 1923. 「5월 1일은 어떠한 날인가」(1923.5).; 기전. 1924. 「상하 · 존비 · 귀천」(1924.3).; 전영택. 1924. 「소년문제의 일반적 고찰」(1924.5).; 전영택. 1924. 「오월과 세계」(1924.6).; 이돈화. 1924. 「어린이들과 결탁(結託)하라」(1924.7).; 노아자. 1924. 「농촌 부로(父老)를 대(代)하여 재학하는 자녀에게」(1924.8).; 이성태. 1925. 「내가 본 이광수」(1925.1).; 이성태. 1926. 「어린이날에 하고 싶은 말」(1926.5).

데 상당한 기여를 한 논술이라고 생각된다.

표 3-1. 『개벽』지의 소년 관계기사 연도별수록 빈도(1920-1926)

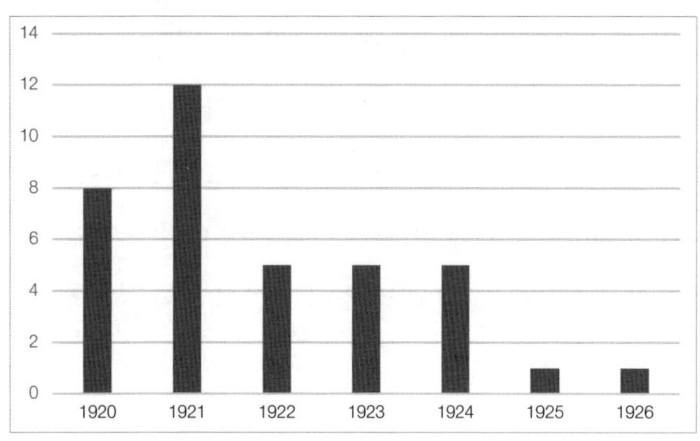

※『개벽』 1-72호에서 발췌 작성.

표 3-2. 『개벽』지의 소년 관계기사 필자별 발표 빈도

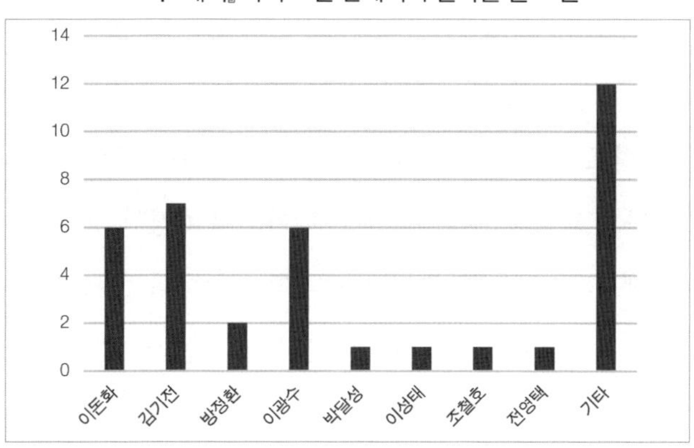

※『개벽』 1-72호에서 발췌 작성.

소춘은 먼저 소년에 대한 어태(語態)를 고칠 것을 제안하고 있다. 실없는 말이라도 '이놈 저놈' 혹은 '이 자식 저 자식' 하는 말 대신 일제히 경어를 사용하기를 바라나, 이것은 실현이 어려울 것이니까 우선 소학교 같은 곳에서 실시해 볼 것을 제안[35]하고 있는데 대단히 획기적인 발상이라고 보아진다. 이 점에 대해서 이돈화도 소년에 대한 어투가 "이 자식, 망할 자식" 더 심하면 "이 종간나 새끼" "저런 고약한 놈의 자식, 그것이 뉘 집 자식이냐" 따위의 상말을 예사로 쓰는데, 이는 소년의 개성 발달을 막고 소년의 기를 꺾어 위축시킴이 심한데, 이에 대해 소년 존중의 풍토를 조성해야 한다고 다음과 같이 제언하고 있다.

> 신조선 건설의 제일보로 아동 존경(尊敬)의 풍(風)을 양성(養成)하여 그의 개성을 존중하며 그의 인격적 자유와 활기를 도와주어 완전한 인격의 사람 본위(本位)의 아동을 양성함이 무엇보다도 먼저 할 일이라 합니다.[36]

이는 당시 선조 존경의 사회 환경으로 보아 가히 혁명적인 가치관의 변혁으로 소년문제 해결의 첩경으로 높이 평가되어 마땅할 것이다.

다음은 양생송사(養生送死)에 관한 의식의 전환이다. 양생의 경우 의복, 음식, 거처에 근대적인 정신을 실현케 해야 된다는 것이다. "아(兒)들 것이야 아모려면 관계 잇나…"[37] 하는 것과 같은 태도는 절대 금물이라고 예시

---

35 김소춘. 앞의 「장유유서의 말폐」, 56쪽.
36 이돈화. 앞의 「신조선의 건설과 아동문제」, 24-27쪽.
37 김소춘. 앞의 글, 56쪽.

하고 있다. 김소춘은 "아동 중에는 조선 아동의 꼴이 세계 중 제일 너저질 하리이다."[38]라고 심각하게 토로하고, 소년이라고 천대할 이유가 없으니 반드시 양생에 관한 의식을 고쳐 조선소년들에게 자립(自立), 청신(淸新), 희열(喜悅)의 토양을 갖추어줄 것을 촉구하였다.[39]

송사의 경우도 마찬가지이다. 불행히 아이 상[兒喪]이 나면 불행(不幸) 즉시로 유지(油紙) 조각이나 거적에 말아 마치 견마(犬馬)의 사체를 처리하듯이 아무 곳이나 한 재[一尺] 파고 묻고 나면 그만이다. 선조의 분묘(墳墓)나 기일(忌日)은 잊지 않으려고 역서(曆書)에 적어 가면서 성묘하고 또 치제(治祭)하는 것에 비하면 사뭇 대조적이다.[40] 이에 대하여 김기전(소춘)은 다음과 같이 지적하고 있다.

> 유년(幼年)은 아동(兒童)으로는 보았으나 사람으로는 보지 아니한 착오(錯誤)에서 나온 것….[41]

이와 같이 정곡을 찌르고 소년을 견마(犬馬) 취급하는 것과 같은 악풍(惡風)을 청산하여 적어도 제1회 기념제(紀念祭)는 지내어주며 그의 묘소도 봉분을 만들어 주는 것이 야만을 벗어나는 길이라고 제언하고 있다.

셋째는 남녀 소년의 차별 해소 방안이다. 같은 소년이라도 남자는 비록 사람의 대우는 못 받으나 유년(幼年)의 대우와 아손(兒孫)의 대우는 받지만,

---

38 김소춘. 앞의 글, 56쪽.
39 김소춘. 앞의 글, 57쪽.
40 김소춘. 앞의 글, 53-57쪽.
41 김소춘. 앞의 글, 57쪽.

여자에 있어서는 대개 그것도 없다. "저 따위 년은 더러 죽어도 좋으련마는 …"[42] 하는 것이 부모된 사람의 상투어이다. 소년이라는 점에서 사람이라는 그 격(格)을 잃어버리고, 여자라는 점에서 다시 쓴맛을 보는 경우이다.

이에 대해서는 남녀 소년들 한 사람 한 사람이 '2천만 형제' 중의 한 사람이며 장래의 큰 운명을 개척할 일꾼의 한 사람이라는 사실을 깨닫고 그들의 인격을 인정하는 정신을 소유하게 될 때에 수백만 어린 남녀는 인습의 굴레에서 해방되고 소년문제는 해결될 것이라고 내다보았다.

이는 성인의 의식 전환이 선행되어야 소년문제가 근본적으로 해결될 수 있다고 소년문제 해결에 근원을 밝힌 점에서 크게 주목된다.

3. 소년운동의 필요성 제고

『개벽』지에 나타난 소년관은 초기에는 다분히 관념적이었으나 점차 실행 가능한 현실적인 문제로 나아갔다. 그래서 소년운동의 필요성이 구체적인 대안을 갖고 제고되기 시작하였다. 이 제안은 이돈화와 이광수에 의해 앞서거니 뒤서거니 하며 지면을 장식하였다.

먼저 이돈화는 세 가지 구체적 방안을 제시하였다.[43] 하나는 미국의 아동학대폐지협회를 본떠서 아동보호기관을 설치운영하자는 것이었다. 여기서는 아동의 학대를 폐지코자 목적할 뿐만 아니라 아동의 양심을 가로막거나 해치는 사회의 모든 상태까지 처리케 하자는 것이다. 다른 하나는 영국

---

42 김소춘. 앞의 글, 58쪽.
43 이돈화. 앞의 「신조선의 건설과 아동문제」, 27-28쪽.

의 소년의용단(少年義勇團, 보이스카웃)을 본떠서 소년지도 기관을 특설하여 운영하자는 것이었다. 이것은 기왕에 있는 천도교소년회의 운영 방식을 살려 순수하게 인간 본위의 의미를 가지고 지력(知力), 덕성(德性), 체육(體育)을 목적하고 그것의 완성을 기하자는 것이다. 다른 또 하나는 빈아교육(貧兒敎育)에 힘쓰자는 것이었다. 자선가(慈善家)나 자선단체로 하여금 가난한 어린이[貧兒]를 구제하는 한 방책으로 빈아에게도 평등한 교육을 받게 하자는 것이다. 이와 같은 이돈화의 제안들은 근대 소년운동사에 기록할 만하다. 그는 김기전에 이어서 소년단 조직을 거론하였는데(『개벽』, 1921.12) 실제로 다음해 10월에는 조철호에 의해서 조선소년척후군(朝鮮少年斥候軍)이 창립되었다.[44]

다음, 이광수는 「소년에게」 본론에서 세 차례에 걸쳐 조선민족의 경제적 파산, 도덕적 파산, 지식적 파산을 논하고 네 번째, 다섯 번째에는 조선민족을 구하는 방도를 구체적으로 예시하였다.

조선민족의 운명은 과연 어디로 갈까. 흥(興)일까 망(亡)일까. 그것은 전적으로 소년남녀에게 달렸다고 보았다. "진실로 조선민족의 운명은 소년남녀에게 달렸고 오직 그네에게만 달렸나니…"[45]라고 말함으로써 희비가 엇갈린 아슬아슬한 심정을 토로하고 있다. 계속해서 그는 소년이 우리라는 일인칭 복수로서 전 민족의 운명을 걸머지길 바라면서 다음과 같이 소년 임무의 중대성을 일깨우고 있다.

---

44 김정의. 앞의 『한국 근대 소년운동 연구(Ⅰ)』, 58쪽.
45 노아자(魯啞子, 이광수). 1922. 「소년동맹과 조선민족의 부활」, 『개벽』 20, 55쪽.

아아, 조선의 소년들아

네 이름을 묻는 이 있거들랑

김지(金之)요 이지(李之)요 할 줄이 있으랴.

우리는 조선의 운명(運命)이오라 하라.

… 그네가 바로 이 사이를 타서 조선의 땅에 조선의 사람으로 난 것은 진실로 큰 뜻이 있으니 대개 작금(作今) 12, 3세 이상, 20세 내외의 소년남녀들의 일생이 될 40년 내지 50년간이 조선민족의 운명을 좌우할 시기(時機)일 것이외다.[46]

이 일을 담당하기 위해 조선소년이 할 일은 개조되고 신생(新生)된 조선민족의 민족적 생활을 조직하고 그 조직된 기관을 운전해야 된다는 일념에서 공부동맹(工夫同盟)의 조목을 다음과 같이 제시하였다.

(1) 소년들아, 덕행(德行) 있는 사람이 될 공부를 하기로 굳게 동맹하자.

(2) 소년들아, 아무리 하여서라도 보통교육과 전문 학술의 교육을 받아 한 가지 직업을 할 수 있는 사람이 되도록 공부하기를 동맹하자.

(3) 소년들아, 건장한 신체와 기력을 가진 사람이 되도록 공부하기를 동맹하자.

(4) 우리의 동맹으로 하여금 가장 공고하게, 가장 신성하게 뭉쳐진 단체가

---

46 앞의 글, 58쪽. 전영택은 이 글의 앞부분을 인용하면서 이광수의 글이라고 하였다. 따라서 노아자(魯啞子)는 이광수라고 생각된다(전영택. 1924. 「소년문제의 일반적 고찰」, 『개벽』 47, 20쪽).

되어, 민족 개조의 대업을 성취하기에 위대한 힘을 내도록 공부하기를 동맹하자.[47]

이 조목들은 조선의 소년남녀만이 조선 운명의 지침을 돌릴 원동력이 있으니 그 힘을 내기 위하여 공부하는 동맹을 맺자는 의미로 보인다.

그는 소년남녀들의 공부동맹이 발효하여 소년동맹의 행위로 변하기를 고대하였다. 이러한 변화야말로 민족개조의 가장 확실한 방법이라고 확신하고 사상 또는 관념의 전파에 머물지 않고 행위의 전파를 다음과 같이 구상하였다.

(1) 무실역행(務實力行, 실속 있도록 힘써 행함)하기를 동맹하자.

(2) 신의를 지키고 용기를 가지기를 동맹하자.

(3) 단체 생활의 훈련을 받기를 동맹하자.

(4) 보통 지식과 1종 이상의 학술이나 기예(技藝)를 배우기를 동맹하자.

(5) 위생과 운동을 일생에 쉬지 않기를 동맹하자.

(6) 반드시 일정한 직업을 가져 매일 일정한 시간의 노력을 하며, 금전을 저축하여 저마다 제 생활의 경제적 기초를 확립하기를 동맹하자.[48]

이와 같은 행위의 전파야말로 이상적인 민족 개조의 덕목이라고 보고, 이 덕목을 실행하는 데 가장 파급효과가 큰 방법이 소년동맹이라고 결론

---

47 노아자. 앞의 「소년동맹과 조선민족의 부활」, 62쪽.
48 노아자. 1922. 「소년동맹과 그 구체적 고찰」, 『개벽』 21, 32쪽.

지었다.[49] 가령 2인이 이러한 동맹을 시작하여 첫해에 20인의 동맹원을 얻었다 하고, 매년 1인이 1인씩만 새로운 동맹원을 얻는다면, 둘째 해에는 40인, 셋째 해에는 80인으로 기하급수로 동맹원이 증가하므로, 10년째 되는 해는 10,240인이 되고 21년째에는 20,341,520인의 동맹원을 얻어 조선 전 민족을 얻게 된다는 계산이었다. 동맹원 중 혹 사망하는 자, 중도에 규약을 어겨 쫓겨난 자, 또는 1년에 1인의 신동맹원을 얻지 못한 자가 있다고 가정하여도 10년에 10,240인이 될 것을 그 기간을 3배하여 얻기로 치면 틀림없을 것이라고 보았다.[50] 그리하여 30년 동안에 민족개조의 덕목을 갖춘 1만 명의 신뢰할 만한 도덕적인 전문가를 얻어 10년간 다음과 같이 수양하기를 권유하였다.

(1) 그는 거짓말 안 하기, 게으르지 않기, 바꿔 말하면 무실(務實), 역행(力行)하기를 십년간 힘썼고, (2) 그는 신의 있고 용기 있기를 십년간 힘썼고, (3) 그는 십년간 단체생활의 훈련을 받았고, (4) 그는 십년간 보통 지식과 1종 이상의 전문기술이나 기예를 배우기에 힘썼고, (5) 그는 십년간 위생과 운동으로 건강을 수련하였고, (6) 그는 십년간 저축하여 생활의 경제적 기초를 세웠고, (7) 그는 공고한 단결의 규약을 확고히 지켜 온 1인이외다.[51]

이만하면 이 사람은 영웅도, 호걸도, 성인(聖人)도 아닐는지 모르지만 신

49 노아자. 앞의 글, 31쪽.
50 노아자. 앞의 글, 33쪽.
51 노아자. 앞의 글, 34-35쪽.

뢰할 만한 한 공민(公民)임에는 틀림없다고 보았다. "신뢰할 만하고 능력 있는 범인(凡人)!"[52] 영웅 호걸이나 성인의 시대가 아니라 신뢰할 만하고 능력 있는 평범한 사람의 시대가 전 민족은 못 되더라도 1만인이라도 얻어야 살아날 것[53]이라고 내다본 것은 당시의 범세계적인 시대 조류를 바르게 반영한 것으로 보인다.[54] 아무튼 "만일 여러분께서 나의 이 가슴에 피를 찍어 쓴 편지에 공명(共鳴)하심이 있거든 그날부터 그 자각대로 실행하기를 결심해 줍시오."[55]라는 말에서 읽을 수 있듯이, 그는 소년동맹의 성패가 민족 사활(死活)의 관건임을 절규하고 있다. 이는 소년운동의 필요성을 가장 극적으로 제고한 것으로, 그 여파는 1920년대에 전개된 무수한 소년운동의 확산이 말해주고 있다.[56]

III. 소년운동의 지향점 제시

1. 소년운동의 전개

종래의 전통시대를 지배하던 일그러진 소년관이 『개벽』지를 통하여 계

---

52 노아자. 앞의 글, 35쪽.
53 노아자. 앞의 글, 35쪽.
54 이돈화 1차 대전 후의 세계를 가리켜 평민 시대로 화하여 가는 시기라고 지적한 바 있
    다.(이돈화. 1920. 「신시대와 신인간」, 『개벽』 3(8월호), 18쪽.
55 조찬석. 1973. 「일제하의 한국 소년운동」, 『논총』 4, 인천교육대학, 7478쪽.
56 노아자. 앞의 「소년동맹과 그 구체적 고찰」, 42쪽.

속적으로 비판되고, 소년에의 기대감을 갖고 소년문제가 노동문제, 부인문제와 더불어 그 해결 방안이 논의되고, 나아가 소년운동의 필요성이 제고되는 가운데 다음 글에서 볼 수 있는 것처럼 소년계(少年界)의 자각이 나타나기 시작하였다.

> 벌써 연전(年前)의 일로 기억된다. 경상남도 진주 시내의 소년들이 소년회를 조직하여 그 사실은 조선 소년으로서 자각의 첫소리가 되었었다.[57]

『개벽』지는 이와 같은 기사를 실어 소년이 자각하여 스스로 소년운동을 시작하였다고 기록하였다.[58] 이 (진주)소년회는 중도에 만세운동으로 지상에 누차 보도된 바 있어서 소년들 사이에서뿐만 아니라 어른들의 사회에까지 상당한 영향을 끼쳐서, 소년 집회가 혹은 단(團), 혹은 회(會), 혹은 구락부(俱樂部), 혹은 계(契)의 명칭 등으로 다수 지역에서 일어나는 직접적인 계기를 마련해 주었다.[59] 『개벽』지는 이를 크게 반겨 다음과 같이 고무하고 있다.

---

57 편집자. 1921. 「가하할 소년계의 자각」, 『개벽』 16, 57쪽.

58 《동아일보》 1926년 12월 18일자와 1927년 8월 16일자에 의하면 '안변(安邊)소년회'와 '왜관(倭館)소년회'의 창립 해를 '진주소년회'의 창립보다 1년 앞선 1919년으로 싣고 있고, 『한국 보이스카우트 60년사』에는 같은 해의 '원산(元山)소년회'(7월 9일 조직)를 모두(冒頭)에 싣고 있다. 또한 대한민국임시정부 및 동 교민단 보관 문헌 2년도 제14호에 의하면 해삼위(海參威) 신한촌(新韓村)에는 '소년애국단'이 이미 1919년 3월에 조직되어 있었음을 부기(附記)한다.

59 편집자. 앞의 「가하할 소년계의 자각」, 57-58쪽.

소년들이 스스로 자각하여 건전한 소년이 되겠다 하며 건전한 소년이 될 일을 한다 하도다. 이 얼마나 반가운 일이며 얼마나 훌륭한 일인가. 뜻이 있는 어른이어든 한번 그들을 향하여 만폭(萬幅)의 동정(同情)을 기울여 가하며 이를 동기(動機)로 하여서 우리 어른 사회에서는 다투어 소년문제를 연구하며 소년에 대한 시설(施設)을 행함이 있어야 하겠다.[60]

또한 다음과 같이 격려하여 그 기세(氣勢)를 높게 사고 있다.

형제들이여. 여러분이 우리 사회에 훌륭한 노인이 가득하기를 요망(要望)하는가. 그러거든 먼저 그 노인의 밑동인 장년 청년이 훌륭하여야 할 것이며, 또한 우리 사회에 훌륭한 장년 청년이 가득하기를 요망하는가. 그러거든 먼저 그 장년 청년의 밑동인 소년이 훌륭하여야 할 것이다. 그런데 이제 소년들이 훌륭하여지려 하도다.[61]

이는 노소(老少)의 융합과 근본적 개조가 가능한 데서 나온 말의 힘으로 보인다. 어떻든 진주소년회는 소년운동 발생의 촉매제가 되어 소년회 운동과 소년단 운동 같은 근대 소년운동 발생에 동인(動因)이 되었다.[62]

1921년 5월 천도교소년회는 서울에 있는 천도교회에서 교회 소년들을 중심으로 가장 완전한 소년회로 발족하게 됨으로써, 전국 소년운동계에 커

---

60 편집자. 앞의 글, 57-58쪽.
61 편집자. 앞의 글, 59쪽.
62 김정의. 1985. 「소년운동사의 이해」, 『한국사의 이해』, 형설출판사, 122-126쪽 참조.

다란 영향을 끼쳤다.[63] 천도교는 이미 3·1운동의 모체였을 뿐만 아니라 그 조직이나 재정의 뒷받침도 가장 튼튼하였다. 특히 이돈화나 김병연, 김기전, 방정환 같은 소년운동의 계몽가 내지는 실천가들을 망라하고 있었음은 무엇보다도 강점이었다.[64] 이와 같이 튼튼한 기반 위에 설립된 천도교소년회는 지덕체를 겸비한 쾌활한 소년을 만드는 데에 목적을 두고 그 목적을 달성하기 위한 규약을 다음과 같이 명료하게 규정하고 있다.

> 유락부(遊樂部)와 담론부(談論部)와 학습부(學習部)와 위열부(慰悅部)의 네 부를 두되 유락부에서는 유희와 운동을 행하며, 담론부에서는 담화와 강론을 행하며, 학습부에서는 사회 각 방면의 실제를 학습하며, 위열부에서는 회원과 회원 아닌 사람 사이임을 묻지 않고 때와 경우에 상응(相應)한 위문과 경하(慶賀)를 행한다.[65]

기타 특기할 사항은 경어(敬語) 사용,[66] 경조 심방(慶弔尋訪), 명승고적답사 등이고, 회원의 자격을 7-16세의 남녀소년으로 했다는 점이다.[67]

한편 1922년 10월에 발족한 소년단 운동은 근대 소년운동의 양 축의 하

---

63 편집자. 앞의 「가하할 소년계의 자각」, 57-58쪽.

64 이돈화, 김기전은 천도교청년회의 지도자이고. 방정환은 천도교청년회 지도자이면서 천도교 교주(敎主)인 손병희의 사위이다.

65 앞의 글에서 이 인용문을 '천도교소년회' 규약 9조라고 밝혔음.

66 경어 사용은 김기전(金小春)이 1920년 앞의 「장유유서의 말폐- 유년 남녀의 해방을 제창함」에서 제안한 바 있고, 또 1921년에는 계명구락부(啓明俱樂部)가 조선총독부에 건의한 바 있다. (1921. 「아동 상호간의 경어 사용」, 『개벽』 16, 56-57쪽).

67 편집자. 앞의 글, 59쪽.

나로 소년회 운동과 나란히 한 축을 담당하게 되었다. 소년단의 창설자 조
철호가 『개벽』지에 기고한 다음과 같은 소년단 운동의 발족 취지는 소년의
개조가 민족의 개조임을 분명히 하고 있다.

> 내가 이 운동의 발흥이 있기를 이와 같이 전(全) 심력(心力)으로써 암구(暗
> 求)하는 것은 다른 뜻이 없습니다. 먼저 사람이라는 그 자체의 개조로부터
> 시작하여 이 사회의 모든 허식(虛飾)과 악습(惡習)에 선전, 육박(肉薄)하자 함
> 이외다. 그리함에는 먼저 사람의 시초인 소년의 개조에 착수하여 그들로 하
> 여금 사회를 위하고 자기를 위하기에 최적절한 자각과 시련(試鍊)을 가지게
> 하자 함이외다.[68]

이로써 소년단 창단도 천도교소년회의 발족 사례와 마찬가지로 이돈화,
김기전 등의 소년 계몽으로부터 지대한 영향을 받았음을 드러내고 있다.
그리고 『개벽』지에 나타난 실천적인 소년운동의 신기원은 당연히 방정환
의 '어린이'라는 표현의 본격 사용이라는 점이겠다.

> 〈어린이 노래〉
> 잔물
>
> (전략) 아- 나는 이담에 크게 자라서
> 이 몸이 무엇을 해야 좋을지나 홀로 선택할 수 있게 되거든 (중략)

---

68 조철호. 1923. 「소년군단(少年軍團)! 조선 뽀이스카우트」, 『개벽』 31, 84쪽.

거리에서 거리로 돌아다니며

집집의 장명등(長明燈)에 불을 켜리라

61년 8월 16일 ··· 잿골집에서 ··· 역[69]

즉 『개벽』 1920년 8월 25일자[70]에 실린 번역 동시 〈어린이 노래〉를 같은 해 8월 15일 잿골 집에서 쓴 것이 '어린이'라는 표현으로서는 실질적인 시원(始原)이 되는 것이다. 종래 소년에 대한 호칭이었던 '애녀석', '어린애', '아해놈'이라는 비칭(卑稱) 대신에, '어린이'라는 존칭(尊稱)으로 호칭하기 시작한 것은 소년에 대한 경시 풍조를 청산하고 소년 존중의 상징적인 풍토를 근원적으로 마련한 쾌거로 보인다.[71]

아울러 4월 17일 서울에 있는 각 소년단체가 소년운동협회(少年運動協會)를 조직하고 지방에 있는 소년단체와 연락을 취하여 1923년 5월 1일을 전국 단위의 어린이날로 거행하여 어린이날을 확대 정착시켰다.[72] 1922년 5월 1일 어린이날이 제정된 지 첫 기념이 되는 어린이날이었다.

이 날의 행사는 소년문제에 관한 다음과 같은 내용의 선전지 20만 매를 가가호호에 살포하는 등 대대적인 행사를 하였다.

69 방정환. 1920. 「어린이 노래-불 켜는 이」, 『개벽』 3, 88-89쪽.

70 최제우(崔濟愚)에 의한 동학 창시(創始) 해인 서기 1860년이 포덕(布德) 원년(1년)이므로 포덕 61년은 서기 1920년에 해당함.

71 김정의. 1989. 「한국 근대 소년운동 고찰 - 초기 천도교의 소년운동을 중심으로」, 『한국사상』 21, 한국사상연구회, 166-168쪽.

72 김기전. 1923. 「개벽운동과 합치되는 조선의 소년운동」, 『개벽』 35, 20쪽.

〈어른에게 전하는 부탁〉

1. 어린이를 내려다보지 마시고 반드시 쳐다 보아주시오.

2. 어린이를 늘 가까이 하사 자주 이야기하여 주시오.

3. 어린이에게 경어를 쓰시되 늘 보드랍게 하여주시오.

4. 이발이나 목욕, 의복 같은 것을 때맞춰 하도록 하여 주시오.

5. 잠자는 것과 운동하는 것을 충분히 하게 하여 주시오.

6. 산보와 원족 같은 것을 가끔가끔 시켜 주시오.

7. 어린이를 책망하실 때에는 쉽게 성만 내지 마시고 자세자세히 타일러 주시오.

8. 어린이들이 서로 모이어 즐겁게 놀 만한 놀이터나 기관 같은 것을 지어 주시오.

9. 대우주(大宇宙)의 뇌신경(腦神經)의 말초(末梢)는 늙은이에게 있지 아니하고 젊은이에게도 있지 아니하고 오직 어린이 그들에게 있는 것을 늘 생각하여 주시오.

〈어린이에게 전하는 부탁〉

1. 돋는 해와 지는 해를 반드시 보기로 합시다.

2. 어른에게는 물론이고 당신들끼리도 존대하기로 합시다.

3. 뒷간이나 담벽에 글씨를 쓰거나 그림 같은 것을 그리지 말기로 맙시다.

4. 길가에서 떼를 지어 놀거나 유리 같은 것을 버리지 말기로 합시다.

5. 꽃이나 풀은 꺾지 말고 동물을 사랑하기로 합시다.

6. 전차나 기차에서는 어른에게 자리를 사양(辭讓)하기로 합시다.

7. 입은 다물고 몸은 바르게 가지기로 합시다.

이와 같은 소년문제에 관한 실천 사항은 하나같이 눈길을 끌어 소년운동에 대한 일반의 관심을 환기시키고 소년들의 자각을 고취했다.[73] 이는 소년운동에 새로운 장거로서 소년운동사상 기념비적인 날로 의의가 크다고 생각된다.

2. 소년운동의 목표 설정

『개벽』지에는 소년문제에 관한 논의가 호를 거듭하여 다양하게 게재되어 있다. 그중에서도 이돈화의 소년 보호 문제 거론과 이광수의 소년 수양 문제 거론이 소년운동계에 커다란 논란이 되고 있었다. 이에 대하여 김기전은 다음과 같이 강력히 반대의사를 표하고 소년 해방을 목표로 삼아야 한다고 주장하였다.

> 가령 여기에 어떤 반석(盤石) 밑에 눌린 풀싹이 있다 하면 그 반(盤)을 그대로 두고 그 풀을 구한다는 말은 도저히 수긍할 수 없는 말이다. 오늘 조선의 소년은 과연 눌린 풀이다. 누르는 그것을 제거치 아니하고 다른 문제를 운위한다면 그것은 모두 일시일시의 고식책(姑息策)이 아니면 눌려 있는 그 현상을 교묘하게 옹호하고자 하는 술책에 지나지 아니할 바이다.[74]

그는 소년을 햇순에 비유하여 소년은 새순처럼 대우주의 나날의 성장을

---

73 《동아일보》 1923년 5월 1일자.
74 김기전, 앞의 「개벽운동에 합치되는 조선의 소년운동」, 26쪽.

구가(謳歌)하는 희망이므로, 이제부터는 어린이를 사회 규범의 중심으로서 논의하자는 것이다. "나무를 보라. 그 줄기와 뿌리의 전체는 오로지 그 적고 적은 햇순 하나를 떠받치고 있지 아니한가."[75]라고 말함으로써 재래의 윤리적·경제적 압박으로 사회의 맨 밑에 깔려 있는 소년을 해방시켜 자연처럼 사회의 맨 윗자리로 끌어 올리자는 것이다. 그 구체적 방안으로 먼저 다음과 같이 윤리적으로 소년의 인격을 인정하여야 한다고 제안하였다.

첫째로 언어에 있어 그를 경대(敬待)하자. 우리는 어린이의 인격을 인정하는 첫 표시로서 먼저 언어에서 경대하여야 한다. 둘째로 의복, 음식, 거처 기타 일상생활의 범백(凡百)에 있어 어린이를 꼭 어른과 동격으로 취급하는 관습을 지어야 한다. 셋째로 가정, 학교, 기타 일반의 사회적 시설에 있어 반드시 어린이의 존재를 염두에 두어 시설을 행하여야 한다.[76]

다시 경제적으로 그의 생활의 평안을 보장하여 "첫째로 그들에게 상당한 의식(衣食)을 주어 자체가 영양불량(營養不良)의 폐단에 빠짐이 없게 하며, 둘째로 유소년의 노동을 금하고 일체로 취학(就學)의 기회를 얻게 할 일이라"[77]라고 방안을 제시하였다. 이는 당시 소년운동의 목표를 가장 함축성 있게 드러내는 핵심적인 표현으로 보인다. 그것은 1923년 5월 1일 어린이날 선포된 다음과 같은 '소년운동의 선언'과 그 문맥이 일치된다는 점에서

75　김기전. 앞의 글, 25쪽.
76　김기전. 앞의 글, 25쪽.
77　김기전. 앞의 글, 25쪽.

중시하고자 하는 것이다.

一. 어린이를 재래(在來)의 윤리적 압박으로부터 해방하여 그들에게 대한 완전한 인격적 예우를 허하게 하라.

二. 어린이를 재래(在來)의 경제적 압박으로부터 해방하여 만 14세 이하의 그들에게 대한 무상 또는 유상의 노동을 폐하게 하라.

三. 어린이 그들이 고요히 배우고 즐거이 놀기에 족할 각양의 가정 또는 사회적 시설을 행하게 하라.[78]

즉 윗글로 보아 '소년운동의 선언'을 초안한 인물은 틀림없이 김기전이라고 믿어진다. 또한 천도교소년회 조직과 어린이날 제정을 함께 이끈 김기전·방정환의 평소 어린이 운동 사상이 자연스럽게 습합된 것이다.

그런데 이 '소년운동의 선언'은 세계 최초의 어린이 인권선언이기도 하다.[79] 따라서 『개벽』지에 실린 '소년 해방의 방안'은 세계 최초의 소년운동 선언의 초안이라고 정리해 두어도 좋겠다.

아무튼 한국 근대소년운동이 많은 소년 계몽가들에 의해 영향 받고 있었지만 그중에서도 특히 김기전의 소년 해방 사상의 영향이 무엇보다도 지대했던 것으로 보인다. 한편 안창호의 '무실역행(務實力行)'의 인간 개조 사상이 도도히 흐르고 있었음도 관찰하여야 할 것이다. 또 이돈화의 소년 보호 사상을 묵과할 수도 없다.

78 《동아일보》 1923년 5월 1일자.
79 김정의. 앞의 『한국 근대 소년운동 고찰』, 177쪽.

다만 소년운동의 목표를 설정하는 데 있어서 기록상으로 나타난 가장 분명한 자료는 여전히 '소년운동의 선언'이 당시의 소년운동 정신을 대표하는 것으로 보인다. 그것은 '소년운동의 선언'이 소년운동가들의 조직체인 〈소년운동협회〉 명의로 발표된 바로서도 입증되는 것이다. 즉 당시 소년운동가들에 의하여 합의된 선언 내용이 '소년운동의 선언'이라고 보기 때문이다.[80] 물론 김기전의 '소년 해방 방안'이 '소년운동의 선언'에 그대로 반영되었다는 것은 그가 소년운동계에서 차지하는 비중이 그만큼 컸음을 뜻하는 것이다. 또한 '소년 해방 방안'의 논리가 소년운동의 목표 설정에 의심 없는 본보기로 묵인되었다는 점도 간과해서는 안 되는 것이다. 따라서 '소년 해방 방안'은 당시 소년운동의 목표 설정에 합의된 모본으로써 의미가 클 뿐만 아니라 소년해방의 획기적인 이념을 제공함으로써 소년운동을 활성화시키는 활력소가 되었다.

3. 소년운동의 반성

전영택에 의하면 최남선에 의한 『소년』지 발간이 우리나라 소년운동의 효시라고 한다.[81] 그러나 필자가 조사한 바에 의하면 그보다 먼저 양재건에 의해 발간된 『소년한반도』지가 효시로 보인다.[82] 그러나 본격적인 소년

---

80 김정의. 앞의 「한국 근대 소년운동 고찰」, 177쪽 참조.
81 전영택. 앞의 「소년문제의 일반적 고찰」, 20쪽.
82 『소년』지는 1908년 11월 1일 창간되었고(김정의. 앞의 「근대 소년운동의 배경 고찰」, 14쪽), 『소년한반도』지는 1906년 11월 1일 창간되었다(한국근대사편찬위원회 편. 1972. 『한국현대사』 9, 신구문화사, 220쪽).

운동의 전개는 역시 1919년에 창립된 신한촌(新韓村)소년애국단에서 비롯된다고 생각된다.[83] 그 후 원산(元山)소년단, 천도교소년회, 조선소년척후단 등이 창립되어 1927년까지 소년단체가 국내외에 적어도 247개[84] 이상 설립되어 이른바 '소년의 세기(世紀)'[85]를 연상하게 하였다.

이렇게 외형적으로는 장족의 발전을 거듭하였으나 한편 자성의 소리도 높았다. 그것은 아직도 소년문제 연구가가 태부족이었기 때문이다. 그리하여 전영택은 다음과 같이 자문하며 소년운동가의 출현을 갈망하였다.

우리의 어린이들은 참 가련합니다. … 우리 가운데 우리의 어린이를 위하여 아동문제를 생각하고 아동교육문제를 생각하며 여기 대하여 힘을 쓰는 이가 누구입니까.[86]

그는 나아가서 보통학교의 교육내용이나 교육제도, 교육자의 태도에 대해서도 다음과 같이 비판하였다.

그것은 아동을 계발하기는커녕 도로 버려줍니다. … 그것은 다 모처럼 아름다운 어린이들의 천성과 정조를 버려주고 지극히 귀한 지력을 문질러 줄 뿐이외다.[87]

83　각주 58 참조.
84　조선총독부경무국. 1927. 「소년운동」, 『조선의 치안 상황』, 4쪽.
85　전영택. 앞의 「소년문제의 일반적 고찰」, 18쪽.
86　전영택. 앞의 글, 11쪽.
87　전영택. 앞의 글, 11쪽.

그리고 그 대안으로 소년문학을 장려해야 된다고 제안하였다. 즉 "이에 대한 근본방안은 소년을 잘 기르고 가르치고 지도해야 새사람 참사람 사람다운 사람들을 만듦에 있겠습니다."[88]라고 하였다. 그것은 다음과 같이,

    1. 미적 감정을 길러줌

    2. 아이들의 취미를 넓힘

    3. 덕성과 지력을 배양함

    4. 상상력을 풍부하게 함[89]

등의 효과가 크다는 것이다. 그러나 소년문학이 아동에 대한 감화력(感化力)이 크고 교육적 가치가 높은 만큼 몇 가지 주의할 점을 아래와 같이 밝혀 소년문학의 주의할 점을 제시하였다.

첫째 문장과 언론에 대하여 주의해야겠습니다. … 첫째는 부자연하고 그릇된 말로 그 부드러운 순성(純性)을 해하지 말고, 둘째는 어머니 나라의 바른말과 문장의 본을 보이도록 할 것이외다. … 어떤 유명한 동화를 읽다가 그것은 일어(日語)지 조선말이라고는 할 수 없는 직역된 것을 많이 보고 … 다음에 주의할 것은 그 재료의 선택이외다. 1. 어떤 무리한 목적을 두고 하지 말 것 2. 가장 청순한 재료를 택할 것. 3. 어린 아이의 공포심을 더할 만한 것이나 너무 잔인 포악한 이야기는 피할 것, 유탕심(遊蕩心)을 도울 만한

---

88 전영택. 앞의 글, 12쪽.
89 전영택. 앞의 글, 13쪽.

것을 피할 것, 너무 호기심을 끄는 것을 기재하여 허위 사기의 악성을 기르지 않도록 할 것 등이외다.[90]

그러나 아동 자신이 동화를 구하는 것은 지식, 수양을 구하기 위함이 아니고 본능적인 자연의 욕구로 보는 견해도 있음을 간과해서는 안 될 것이다.[91]

한편 다른 각도에서도 자성의 소리가 일었다.

첫째, 소년운동의 의의를 이해하고 그 의의에 준하여 소년운동을 진행하여야 한다는 것이다. 예를 든다면 조선의 소년소녀를 재래의 윤리적·경제적 압박으로부터 해방시켜야 하는 본의를 살리지 못하고 단지 어린이날의 기념기분(紀念氣分)으로만 충만 된다면 이는 일시의 호기심이나 유희감(遊戲感)의 조장은 될지언정 소년운동이 모독될 염려가 있다는 것이다.[92]

둘째, 소년운동은 다른 운동과 달리 소년 자신이나 그 소년을 지도하는 몇 사람에 의해서 될 일이 아니라 "각 가정이면 가정, 사회면 사회 일반의 공동(共同)한 발의와 노력에 의해야 비로소 좋은 결과[好果]를 얻을 것인즉, 적어도 사회의 일반복리를 염두에 두는 사람뿐이면 다 같이 이 운동의 진행을 주시 독려하여"[93] 이 운동을 어린사람이나 또는 몇 명의 지도자에게만 맡기지 말고 모두가 함께 관심을 갖자는 것이다.

셋째, 재래의 우리 부모들은 자기 밑에서 자라나는 어린이에 대해서 그

---

90 전영택. 앞의 글, 15-16쪽.
91 소파. 1923. 「새로 개척되는 「동화」에 관하야」, 『개벽』 31, 20쪽.
92 1926. 「어린이날에 하고 싶흔 말」, 『개벽』 69, 44쪽.
93 앞의 글, 44쪽.

저 "날 닮아라 날 닮아라"[94] 하여 재래의 전통이 주입되어 어린이에게 해독을 입힐 우려가 있다는 것이다. 그렇다고 자기 되어가는 그대로 보양(保養)하는 것도 문제가 있다는 것이다. 물론 어린사람을 자기 생긴 그대로 보양해 갈 수가 있다고만 하면 좋겠지만 그렇게 하면 현 사회의 일체를 그대로 시인하고 옹호하는 결과가 되어 현상에 타협 복종할 염려가 있다는 것이다. 그러므로 현상에 대하여 적극적으로 비판, 반항하여 현상을 수정 개혁하는 노력을 경주해야 한다는 것이다. 『개벽』 69호에는 그래야 할 필요성이 다음과 같이 게재되어 있다.

> 우리는 스스로 어린 사람을 자기 생긴 대로 커 가게 한다 하여 그의 사상이나 감정이나 행동에 무관심하는 태도를 취할 수는 없는 것이다. 할 수 있는 데까지는 재래의 전통이 뿌리박기 전 그때에 일반의 노력을 하지 않을 수 없는 것이다. … 우리와 정반대의 경우에선 저들 지배자 측에서 이 소년들의 단속 교련(자기편에 유리하도록)에 어디까지 유의하는 점을 보아서도 추측할 수 있는 것인즉 무릇 소년운동에 끝을 머무른 사람은 다시금 이 점에 유의할 필요가 있으리라 한다.[95]

이로써 이 글을 쓴 이[96]의 심중이 여실히 드러나 있다. 즉 일제의 식민지 정책에 의해 나타날 사회현상을 도저히 조선총독부가 교육하는 대로 그대

---

94 앞의 글, 44쪽.
95 편집자. 앞의 글, 45쪽.
96 이 글의 내용으로 보아 김기전(金起田)의 글이라고 보아진다.

로 시인시킬 수 없다는 절규이다. 다시 말해서 어린이들을 반드시 독립 역군으로 키워야 된다는 의지의 일단인 것으로 보인다. 그는 민족 운동으로서의 소년운동의 의지를 이미 『개벽』지 창간호(1920.6.25.)에서 '금쌀악' '옥가루'의 동요를 빌려 아래와 같이 은유적으로 드러낸 바 있다.

북풍한설(北風雪寒) 가마귀 집 귀한 줄 깨닫고 가옥가옥(家屋家屋) 우누나
유소불거(有巢不居) 저 까치 집 잃음을 부끄려 가치가치(可恥可恥) 짖누나
명월추당(明月秋堂) 귀뚜리 집 잃을까 저어서 실실실실(失失失失) 웨놓다

황혼남산(黃昏南山) 부흥(復興)이 사업 부흥하라고 부흥부흥(復興復興) 하누나
만산모야(晩山暮夜) 속독새 사업 독촉하여서 속속속속(速速速速) 웨이네
경칩 만난 개구리 사업 저 다 하겠다 개개개개(皆皆皆皆) 우놓다[97]

그러기에 그는 유희로 머무는 어린이날 행사가 그나마 소년 자신이나 몇몇 지도자만의 소년운동이 되고 있음을 반성하고, 모두가 함께 관심을 갖고 소년을 윤리적·경제적 압박에서 해방시키자고 하였다. 이를 위하여 그는 새 시대·새 조국을 열어 갈 수 있도록 하는 민족독립운동으로서의 소년운동으로 거듭나야 된다는 뼈아픈 충언을 하기에 이른 것이다.

---

97 소춘(小春). 1920. 「금싸락 옥가루」, 『개벽』 1, 37쪽. 이 글은 일제의 검열에 의하여 삭제되었던 내용이다(김근수. 1969. 「1920년대의 언론과 언론정책 - 잡지를 중심으로」, 『3·1운동 50주년 기념논집』, 동아일보사, 733쪽).

제4장
소년회 운동

소년회의 효시는 『독립운동사 자료집』에 의하면 국내외 전체에서는 연해주에서 조직된 신한촌(新韓村) 소년애국단이 그 시초가 되지만, 국내에서는 《동아일보》 기사에 의하면 안변소년회와 왜관소년회로부터 비롯되는 듯하다. ... 진주소년회를 안변소년회 앞에 기술함으로써 진주소년회가 효시인 듯 언급하고 있지만 어느 것이 효시인지 분간키 어렵다. 다만 소년운동계의 큰 자각을 불러일으키게 된 것은 어디까지나 진주에서 조직된 진주소년회(1920)가 그 효시가 된다.

Ⅰ. 소년회 운동의 태동과 그 효시

1. 소년회 운동의 태동

그동안 소년운동계 일각에서는 한국 소년운동의 기원을 신라의 화랑도에서 찾으려는 경향이 있어 왔다. 그리고 소년운동의 정신적인 지주도 화랑도에서 구하고자 하였다.[1] 그러나 화랑도는 신라의 산물일 뿐 발전적으로 계승되어 온 것은 아니었다. 그동안 성인 위주의 윤리관이 지배하던 긴 시간이 지나가고 실학자들에 의해 잊혔던 자유사상(慈幼思想)이 제기되었지만 여전히 상향식 윤리관에서 헤어나지 못 하던 중, 민족종교인 '동학'에서 소년해방사상이 빛을 보기 시작했고 독립협회에서 동몽(童蒙) 교육 실시의 필요성이 역설되었다. 그리고 일제의 침략으로 국운이 기울 때에는 소년에게 기대를 걸고 애국계몽가들에 의해 소년교육이 활성화되었다. 또한 최남선은 『소년』지를 통해 소년을 교도하였다. 그럼에도 국권이 상실되자 소년에 대한 기대감은 커져 서당 교육을 통해 민족정신을 전승해갔

---

1   중앙교우회. 1969. 「소년군의 창설」, 『중앙 60년사』, 121쪽 참조 ; 정홍교. 1969. 「한국 소년운동과 사회성」, 『현대교육』 5월호, 42쪽 참조.

다. 이를 통해 커다란 민족의 역량을 쌓게 되어 3·1운동이라는 민족 초유의 거사를 성사시키기에 이르렀다.[2]

이때 소년운동가들은 내 민족을 바라보고 스스로를 다시 생각해 보았다. 3·1운동의 결과를 눈여겨보고 있었다. 무력 앞에 맨손으로는 어떤 투쟁도 승리의 날을 약속해주지 않는다. 그 많은 동포들이 불에 타 죽고 칼에 찔려 죽고, 총탄에 맞아 죽었다. 그보다도 더 많은 사람들이 이루 말할 수 없는 야만적인 고문을 당하여 죽거나 혹은 병신이 되었다. 3·1운동이 그 정신의 숭고함에 비추어 얻어진 게 있다면 무엇인가? 또한 당시 젊은이들이 할 일이라면 무엇이던가? 하고 반문하게 되었다. 대답은 자명하였다. 1919년에 터진 3·1 독립운동의 방향을 돌려 자라나는 다음 세대 담당자인 소년에게 민족정신을 뿌리박아 주자는 것이었다.[3]

드디어 소년운동이 태동된 것이었다. 그러나 일제하의 압제가 이 강토, 이 국민을 점차 가혹하게 짓누르게 되자 유지(有志) 간에는 하나의 연구과제로 등장하였다. 이들은 3·1운동 직후부터 곳곳에서 소년운동단체 조직을 위한 창립 사무를 하기 시작하였다. 뜻있는 인사(人士)의 호응을 구하면서 순수한 소년운동과 조국이 처한 운명하에서 소년의 입장을 검토하면서 3·1운동 후 촉각을 곤두세우고 있는 총독부 경무국의 감시를 피해 가며 연일연야(連日連夜) 토론을 거듭하였다. 그러나 일제에 의한 소년운동 탄압이 심하게 되자 태동 중이던 소년운동단체의 간부와 소년운동가들은 심각한

2   김정의. 1989. 「한국 근대 소년운동 고찰―초기 천도교의 소년운동을 중심으로」, 『한국사상』 21, 한국사상연구회, 159쪽.
3   윤석중. 1962. 「동심으로 향했던 독립혼」, 『사상계』 5월호, 262쪽.

곤경에 빠지게 되었다. 일제에 항거하여 끝내 대결을 하다가 비밀결사화 하느냐, 그렇지 않으면 합법적인 길을 모색하느냐에 있었다. 그 결과는 후자의 길을 택하여 끝내 표면으로는 소년운동의 합법적인 기치를 내걸고 장기적인 운동으로 이끌어가자는 데로 기울어지게 되었다.[4]

그리하여 대한민국임시정부, 천도교, 기독교청년회 등의 종교단체 및 민족운동가들이 연결을 시도하여 새로운 활로를 모색하기에 이르렀다. 이미 각 종교단체들은 소년운동가나 민족운동가들의 큰 관심 속에 독자적인 소년회를 조직하고 있었다. 그것은 일제의 감시를 피하는 데에는 종교적인 비호 하에 움직이는 것이 최상의 길이었기 때문이다.[5]

이러한 태동기를 겪고 급기야 이 강토 곳곳에서 범민족적인 항쟁 운동의 일환으로써 소년회 운동은 발생되었던 것이다.

2. 소년회 운동의 효시

3·1운동을 계기로 실력양성운동이 거족적인 사회운동으로 대두되었고 이 운동의 한 갈래로 소년운동이 태동되기 시작했음은 주지의 사실이다.

소년회의 효시는 『독립운동사 자료집』에 의하면 국내외 전체에서는 연해주에서 조직된 신한촌(新韓村) 소년애국단이 그 시초가 되지만,[6] 국내에서는 《동아일보》 기사에 의하면 안변소년회와 왜관소년회로부터 비롯되

---

4 한국보이스카우트 연맹. 1973. 『한국 보이스카우트 50년사』, 3137쪽 참조.
5 앞의 글.
6 이 책 제8장의 Ⅱ−2 '해간도(海間島)지방의 한인소년운동' 참조.

는 듯하다. 《동아일보》는 안변소년회에 대해서 다음과 같은 보도를 하였다.

> 기미년(己未年)에 창립한바 당시 15, 6세 전후의 소년들이 창립한 것인바, 전 조선을 통하여 가장 솔선하여 조직되었은즉 이 일만 하여도 큰 자랑거리라 하겠다.[7]

한편 왜관소년회에 대해서는 다음과 같이 기록하였다.

> 1919년에 왜관(倭館)소년회를 처음 조직하고 수백 명 회원이 맹렬히 노력한다더라.[8]

이와 같은 《동아일보》 순회탐방란의 기사가 안변소년회, 왜관소년회가 국내 최초의 소년운동임을 입증해 주고 있다. 그러나 『어린이』지 창간호에는 《동아일보》 보도와는 다르게 다음과 같이 게재하고 있다.

> 글방이나 강습소나 주일학교가 아니라 사회적 회합의 성질을 띤 소년회가 우리 조선에 생기기는 경상남도 진주에서 조직된 진주소년회가 맨 처음이었습니다.[9]

---

7   《동아일보》 1926년 12월 19일자.
8   《동아일보》 1927년 8월 15일자.
9   이정호. 1923. 「『어린이』를 발행하는 오늘까지」, 『어린이』 3월호(창간호), 1쪽.

이에 대해서는 윤석중도 다음과 같은 견해를 피력하였다.

> 천도교소년회가 생기기 전에 경상도 진주, 평안도 안변, 전라도 광주에도
> 소년회가 생겼었다.[10]

이와 같이 진주소년회를 안변소년회 앞에 기술함으로써 진주소년회가 효시인 듯 언급하고 있지만 어느 것이 효시인지 분간키 어렵다. 다만 소년운동계의 큰 자각을 불러일으키게 된 것은 어디까지나 진주에서 조직된 진주소년회(1920)가 그 효시가 된다. 그것은 다음과 같은 『개벽』지의 기록이 잘 증명해 주고 있다.

> 벌서 연전의 일로 기억된다. 경상남도 진주 시내의 소년들이 소년회를 조
> 직하야 그 하는 일이 매우 재미스럽던 중 그만 중도에 만세운동을 일으킨
> 탓으로 그 간부는 일체로 검거되고 그 회는 해산되었다. 이 사실은 당시 신
> 문지상으로 누차 보도된바 생각하면 일반의 기억이 오히려 새로울 것이다.
> 말하면 그 소년회가 우리 사회에 나타나자 곧 없어진 것은 마치 우담화(優曇
> 華)가 잠깐 웃다가 곧 스러짐과 한가지였다. 그러나 '소년회!'라 하는 그 곱
> 고 아름다운 이름은 영원히 우리들 기억의 한 모퉁이를 차지하게 되었으며
> '소년회를 조직하였었다!' 하는 그 사실은 조선소년으로서 자각의 첫소리가
> 되었었다. 반드시 그 소년회의 울림에 응하야 그리된 것은 아니었겠지마는

10 윤석중. 앞의 「동심으로 향했던 독립혼」, 262쪽. '평안도 안변'은 '함경도 안변'의 오기
    라고 생각된다.

조선소년들은 작년 이래로 자각의 정도가 훨씬 나위어서 혹은 단(團), 혹은 회(會), 혹은 구락부(俱樂部), 혹은 계(契)의 명칭 등으로써 기다(幾多)의 소년 집회가 다수 지역에서 일어남을 보게 되었으며 소년, 즉 아동의 일이라 하면 눈도 거듭 떠보지 아니하던 우리 어른들 사회에서도 이 소년들의 놀음을 얼마큼 흥미있게 관찰케 되었다 … 소년들이 스스로 각오하여 분발하여 건전한 소년이 되겠다 하며 건전한 소년이 될 일을 한다 하도다. 이 얼마나 반가운 일이며 얼마나 훌륭한 일인가, 뜻이 있는 어른이어든 한번 그들을 향하야 만복의 동정을 기울여 가(可)하며 이를 동기로 하여 우리 어른 사회에서는 다투어 소년문제를 연구하며 소년에 대한 시설을 행함이 있어야 하겠다.[11]

이러한 기록으로 보아 진주소년회의 조직과 활동은 진주만세음모사건에 대한 관련 기사가 신문지상에 보도된 것[12]을 계기로 하여 국권 침탈기에 전개된 각종 소년운동 발생의 촉매제 역할을 하였음이 자명하게 드러남을 알 수 있다.

11　편집자. 1921. 「가하할 소년계의 자각」, 『개벽』 10월호, 57-59쪽.

12　《동아일보》 1921년 6월 26일자 3면에 게재된 '진주 만세음모사건'의 언도의 내용을 보면 강민호(姜玟鎬 16, 학생) 징역 1년, 김경홍(金敬洪 1, 齒科雇), 김경택(金敬澤 16, 학생), 최경진(崔敬辰 17, 학생)은 각기 징역 7개월 그리고 박우삼세 (朴又三世, 20, 농업), 김삼룡(金三龍 16, 학생), 정한조(鄭漢祚 16, 무직), 임쌍세(林雙世 19, 小使)는 각기 집행유예 2년씩에 처해진 바 있다.

II. 「천도교소년회」와 소춘 김기전

진주소년회의 조직과 활동이 도화선이 되어 소년운동다운 운동이 처음으로 고동치기 시작한 것은 『어린이』지가 다음과 같이 밝힌 천도교소년회(1921)의 탄생에서부터로 보인다.

> 재작년 봄 5월 초승에 서울서 새 탄생의 첫소리를 지른 천도교소년회, 이것이 어린 동무 남녀 합 30여 명이 모여 짜온 것이요, 조선소년운동의 첫 고동이었습니다.[13]

천도교소년회는 서울에 있는 천도교에서 그 교회 소년부원들을 중심으로 하여 가장 완전한 소년회로 발족[14]하게 됨으로써 전국 소년운동계에 지대한 영향을 미치게 되었다. 그것은 천도교는 이미 3·1운동의 모체였을 뿐만 아니라 그 조직이나 재정의 뒷받침도 가장 튼튼하였기 때문이다.

이러한 사실은 『개벽』지의 다음과 같은 기록에서도 뚜렷하게 엿볼 수 있다.

> 천도교소년회는 금년 5월 1일의 천도교회의 소년을 중심으로 한 서울 소

---

13 이정호. 앞의 「『어린이』를 발행하는 오늘까지」, 1쪽.
14 임원은 같은 해(1921) 6월 5일에 이르러 다음과 같이 선정되었다.
    "회장 구자홍, 간무 김도현 신상호 정인화 장지환, 총재 김기전, 고문 정도준 박사직, 지도위원 이병헌 박용회 차용복 강인택 김상률 조기간 박래옥 김인숙"(천도교청년회, 『천도교청년회회보』, 1921년 12월 20일자).

년들의 발기에 의한 것이니 회원 되는 자격은 만 7세로부터 만 16세까지의 남녀소년으로 하였는데 현재 회원 수는 370여 명으로써 발기되는 당시의 회원 수에 대하여 약 3배가 증가되었다 하며 지금도 나날이 신입회원을 모으는 중이라 한다. 해회(該會) 규약 둘째 조를 보면, '본회는 회원의 덕성을 치고 헴수를 늘리며 신체의 발육을 꾀하여 쾌활 건전한 소년을 짓기로써 목적한다.' 하였으며 다시 그 규약 아홉째 조에는 '이 회의 목적을 달하기 위하야 유락부(遊樂部)와 담론부와 학습부와 위열부(慰悅部)의 네 부를 두되 유락부에서는 유희와 운동을 행하며, 담론부에서는 담화와 강론을 행하며, 학습부에서는 사회 각 방면의 실제를 학습하며, 위열부에서는 회원과 회원 아닌 사람 사이임을 묻지 않고 때와 경우에 상응한 위문과 경하(慶賀)를 행한다.' 한 바 이로써 그 회의 목적과 사업을 알 수 있으며 여기에 그 회 사업의 상세를 말할 수 없으나 그 회 소년들의 하는 일 가운데 가장 고맙다 할 것은,

(1) 회원 상호간에 서로 경어를 사용하야 애경(愛敬)을 주(主) 하는 일

(2) 회원 상호간의 우의를 심히 존중하여 질병이어든 반드시 상문(相問)하고 경사이어든 반드시 상하(相賀)하되, 그중에 혹 불행한 동무가 있거든 추도회 같은 일까지를 설행(設行)하여 소년의 인격 자중심(自重心)을 기르는 일

(3) 일요일이나 기타 휴일에는 반드시 단체로 명승고적을 심방(尋訪)하여 그 심지를 고상 순결케 하는 일

(4) 매주간에 2차의 집합을 행하여 사회적 시련(試鍊)을 게을리 아니하는 것 등이라 하겠다.

그리고 이 회의 설립과 또 그 활동은 서울 지방할 것 없이 소년 사회에 적지 아니한 영향을 미치어 전보나 혹 서신으로써 그 회의 진행 방법을 문의

　　하며 또는 연락을 취하자 하는 일이 적지 않다 한다.[15]

　　위의 기록으로 보아 천도교소년회의 창립일은 1921년 5월 1일이다. 이것은 윗글보다 세 달 앞서 1921년 7월 14일자 『천도교회월보』에 게재된 묘향산인(妙香山人)의 논술에서도 뒷받침되고 있다.[16] 그러나 첫 시작은 이보다 앞선 1921년 4월 천도교청년회 유소년부에서 비롯된다.[17] 이것이 모체가 되어 다음달 5월 1일 천도교소년회로 발족되었다. 그리고 천도교소년회의 목적은 상해의 인성학교소년회나 마찬가지로 지(智)·덕(德)·체(體)를 겸비한 쾌활한 소년을 만드는 것이었다.[18] 이러한 목적을 달성하기 위한 방법으로 천도교소년회는 유락부, 담론부, 학습부, 위열부의 4부로 나누어 활동했다. 회원이 한 일 중 특기할 것은 경어 사용, 경조 심방, 명승고적답사 등이고 회원의 자격은 만 7~16세의 남녀 소년으로 했다는 사실과 기타 회세(會勢) 확장상(擴張相)까지 드러나 있다. 그러나 천도교소년회의 첫 출발 시의 회원 수는 『어린이』지 창간호(1923년 3월호)에는 30여 명으로 첫 고동쳤다고 했고 『천도교회월보』(1921. 7. 15)에는 한 달 후의 소년회원 수가 320여 명이라고 했다. 그리고 위 『어린이』지 인용문에서는 현재의 회원 수가 발기 때의 약 3배가 증가되어 370여 명이 되었다고 했다. 또 『신인간』

15　편집자. 앞의 「가하할 소년계의 자각」, 59쪽.

16　묘향산인. 1921. 「천도교소년회의 설립과 그 여파」, 『천도교회월보』 131, 15쪽 참조.

17　성봉덕(표영삼). 1985. 「천도교소년회운동과 소춘 선생」, 『신인간』 5월호(428호), 27쪽.

18　이 내용으로 보아 1919년부터 조직 활동하고 있던 「인성학교소년회」의 운영 방식을 본보기로 하여 설립된 듯하다(이 책 제8장 Ⅰ-2 '상해소년회의 창립 및 성향' 참조).

(1975년 5-6월호)에서 이정호는 방정환이 방학이 끝나고 다시 일본으로 건너갈 때쯤 되어서는 회원이 약 사오백 명이 된다고 하였으니, 이것은 무엇인가 잘못되어 있는 것 같고 여기에 나온 기록들만으로는 상세히 알 길이 없다.[19] 한편 이 회의 활동상은 서울, 지방 할 것 없이 소년 사회에 지대한 영향을 주었음을 알 수 있다.

다만 동회(同會)의 지도자에 대해선 언급이 없으므로 여기저기에 산견(散見)되는 기록들을 봄으로써 누가 지도자였나를 알아볼 수밖에 없다. 이 점에 대해 1974년 부동귀는 「천도교의 소년운동사(연보)」에서 1921년 5월 1일 천도교소년회의 창립시 동회의 지도위원은 '방정환, 김기전, 이정호'라고[20] 간략히 정리해 두고 있지만 이것은 선뜻 수긍이 가지 않는다. 1921년 5월 1일이라면 적어도 방정환만은 일본에 유학중이었으므로 국내에 있지도 않을 때이라 명의를 차용할 수는 있을는지 모르지만 직접적으로 강력한 지도활동은 불가능했기 때문이다.[21] 방정환은 1921년 6월 17일 귀국하여 다음날부터 전라도 지방 순회강연을 시작하였고 7월 10일에는 서울에서 강연하였다. 그것은 1921년 7월 10일자 《동아일보》 기사에 "천도교 소년회 담론부 주최로 금 일요일 오후 세 시경에 경운동 천도교당 안에서 소년 강연회를 열고 현재 동양대학생으로 소년에 대한 연구가 많은 방정환 씨를 청하야 강연을 할터…"라는 구절이 나오는데, 이것이 천도교소년회와 관계

19 각주 28 내용 참조.
20 부동귀(不同歸). 1974. 「천도교의 소년운동사(연보 상)」, 『신인간』 5-6월호(317호), 95쪽.
21 졸고. 앞의 「한국 근대 소년운동 고찰 - 초기 천도교회의 소년운동을 중심으로」, 164쪽.

지어서 방정환을 보도한 최초의 기록이다.[22] 여기에 의하면 그가 지도위원이 아닌 초청연사로서 첫 번째로 천도교소년회와 인연을 맺었음을 알 수 있다. 그러나 비록 창립 당시에는 어떤 특정한 위치를 갖고 있었는지 불분명하나 강연이 있은 후부터 동회의 지도자로서의 자리를 잡아가고 회세확장에도 기여하는 것은 틀림없을 것 같다. 그것은 천도교소년회가 5월에 발기된 후 1개월 후에는 320명이었고[23] 6-7월에 방정환의 강연이 있은 뒤인 10월 현재의 회원 수는 5월 발기 당시 회원 수에 비하여 3배 정도 증가한 370여 명으로서[24] 방정환이 천도교소년회에서 해낸 역할이 짐작된다. 이로 인해 그 후 천도교소년회에 깊이 관계하기 시작한 듯하다. 이를 뒷받침하는 것으로 이정호는,

> 그리하여 우선 방학 중에 귀국하시어 천도교회에서 뜻 맞는 몇 분과 상의하신 후 비로소 소년운동의 첫 봉화인 천도교소년회를 조직하시고 방학 기간이 찰 때까지 친히 나서서 열심히 회원을 모으고 조직을 튼튼히 하고 선전을 굉장히 하셨습니다. 그리고 그때부터 어린 사람에게 일체로 경어를 쓰도록 하셨습니다. 선생의 노력이 헛되지 않아서 다시 일본으로 건너가실 때쯤 해서는 회원이 약 사오 백 명이나 되고 기초도 큰 단체인 교회를 배경으로 하였기 때문에 제법 튼튼하게 자리가 잡혔습니다.[25]

22 《동아일보》 1921년 7월 10일자 참조.
23 묘향산인. 앞의 「천도교소년회의 설립과 그 여파」, 21쪽.
24 각주 15 참조.
25 이정호. 1975. 「파란 많던 방정환 선생의 일생」, 『신인간』 5-6월호(327호), 96쪽.

라고 언급하여 방정환이 방학 중 귀국 이후에 천도교소년회의 지도자였음을 뒷받침하고 있다. 여기에 대해선 류홍렬도 다음과 같이 이정호의 견해와 거의 일치를 보이고 있다.

> 본격적인 소년운동은 1921년 여름방학 때에 동경으로부터 돌아온 방정환이 천도교소년회를 창시한 데서 비롯한다. 아동문제와 아동예술을 연구해 온 방정환은 전국 각지를 순회 강연하면서 장래의 일꾼이 될 어린이를 존중할 것을 외치고….[26]

더욱이 윤석중은, "1923년 이전에도 소년단체는 있었다. 1921년 7월에 창립된 천도교소년회는 소파 방정환과 소춘 김기전을 지도자로 하였다."[27] 라고 언급하여, 방정환뿐만 아니라 김기전까지도 방정환과 나란히 천도교소년회의 지도자였음을 증언하고 있다.[28]

---

26 류홍렬. 1969.「3・1운동 이후의 국내의 민족운동」,『3・1운동 50주년 기념논집』, 동아일보사, 687-688쪽.

27 윤석중. 앞의「동심으로 향했던 독립혼」, 262쪽.

28 앞의 글. 인용문 중 1921년 7월에「천도교소년회」가 창립되었다는 기술은 이미 고찰된 바와 같이 5월 1일로 바로 잡아야 할 것이며 (발기는 4월 5일. 앞의『천도교청년회회보』, 4쪽), 마찬가지로 이정호와 류홍열의 언급 속에 1921년 여름방학 때 방정환이「천도교소년회」를 창립했다는 내용도 정정이 요망된다. 더욱이 이정호는 주(註) 13에서처럼 1921년 5월에「천도교소년회」가 첫 고동쳤다고 스스로 명시하고도 여기에서 오류를 말하고 있다. 또한 윤석중도 7월이라고 회상한 것은 착오라고 생각된다. 그리고 주(註) 14에서처럼「천도교소년회」임원(1921년 6월 5일 선정) 중에 방정환의 이름이 없음을 주시해야 할 것이다. 따라서 본격적인「천도교소년회」의 활동은 방정환이 여름방학 때 돌아오고 나서부터라고 말하는 것이 옳을 것 같다.

사실 방정환은 자타가 공인하는 소년운동의 독보적인 인물이었다. 그의 외부로 드러난 활동은 그를 소년운동의 대명사로 만들기에 족했다. 따라서 천도교소년회도 의당 방정환이 여름방학 때 귀국해서 비로소 조직되었다고 의심 없이 믿어 왔다. 그러나 이것은 착오임이 드러났다. 기록상으로 그가 기존의 천도교소년회와 인연을 맺은 것은 1921년 7월 10일(일요일) 천도교소년회 담론부 주최로 열린 소년 강연회에 연사로 초청되어 천도교소년회와 첫 인연을 맺었다.[29] 그렇다면 틀림없이 그를 초청한 주체가 있을 것이다. 그가 바로 실질적으로 천도교소년회를 이끌고 있는 사람이 될 것이다.

그는 전술 중에 등장하는 방정환 외에 김기전이나 이정호 중에 한 사람이라고 생각된다. 그런데 이정호는 『어린이』지 창간호 겉장에서 "맨 먼저 우리를 지도하실 힘 있는 후원자 김기전 씨와 방정환 씨를 얻었습니다"[30]라고 술회한 바 있고, 다시 100호 기념에서 창간 당시를 아래와 같이 회상하고 있다.

> 모든 난관을 돌파하고 이를 단행하기로 하여 집단에 있어서는 김기전 씨의 힘을 빌고 『어린이』 잡지에 있어서는 개벽사의 후원과 방정환 씨의 힘을 빌려 기어코 지금으로부터 9년 전인 1923년 3월 1일에 지금 이 1백호의 시초인 창간호를 내었습니다.[31]

---

29 각주 22 참조.

30 이정호 앞의 「『어린이』를 발행하는 오늘까지」, 1쪽.

31 이정호. 1932. 「백호를 내이면서 창간 당시의 추억」, 『어린이』 100, 10월호, 19쪽. '집단'은 천도교소년회를 뜻함(이재철. 1986. 「아동잡지 『어린이』 연구」, 『신인간』 4월호

여기서 초창기 소년회의 유력한 지도자는 김기전[32]이라는 확증이 잡힌다. 따라서 단서는 윤석중 등이, 확증은 이정호가 제공해 준 셈이다. 여기에다 최근 성봉덕의 다음과 같은 술회에서 많은 의문점이 일시에 풀렸다. 그는 아래와 같이 천도교소년회의 창립 과정과 동기까지도 일목요연하게 증언하였다.

> 어린이 운동에 주력한 지도자로는 김기전, 방정환, 박래홍 선생을 꼽지 않을 수 없다 … 초기 단계에서는 소춘 김기전 선생이 결정적인 역할을 담당 … 김기전 선생은 세 분 선생 중 유일하게 국내에 계시면서 교회 활동을 하신 분이다. … 1921년 4월에 천도교청년회 포덕부에 유소년부를 설치 … 뒤이어 5월에 천도교소년회를 조직한 것도 소춘 선생이 할 수밖에 없었다. … 이해 6월 5일에 발표된 천도교소년회 총재에 소춘 김기전 선생이 추대된 것은 우연한 일이 아니다. 바로 천도교소년회를 창시하는 데 이념적인 정립과 조직적인 역할에 앞장선 분이 소춘 김기전 선생이었기 때문이다. … 이것을 계기로 나라의 장래, 교회의 장래를 소년 계층과 관련시켜 생각하게 되었다. 소년운동만이 이 나라 천도교의 장래를 기약할 수 있다는 신념 같은 것이 솟아났다. 소춘 선생은 지체 없이 실천에 옮겼다.[33]

(438호), 75쪽).

32 김기전의 호는 소춘 1894년 6월 16일 평북 구성에서 출생, 보성전문학교 졸업, 1920년 『개벽』 편집국장에 취임, 1921년 「천도교소년회」를 조직하고 그 후 「오심당」 활동 등을 전개한 민족운동가.

33 성봉덕(표영삼). 앞의 「천도교소년운동과 소춘 선생」, 27-28쪽.

한편 윤석중의 다음과 같은 소파와 소춘에 대한 비교 언급은 많은 것을 시사하고 있다.

> 소파가 소년운동의 실천가였다면 소춘은 이론가였다. 소파가 이상주의 자였다면 소춘은 현실주의자였다. 소파가 나선 운동가였다면 소춘은 숨은 운동가였다.[34]

이 두 사람은 다 같은 천도교인으로 『개벽』과 『어린이』를 꾸려내면서 이론과 실천이, 그리고 이상과 현실이 소년운동에 조화되고 승화되었음을 말하고 있다. 그러기에 윤석중은 다음과 같이 결론지었다.

> 천도교 소년운동의 불멸의 유산은 어린이 가슴마다 심어주는 3·1정신과 민족정기요, 해마다 맞이하는 어린이날에 모든 어른이 결의를 새롭게 하는 소년해방의 마음 다짐이다. 천도교 소년운동 만세! 어린이 3·1운동 만세! 어린이 해방운동 만세! 그리고 소파·소춘 만세![35]

그러나 소춘은 결코 이론가로만 멈추지 않았다. 그는 천도교소년회를 창립, 운영하였고, 『개벽』지를 통해 「장유유서의 말폐」 등 소년운동 관계 기사에 많은 지면을 할애[36]하여 소년운동을 활성화시키는 방향으로 편집을

---

34 윤석중. 1974. 「천도교소년운동과 그 영향」, 『한국사상』 12호.
35 윤석중. 1976. 「『어린이』 잡지 풀이」, 『어린이(영인본)』 1, 보성사, 4쪽.
36 이 책 제3장 Ⅱ '소년문제의 논의' 참조.

주도하였다. 그뿐만 아니라 천도교청년당 당두(黨頭)를 맡아 농민운동, 공생조합운동, 그리고 오심당 비밀결사를 통한 독립운동의 지도 등 다양하게 활동하였다.[37] 따라서 김기전을 이론가로만 평한 것은 재고가 마땅하다고 생각된다.

김기전은 천도교인으로서 독자의 폐부를 찌르는 논평[38]을 직접 『개벽』 지에 게재하며 『개벽』을 주간한 뛰어난 언론인이었다. 또한 천도교청년당 당두로서 오심당 운동을 전개한 민족 독립운동가였다. 더욱이 그는 소년 문제와 관련하여 「금싸락·옥가루」, 「장유유서의 말폐」, 「개벽운동과 합치되는 조선의 소년운동」 등을 집필[39]하였고 천도교소년회를 조직 운영하였다. 특히 세계 최초의 '어린이 인권선언'을 기초하여 소년해방론[40]을 폄으로써 한국소년운동의 방향을 뚜렷이 설정케 하였다. 그는 가히 전설적 인물로 이론과 실천을 겸비한 탁월한 소년운동가였다고 생각된다.

Ⅲ. 『어린이』지와 소파 방정환

1. '어린이'라는 호칭의 시원

사전에 실린 '어린이' 설명을 보면 '어린이'라는 호칭이 처음 사용된 것은

37　《조선일보》 1934년 12월 21일자 기사 참조.
38　고정기. 1986. 「민중을 위한 민중의 종합지 『개벽』」, 『신인간』 4월호(438호), 49쪽.
39　이 책 제3장 '『개벽』지의 소년관' 참조.
40　이 책 제3장 Ⅲ-2 '소년운동의 목표 설정' 참조.

1923년 3월 1일 천도교소년회 이름으로 발간된 방정환 주간 『어린이』 지 표제에서 비롯된다고 하였다.[41] 그러나 《동아일보》 기사를 더듬어 올라가 면 1920년 9월 6일자 기사에 "어린이에게 복이 있으라"라는 구절이 적혀 있 는 것으로 보아 적어도 『어린이』 지 창간보다도 2년 6개월이나 앞서 일반신 문 기사에서도 사용되고 있음을 알 수 있다. 그런데 이보다도 앞서 1920년 8월 25일자 발행의 『개벽』 제3호에는 다음과 같은 '어린이 노래' 번역시가 나와 있다.

어린이 노래 - 불 켜는 이

잔물

……

아- 나는 이담에 크게 자라서

이 몸이 무엇을 해야 좋을지

나 홀로 선택할 수 있게 되거든

그-렇다 이 몸은 저이와 같이

거리에서 거리로 돌아다니며

집집의 장명등에 불을 켜리라 …

61(1920)년 8월 15일 … 잿골집에서 … 역[42]

41 1975. 〈어린이〉, 『원색세계백과대사전』 13, 학원사, 322-323쪽.
42 잔물(방정환). 1920. 「어린이 노래 -불 켜는 이」, 『개벽』 8, 88-89쪽.

이 번역시의 제명(題名)인 '어린이 노래'의 '어린이'가 현재 전해오는 '어린이'라는 호칭의 기록 중 『개벽』 잡지에서는 처음이요, 거의 초기에 해당한다. 역자는 '물'이라고 적혀 있는데 이는 '잔물'에서 '잔'자가 탈자된 것임이 틀림없다. 그것은 동지(同誌) 목차에 '어린이 노래…잔물'이라고 적혀 있기 때문이다. 잔물은 소파라는 우리글 아호(雅號)이므로 결국 이 시의 역자는 방정환임이 분명하다. 또, 61년 8월 15일에서의 61년은 천도교의 기원인 포덕 61년이므로 서력으로는 1920년에 해당된다. 따라서 '어린이'라는 호칭은 1920년 8월 25일자 발행의 『개벽』 제3호를 통해 같은 달 15일자로 방정환이 '어린이' 용어를 처음 사용한 것은 이 지면이 최초라고 보아야 옳을 것이다. 그러나 '어린이'라는 호칭이 세상 사람들에게 보편화되는 것은 『어린이』지의 창간(1923. 3. 20)과 더불어라고 보는 게 타당하겠다. 그것은 『어린이』지의 독자가 1925년에 이미 10만에 이르고 있다는 소파의 언급으로서도 알 수 있다.[43]

이렇게 널리 불리기 시작한 '어린이'라는 뜻은 아동을 존댓말로 표현한 것이다.[44] 이 점에 대해서 『어린이』 창간 7주년 기념호 가운데에서 소파 자신이 증언한 것을 빌리면 다음과 같다.

'애녀석' '어린애' '아해놈'이라는 말을 없애버리고 '늙은이' '젊은이'라는 말

---

43 방정환. 1974. 「사랑하는 동무 『어린이』 독자 여러분께」, 『소파수필집』, 을유문화사, 107쪽.

44 조지훈. 1964. 「한국민족운동사」, 『한국문화사대계』 1, 고려대학교민족문화연구소, 731쪽 ; 손인수. 1985. 「인내천사상과 어린이운동의 정신」, 『신인간』 5월호(428호), 23쪽.

과 가치 '어린이'라는 새 말이 생긴 것도 그때부터의 일이요….[45]

'어린이'란 위의 인용문에서처럼 '애녀석', '어린애', '아해놈'의 비칭 대신에 사용된 존칭의 호칭이라고 정의하는 것은 지배적인 견해로 보지만[46] '어린이'가 『어린이』지 창간호에서 새 말로 생겼다는 것은 납득할 수가 없다. 더욱이 소파 스스로가 1920년 8월 15일에 이미 사용했기 때문이다.

여하튼 이 '어린이'란 말은 그 후 어린이날이 제정되고 어린이날 행사가 범민족적으로 전개됨으로써 초기엔 일반인들 귀에 퍽 낯선 낱말로 나타났겠지만 사용빈도가 높아짐에 따라 서서히 어린이에 대한 존중사상을 심어주었을 것이고 소년 자신들도 '어린이'란 새 말이 보편화됨으로써 윤리적 압박으로부터 해방되어 점차로 인격적인 면에서 그 지위가 향상되었다고 보겠다.

2. 『어린이』지와 소파 방정환

근대 소년운동이 내면적으로 강한 민족주의운동이었다면 그것의 모든 취지와 계몽선전의 무대였던 것은 두말할 나위 없이 『어린이』지였다고 보아진다. 말하자면 소년운동의 실천 무대였다는 점에서 이 잡지의 진가가 있는 것이다.

---

45 방정환. 1930. 「7주년 기념을 맞으면서」, 『어린이』 8-3, 2-3쪽.
46 '어린이'란 '평등호칭'이라는 견해도 있다(김응조. 1983. 「천도교의 문화운동」, 『인문과
    학연구』 2, 77쪽).

『어린이』지는 창간 때부터 그 출발이 천도교와 색동회를 그 배경으로 가지고 있었기 때문에 이 잡지가 민족주의적 색채를 띠게 된 것도 당연한 일이라고 볼 수 있다.[47] 더욱이 이 잡지를 주간한 방정환은 3·1운동의 선도자인 의암 손병희의 셋째 사위였고 3·1운동이 일어나자 3월 1일자를 마지막으로 못 나오게 된 보성전문학교의 『독립신문』(사장 윤익선)을 오일철 등과 함께 집에서 등사판으로 찍어 배부하고 '독립선언문'을 돌리다가 일경(日警)에 피검[48]된 일까지 있을 만큼 그는 학생 시절부터 투철한 언론인이요 민족주의자였으니 그에 의해서 주도된 『어린이』지의 소년운동은 민족운동의 법통을 이어받았다고 할 수 있다.[49] 그는 국권회복의 먼 장래를 전망하고 청년운동과 농민운동이 독립운동의 지름길이라는 다수의 주장에 무시당하면서도 끈덕지게 민족주의에 입각한 소년운동을 적극적으로 실천하였고 그 한 방도로 『어린이』지를 발간하기에 이르렀다.[50] 방정환이 『어린이』지 창간을 앞두고 1923년 2월 14일 동경에서 서울에 있는 조정호에게 보낸 편지에 보면 다음과 같이 기록되어 있다.

어린이는 결코 부모의 물건이 되려고 생겨 나오는 것도 아니고 어느 기성 사회의 주문품이 되려고 나오는 것도 아닙니다. 그네는 훌륭한 한 사람으로 태어나오는 것이고 저는 저대로 독특한 사람이 되어 갈 것입니다. … 몇 곱의 위압과 강제에 눌려서 인형제조의 주형(鑄型) 속으로 휩쓸려 들어가는 중

---

47 김상련. 1972. 「소파연구(上)」, 『신인간』 4월호(295호), 79쪽.
48 이재철. 1985. 「소파정신의 구현」, 『신인간』 5월호(428호), 6쪽.
49 윤석중. 앞의 「동심으로 향했던 독립혼」, 262쪽.
50 김상련. 앞의 「소파연구(上)」, 31쪽.

인 소년들을 구원하여 내지 아니하면 안 됩니다. 그래서 자유롭고 재미로운 중에 저희끼리 기운껏 활활 뛰면서 훨씬 훨씬 자라가게 합시다. … 거기에 항상 새 세상의 창조가 있을 것입니다. 이러한 태도로 하지 아니한다면 나는 소년운동의 진의를 의심합니다. 소년운동에 힘쓰는 출발을 여기에 둔 나는 이제 소년잡지 『어린이』에 대하는 태도도 이러할 것이라 합니다. …『어린이』에는 수신강화 같은 교훈담이나 수양담(특별한 경우에 어느 특수한 것이면 모르나)은 일체 넣지 말아야 될 것이라 합니다. 저희끼리의 소식, 저희끼리의 작문, 담화 또는 동화동요, 소년소설, 이뿐으로 훌륭합니다. … 경성소년들에게는 10전이 많지 못할는지는 모르나 지방에 있는 소년 소녀에게 10전씩이란 돈은 그리 용이한 돈이 아닐 것 같습니다. 단 5전씩에 해서라도 한 소년이라도 더 볼 수 있도록 하는 것이 좋을 것 같습니다.[51]

이 글에서 『어린이』지를 펴내는 신념과 편집 방향, 어린이를 사랑하는 마음이 뚜렷이 엿보이고 있다. 이러한 신념과 어린이를 사랑하는 마음으로 펴낸 『어린이』 첫 호 머리말은,

새와 같이 꽃과 같이 앵도 같은 어린 입술로 천진난만하게 부르는 노래 그것은 그대로 자연의 소리이며, 그대로 한울의 소리입니다. 비둘기와 같이, 토끼와 같이 부드러운 머리를 바람에 날리면서 뛰노는 모양 그대로가

---

51 소파. 「소년의 지도에 관하여-잡지 「어린이」 창간에 제(際)하여 경성 조정호 형께」, 『천도교회월보』 제150호, 1923.3.15.(이 글은 '소년의 교도(敎導)에 관하여'라는 제목으로 1974년 7월호(318호) 『신인간』에 재수록되었다).

자연의 자태이고 그대로가 한울의 그림자입니다. 거기에는 어른들과 같은 욕심도 있지 아니하고 욕심스런 계획도 있지 아니합니다. 죄 없고 허물없는 평화롭고 자유로운 한울나라! 그것은 우리의 어린이의 나라입니다. 우리는 어느 때까지든지 이 한울나라를 더럽히지 말아야 할 것이며 이 세상에 사는 사람사람이 모두 깨끗한 나라에서 살게 되도록 우리의 나라를 넓혀 가야 할 것입니다. 이 두 가지 일을 위하는 생각에서 넘쳐 나오는 모든 깨끗한 것을 거두어 모아 내이는 것이 이 『어린이』입니다. 우리의 뜨거운 정성으로 된 이 『어린이』가 여러분의 따뜻한 품에 안길 때 거기에 깨끗한 영(靈)의 싹이 새로 돋을 것을 우리는 믿습니다.[52]

라고 하여 어린이의 천진무구한 세계를 지켜주고 또 모든 사람이 이 천진무구한 마음가짐으로 살게 되도록 하기 위하여 정성을 다하여 『어린이』지를 만들겠다고 함으로써 동학의 인내천사상을 반영하고 있다.

또한 이정호는 『어린이』 창간호 겉장에서 '『어린이』를 발행하는 오늘까지 우리는 이렇게 지냈습니다.' 하는 글을 통해 다음과 같이,

맨 먼저 우리를 지도하실 힘 있는 후원자 김기전 씨와 방정환 씨를 얻었습니다. 두 분은 누구보다도 제일 우리를 이해해 주시고 또 끔찍히 우리를 사랑하시어서, 우리를 위하야 어떻게든지 좋게, 잘되게 해 주시지 못하여 늘 안타까워하십니다. 우리는 참말로 친형님같이 참 탐탁하게 믿고 매달리게 되었습니다. 사실로 소년문제에 관하여 연구가 많으신 두 선생님을 얻게

52 1923. 「처음에」, 『어린이』 창간호, 1923년 3월호, 1쪽.

된 것은 우리 운동에 제일 큰 힘이었습니다. (이정호) (미완).[53]

라고 기술하여 김기전과 방정환을 당시의 소년운동 지도자로 받들고 있음
이 입증되고 『어린이』지 뒤 안표지에 『어린이』 독자 사진과 함께 다달이
실리고 있는 "씩씩하고 참된 소년이 됩시다. 그리고 늘 서로 사랑하며 도와
갑시다."라는 다짐글은 2년 앞서 탄생된 천도교소년회의 구호와 일치하고
있고 또 1923년 3월에 만들어진 색동회의 구호와도 일치하고 있어서 천도
교소년회와 색동회와 『어린이』지는 소년운동에 대해서 긴밀한 보조를 맞
추면서 유기적으로 활동했음을 엿볼 수 있다.[54] 이렇게 출발한 『어린이』지
는 그 후 1935년 3월호 속간호까지 장장 12년에 걸쳐 표 4-1처럼 통권 122호
를 냄으로써 소년운동의 실천 무대를 제공해 주었다.

표 4-1 『어린이』지 발행 상황(1923-1935)

연도	호수	일자	권수
1923	창간호~11호	3.20 / 4.1 / 4.23 / 5.8 / 6.1 / 7.1 / 9.1 / 9.15 / 10.15 / 11.15 / 12.23	11권
1924	12~23호	1.3 / 2.13 / 3.13 / 4.18 / 5.11 / 6.10 / 7.10 / 8.7 / 9.6 / 10.11 / 11.9 / 12.11	12권
1925	24~35호	1.1 / 2.1 / 3.1 / 4.1 / 5.1 / 6.1 / 7.1. 8.1 / 9.1 / 10.1 / 11.1 / 12.1	12권
1926	36~46호	1.1 / 2.1 / 3.1 / 4.10 / 5.1 / 6.9 / 7.30 / 9.1 / 10.1 / 11.15 / 12.10	11권
1927	47~54호	1.1 / 2.1 / 3.1 / 4.1 / 6.1 / 7.22 / 10.1 / 12.1	8권
1928	55~61호	1.20 / 3.20 / 5.20 / 7.20 / 9.20 / 10.20 / 12.20	7권
1929	62~70호	1.20 / 2.20 / 3.10 / 5.10 / 6.18 / 7.20 / 8.20 / 10.20 / 12.20	9권

53 이정호. 1923. 「『어린이』를 발간하는 오늘까지」, 『어린이』 창간호, 1923년 3월호, 1
    쪽.
54 정인섭. 1975. 『색동회 어린이운동사』, 학원사, 37-39쪽.

1930	71~80호	1.20 / 2.20 / 3.20 / 4.20 / 5.20 / 7.20 / 8.20 / 9.20 / 11.20 / 12.20	10권
1931	81~91호	1.1 / 2.20 / 3.20 / 5.20 / 6.20 / 7.20 / 8.20 / 9.12 / 10.20 / 11.20 / 12.20	11권
1932	92~103호	1.20 / 2.20 / 3.20 / 4.20 / 5.20 / 6.20 / 7.20 / 8.20 / 9.20 / 10.20 / 11.20 / 12.20	12권
1933	104~115호	1.20 / 2.20 / 3.20 / 4.20 / 5.20 / 6.20 / 7.20 / 8.20 / 9.20 / 10.20 / 11.20 / 12.20	12권
1934	116~121호	1.20 / 2.20 / 3.20 / 4.20 / 5.20 / 6.20	6권
1935	122호	3.5	1권

※ 『어린이(영인본)』 1-8집(1976)과 『미공개 어린이』 1-4집(2015)에서 발췌 작성.

이에 앞서 육당 최남선의 손으로 나온 『소년』(1908), 『붉은 저고리』(1913), 『아이들보이』(1913)가 있었지만 『한국아동문학소사』에서도 지적하다시피 비록 소년 남녀를 표방하기는 하였지만 상투 틀고 쪽진 청춘남녀를 대상으로 한 것이어서 진정으로 어린이를 상대로 한 근대적인 잡지로는 『어린이』지가 그 시초라고 보는 것이 타당할 것이다.[55]

『어린이』지야말로 알찬 민족주의에 입각한 아동잡지로서 명실공히 그 당시 어린이를 위한 알찬 마음의 벗이 되었던 것만은 틀림이 없겠다. 그리하여 『어린이』지는 이 나라의 본격적인 아동문학의 발흥과 소년운동의 육성에 밑거름으로써 그 구실을 단단히 하기 시작했던 잡지였다.[56]

돈 안 받고 거저 준다하여도 가져가는 사람이 18명밖에 없던 창간 당시의 냉담한 반응[57]도 그들 편집자나 집필자들의 의지와 정열 앞에는 굴복하

55 윤석중. 1962. 『아동문학의 지도와 감상』, 동아출판사, 174쪽.
56 김상련. 앞의 「소파연구(상)」, 83쪽.
57 방정환. 1930. 「7주년 기념을 맞으며」, 『어린이』 5월호, 2쪽.

지 않을 수 없었던 것이니 호가 거듭될 적마다 독자들의 호응이 커져 갔거니와 『어린이』지가 주는 영향력도 지대했다. 당시 『어린이』지의 독자였던 권오순이 『어린이』지에 대해 다음과 같이 술회하고 있는 것을 보아서도 알 수 있다.

> 안 보면 못 견디고 잊으려도 잊을 수 없는, 부모형제 벗들보다도 더 이끌려지는 살아 뛰는 핏줄의 이끌림이 있었다. 이것은 곧 부모에게서도 학교에서도 배울 수 없었던 민족혼의 이끌림이었던 것이다. 애국애족의 뜨거운 열기가 통해서였던 것이다.[58]

『어린이』지의 편집 경향은 다분히 민족 일반과 어린이의 주체의식을 확립하려고 하는 민족주의적 경향이란 점이다. 실제로 『어린이』지는 '조선자랑호'[59] '소년운동호'[60] 등의 특집호를 내기도 했고 지면에도 다음과 같이 조국에 대한 자긍심을 일깨우는 글을 게재하였다.

> 북편(北便)에 백두산과 두만강으로
>
> 남편(南便)에 제주도 한라산
>
> 동편(東便)에 강원도 울릉도로
>
> 서편(西便)에 황해도 장산곶까지

58 권오순, 1977, 「『어린이』 영인본 앞에서」, 『신인간』 5월호, 89-90쪽.
59 1929. 『어린이』 7권 3호, 1-72쪽 참조.
60 1923. 『어린이』 1권 8호, 1-15쪽 참조.

우리 우리 조선의 아름다움은

맹호(猛虎)라 표시함이 13도로다.[61]

그뿐만 아니라 김기전도 다음과 같은 글을 게재하여 소년소녀들에게 은 연중에 민족혼을 고취하였다.

갑, 필 줄은 알아도 질 줄을 모르는, 사시장춘(四時長春), 늘 피는 꽃이, 무 슨 꽃일까.

을, 그러면 그러면 말이다. 뜰 줄은 알아도 질 줄을 모르는, 천년만년, 아 침 하늘 비치는 땅이, 어느 땅일까.

무궁화 삼천리, 금수강산, 조선 천지가, 아니더냐.[62]

이와 같은 편집 태도는 소파 자신의 표현에서 여실히 드러나고 있다. 소 파는 아래와 같이 호소하지 않고는 견디지 못했다.

어떻게 하면 한국의 소년소녀가 다 같이 좋은 사람이 되어 가게 할까! 실 제의 소년운동을 힘써 일으키는 것도 그 때문이요, 온갖 괴로움을 참아가면 서 『어린이』 잡지를 발행하여 오는 것도 오직 그것을 바라는 마음이 뜨거운 까닭입니다.[63]

---

61 1929. 「조선자랑가」, 『어린이』 7권 3호, 1쪽 참조.
62 김기전. 1923, 「수수께끼 두 마디」, 『어린이』 1권 8호, 15쪽 참조.
63 방정환. 1974. 「사랑하는 동무, 『어린이』 독자 여러분께」, 『소파수필선』, 을유문화사, 107쪽.

소파는 민족적 긍지를 고양시키고 민족 단합을 공고히 하기 위해 권투사나 훈화를 통해서 직접 계몽하기도 했지만 우리의 애국적인 사료나 지리를 통해서도 다양하게 강조하기도 했다. 그뿐만 아니라 소파는 자신이 전국 방방곡곡을 돌아다니면서까지 구술, 동화, 훈화를 통하여 지방민의 애향 내지 애국심을 불러일으키게 하였다.[64]

그는 바로 색동회의 구호, 즉 『어린이』의 다짐말을 외치며 분주히 뛰어다니며 어린이를 사랑해야만 하는 이유를 다음과 같이 설파했다.

어린이는 앞으로 나아가는 사람이요 아버지는 뒤로 밀리는 사람이다. 조부가 아무리 잘났어도 램프불밖에 켜지 못하고 자동차·비행기란 몽상도 못하고 죽었다. 그러나 그 앞에서 코를 흘리며 자라던 어린이는 전등을 켜고 자동차를 타고 라디오를 듣고 있다.[65]

그러므로 사람은 어린이를 앞장세우고 어린이를 따라가야 억지로라도 앞으로 나아가지 어른이 어린이를 잡아끌고 가면 앞으로 나갈 사람을 뒤로 끄는 것이라고 하였다. 그리고 뿌리[威시]는 일제히 밑으로 가서 새 사람 중심으로 어린이를 터주로 모시고 정성 바쳐 살자는 의미로 다음과 같이 설명하였다.

뿌리는 싹을 위하여 땅 속에 들어가서 수분과 지기(地氣)를 뽑아 올려주기

---

64 김상련. 앞의 「소파연구(상)」, 90쪽.
65 방정환. 1930. 「아동문제 강연자료」, 『학생』 2권 7호, 9쪽.

위하여 필요한 것이요, 귀중한 것이다. 그러나 한국의 모든 뿌리란 뿌리가 그 사명을 잊어버리고 뿌리가 근본이니까 상좌에 앉혀야 한다고 싹 위에 올라앉았다. 뿌리가 위로 가고 싹이 밑으로 가고 이렇게 거꾸로 서서 뿌리와 싹이 함께 말라 죽었다.[66]

이와 같은 사상으로 그가 근대 소년운동에 바친 정열은 대단하여 마치 소년운동을 위하여 태어난 사람 같았다.[67] 소파 하면 어린이, 어린이 하면 소파 방정환이 연상될 정도로 소파야말로 한국소년운동사에 불멸의 발자취를 남긴 선구자였다고 단언하여 말하고 싶다.

IV. 색동회의 발족

조선소년운동협회가 본국에서 형성될 무렵 동경에서는 방정환 등이 중심이 되어 색동회가 창립되었다. 즉 1923년 3월 16일 오후 2시 도쿄 도요타마군 센다가야구 온덴 101번지 후루누마(東京 府下 千駄谷 穏田 101番地 老沼 方) 방정환 집에서 어린이 문제 연구단체인 색동회를 창립하였다. 당시 동인으로는 방정환, 강영호, 손진태, 고한승, 정순철, 조준기, 진장섭, 정병기, 윤극영, 조재호 등이 있었고 그 뒤에 마해송, 정인섭, 최진순, 이헌구 등이

66 방정환. 앞의 글, 10-11쪽.
67 김정의. 1985. 『한국사의 이해』, 형설출판사, 124쪽.

참가하였다.[68]

이렇게 창립된 색동회는 때때로 모여 여러 차례 어린이 문제에 관하여 논의하다가 5월 1일 어린이날을 기하여 발족식을 거행하였다. 이러한 사실들에 대해선 당시《동아일보》에 다음과 같은 기사가 실려 있다.

> 동경 유학생 간에서도 이 운동을 돕기 위하여 얼마 전부터 방정환(方定煥) 고한승(高漢承) 등 유지 9명이 모여 색동회라는 어린이 문제를 연구하는 모임을 만들고 때때로 모여 의논하여 오던바 5월 1일의 어린이날을 기약하여 성대한 발회식을 거행하리라더라.[69]

또 『색동회록』 5월 1일자에는 아래와 같이 발회식(發會式) 상황이 자세히 적혀 있다.

> 발회식
>
> 서력 1923년 5월 1일 오후 3시에 만세교역(萬歲橋驛)에 집합하여 가지고 스루가다이 미와(駿河臺三輪) 사진관에서 기념 촬영하니 출석하신 회원이 다음과 같다. 손진태, 윤극영, 정순철, 방정환, 고한승, 진장섭, 조재호, 정병기. 같은 날 오후 4시 니시키쵸오 나가세켄(錦町 長勢軒)에서 축연(祝宴)을 열

68　조지훈. 앞의 「한국민족운동사」, 731쪽. '색동회'란 이름은 윤극영이 지었고 색동회 마크는 조재호가 고안하여 1924년 5월 1일 제2회 어린이날에는 색동회 마크를 그린 기를 들고 회원들이 시가행진을 하였다. '색동회'는 1931년 방정환이 죽은 뒤로는 정순철, 최영주, 윤석중이 이 회를 지켜나갔다(같은 책).

69　《동아일보》1923년 4월 30일자, 3면. 참조.

고 우리 일동은 장래를 견고하게 맹서(盟誓)하고 폐회하니 오후 6시 반….

서력 1923년 5월 1일 위원 정병기[70]

이 중 특기할 점은 서울에서 첫 어린이날을 갖는 5월 1일 오후 3시와 때를 같이하여 동경 유학생끼리 색동회라는 어린이 문제 연구단체를 발족시켰다는 사실이다. 그렇다면 이들 동경 유학생들도 사전에 소년운동협회의 관계자들과 긴밀한 관련이 있었던 것임을 알 수 있다. 이는 천도교소년회의 지도자인 김기전이 소년운동협회 강연회의 개식사를 할 정도로 동협회의 중심인물이었다는 점이고, 역시 천도교소년회의 지도자인 방정환이 주동이 되어 색동회를 발족했다는 점에서도 연관성을 배제하기 어려울 것이다.

따라서 소년운동협회 형성에도 방정환과 김기전의 사전 협의가 있었을 것으로 보인다. 그리고 보면 소년운동협회에 관계하는 단체들 중에서 천도교소년회가 갖는 위치도 가장 컸었음이 드러난 셈이다. 더욱이 당시 소년운동협회의 사무소가 천도교당 내에 설치되어 매월 한 번씩 회원이 모여 의논했고[71] 연극회도 강연회도 천도교당 내에서 하였던 것으로 보아 천도교소년회가 소년운동협회의 핵심 소년운동단체였다고 못박아 말해도 좋

---

70 「발기회록」, 『색동회록』 1923년 5월 1일자 참조.
   [원문] "西歷千九百二十三年五月一日午後三時에 萬歲橋驛에 集合하야 가지고 駿河臺
   三輪寫眞館에서 紀念撮影하니 出席하신 會員이 如左하다. 孫晋泰, 尹克榮, 鄭順哲,
   方定煥, 高漢承, 秦長燮, 曺在浩, 丁炳基 同日 午後 四時 錦町 長勢軒에서 祝宴을 開하
   고 우리 一同은 將來를 堅固하게 盟誓하고 閉會하니 後六時半…西曆千九百二十三年
   五月一日 委員 丁炳基"
71 《동아일보》 1923년 4월 20일자 참조.

을 것 같다.

색동회는 발족 후 『어린이』지를 무대로 활동하였다.[72] 따라서 이 잡지는 색동회의 합의된 의견이 편집에 반영되었다. 특히 회를 이끌고 있는 방정환의 의견이 지배적이었다.[73] 그들은 지면을 통하여 '형제별'(방정환), '반달'(윤극영) 등의 동요를 실어 민족의 설움과 울분을 달랬다.

그뿐만 아니라 색동회원 윤극영은 1924년 봄에 동요 단체 따리아회를 만들어 색동회 사업 실천에 직접 나서기도 했다. 그는 '설날' '고드름' '따오기' 등을 세상에 널리 불려지게 심혈을 기울였다. 따리아회는 색동회의 지회 같았다.[74] 그리하여 "일제 압정하 봉건의 미개를 뚫고 혁신적으로 우리들의 동심을 되살린 따리아회, 주변의 반대자들을 독특한 예술적 설득력"[75]으로 일제마저 공감을 사게 만들어 동요 황금시대를 낳았다. 이것은 물론 『어린이』지와의 공동의 성과라고 할 것이다. 그 외에도 색동회는 어린이날 제정, 어린이날 행사에도 선구적인 역할을 수행하였다. 그들 회원은 방정환의 이름과 함께 길이 남을 것이다. 그것은 그들이 민족주의적 소년운동 발흥에만 그치지 않고 문학을 통해서 특히 동요를 통해서 한국소년의 정서를 민족적 정서로 순화했기 때문이다.

여하튼 색동회가 소년운동협회와 긴밀한 연관을 가지며 발족하여 소년운동을 전개한 것은 근대 소년운동사에 뚜렷한 족적을 남긴 커다란 공헌이라고 보아야겠다.

---

72 이재철. 앞의 『아동잡지 「어린이」 연구』, 63쪽.
73 정인섭. 앞의 『색동회 어린이운동사』, 37-39쪽.
74 정인섭. 앞의 글, 72-80쪽 참조.
75 정인섭. 앞의 글, 83쪽.

제5장
범민족적 소년운동

　소년소녀들을 재래의 윤리적·경제적 압박으로부터 해방시켜 인격적 예우를 다하고 그들이 열심히 배우고 놀 수 있게 복지를 향상시켜야 된다고 선언한 것은 실로 소년운동의 활동 내용을 집약하고 행동 방향을 제시한 일대 획기적인 선언으로서 그 후 소년운동의 튼튼한 길잡이가 돼 준 것이 사실이다. 이 선언은 윤석중의 소론을 빌리면 세계에서 맨 먼저 선포된 '어린이 인권선언'이라는 것이다. 즉, 국제아동권리선언이 헌장으로 채택된 것은 1924년 이른바 제네바선언이라는 것이다. 어린이 권리에 대해 가장 널리 알려진 세계적으로 초기인 이 선언은 어린이를 위한 구호와 구조가 핵심적인 내용으로 이루어져 있다. 이에 견주어 볼 때 우리나라의 1923년 어린이날 선언은 '어린이가 한 사람으로 존중받고 억압으로부터 해방할 권리'를 핵심으로 하고 있다. 제네바선언보다 1년 앞선 점도 있지만, 어린이의 '해방'과 '권리'를 아울러 선언했다는 점에서 세계에서 가장 먼저 '어린이 선언'을 한 선도국가는 한국이라고 말해도 무리는 없어 보인다.

Ⅰ.「조선소년운동협회」의 성립

3·1운동 이후 각종 기치(旗幟)를 내세우고 경향 도처에 여러 종류의 소년운동 단체들이 발족되었다. 이들 소년운동 단체들은 처음엔 보잘 것 없었지만 천도교소년회가 조직되면서부터 점차 활발한 양상을 띠기 시작하였다.

그러나 이때까지의 소년운동에 대해 식자들 간에는 아직도 인식이 부족한 상태였고 또 소년문제를 성심으로 연구하는 사람도 드물었다. 따라서 이를 안타깝게 생각하던 서울 시내의 각종 소년운동단체의 관계자들이 소년문제를 좀 더 조직적인 방법을 통하여 세상에 널리 선전하고 이 문제를 열심히 연구하여 보자는 뜻으로 여러 차례 협의를 하였다. 드디어 천도교소년회가 중심이 되어[1] 1923년 4월 17일 오후 4시에 천도교소년회 안에 모여서 소년운동협회라는 일종의 소년운동 단체의 연합기구를 형성하였다.

이러한 당시의 돌아가는 형편에 대해서 1923년 4월 20일자《동아일보》는 "소년운동의 신기치(新旗幟) 소년 관계자가 모여 협회 조직 5월 1일을 기약하여 대선전"이라는 제하의 기사를 실어 당시의 실정을 다음과 같이 일

---

1 이재철. 1986. 「천도교와 어린이운동」, 『신인간』 5월호(439호), 4쪽.

목요연하게 보여주고 있다.

　　압박에 지지 눌려 말 한마디 소리 한 번 자유로 하지 못하던 어린이(少年)도 이제는 그 무서운 철사를 벗어날 때가 되었다. 종래 우리 사회에는 모든 일에 어른을 위주하는 동시 가정에서도 자녀 되는 사람은 절대의 구속을 받아 왔고 좀 더 심하게 말하면 어른은 아이를 압박하지 아니 하면 어른의 도리가 아니라는 듯이 지내왔지마는 이제는 문화가 날로 발달됨을 따라서 사회의 장래 주인 되고 가정의 다음 어른이 될 어린이를 위하야 어른의 모든 것을 희생까지라도 하지 아니하면 아니 되게 되었다. 이에 비로소 수년 전부터 각처에 소년회(少年會) 또는 그와 비슷한 모임이 생기기 시작하였으나 아직까지 소년문제(少年問題)를 성심으로 연구하는 사람도 없었고 일반 식자 간에도 이 문제를 그다지 중대하게 보지는 아니하였는데 최근에 이르러 경성 시내에 있는 각 소년단체의 관계자 간에는 어떠한 방법으로든지 좀 더 소년문제를 세상에 널리 선전하는 동시에 이 문제를 성심으로 연구하여 보자는 의사가 있어서 수차 협의한 결과 지난 17일 오후 4시에 천도교소년회(天道敎少年會) 안에 관계자가 모여 소년운동협회(少年運動協會)라는 것을 조직하였더라.[2]

　　이 기사에 이어서 5월 1일자 《동아일보》에 '소년일'을 제정했다는 내용의 기사가 다음과 같이 나와 있다.

2　《동아일보》 1923년 4월 20일자.

소년운동협회에서는 소년에 대한 사상을 선전하는 동시에 전 조선의 소년으로 하여금 서로 연락하기 위하여

一. 매년 5월 1일을 조선의 〈어린이날〉로 정하고 우선 5월 1일에 제1회 선전을 하되 소년문제에 관한 선전지 20만 장을 인쇄하여 5월 1일 하오 3시에 조선 각지에 일제히 배포할 일.

一. 5월 1일 오후 7시 반부터 기념 소년 연예회와 소년문제 강연회를 주최하되, 연예회는 소년을 위하여 하고 강연회는 어른을 표준하여 하기로 함.

등의 계획을 세우고 방금 여러 가지로 준비하기에 분주중이라더라.[3]

한편 당시 소년운동협회의 관련단체는 불교소년회, 조선소년군, 천도교소년회가 대종을 이룬 것처럼 보인다. 그것은 다음과 같은 《동아일보》의 기사로 추측되는 것이다.

명(明) 27일 하오 7시 반에는 경운동 천도교당에서 소년 연예회를 열고 불교소년회, 조선소년군, 천도교소년회의 회원들로 하여금 출연케 한다더라.[4]

3 《동아일보》 1923년 4월 20일자 기사, 그러나 이보다 앞서 동지(同紙) 1922년 5월 1일 및 2일자, 그리고 『천도교회월보』, 1922년 5월호(51-56쪽)에는 「천도교소년회」가 소년회창립 1주년을 어린이날로 선포, 대대적인 문화행사를 거행한 것으로 보도되어 있다. 이것은 소년운동협회가 정한 위의 인용문의 어린이날보다 1년 앞서 제정된 것으로서 「천도교소년회」가 당시 소년운동을 이끄는 단체였음이 다시금 드러난다. 따라서 어린이날의 기점이 소급되어야 옳다는 이재철의 견해에 동감이다(이재철, 1982, 「어린이날의 기점과 그 제정 정신」, 『신인간』 5월호(398호), 8-14쪽).
4 《동아일보》 1923년 4월 26일자.

또한 이 협회의 중심인물은 김기전, 김선, 김일선, 유성준 등으로 보인다. 이는 1923년 4월 28일 하오 7시 30분에 동 협회 주최로 경운동 천도교당에서 소년문제강연회가 있었는데 여기에서 김기전이 개회사를 하였고 김선이 '어린이의 설움', 김일선이 '장래 행복은 별무도(別無道)', 유성준이 '사회개조의 근원'이란 제목으로 각각 강연했다는 기사[5]로 보아 그들이 중심인물이었을 것으로 생각된다.

이와 같이 소년운동협회가 형성되어 각종 기념운동을 계획하고 그 준비 활동을 진행함으로써 소년에 대한 일반의 관심이 점차로 고조되어 갔고 당시 소년운동계 자체에도 획기적인 발전을 이룩하였다. 그뿐만 아니라 소년운동협회의 형성 활동은 한국 근대소년운동의 새 기운을 일으킨 경사로서 소년운동의 초석을 다지고 전통을 수립한 기점이라 보아도 좋을 것이다.

II. 소년운동단체 조직의 확산

3·1운동은 우리 민족의 강한 독립의지가 응집되어 표출된 거센 동력의 확인이었다. 상해에서는 독립운동의 구심체로 임시정부가 수립되었고,[6] 국내에서도 독립에 대한 차신감을 얻어 실력양성운동에 돌입하였다. 일제는 우리의 독립정신에 밀려 외형상으로나마 문화정책으로 돌아설 수밖에 없었다.

이제 민족지사들은 3·1운동에서 중요한 몫을 감당한 소년을 민족독립의

---

5   《동아일보》 1923년 4월 30일차.
6   이현희, 1982, 『대한민국임시정부사』, 집문당, 84-88쪽 참조.

희망으로서 인정하기 시작한 것이다. 그리하여 소년을 위한 단체를 도처에서 설립하기 시작하였다. 그것은 1918년 미주(美洲)의 하와이 한인보이스카우트의 창설을 기점으로 하여 1919년 임시정부 산하에서 조직된 상해소년회와 연해주의 소년애국단, 그리고 같은 해에 국내에서도 원산, 안변, 왜관 등지에서 소년단체가 설립되기 시작하였고 1920년 진주소년회의 만세운동이 도화선이 되어 이듬해 천도교소년회가 조직되어 본격적인 소년운동에 접어들었다.[7] 그 후 1920년대는 가히 소년운동의 시대라 하여도 좋을 정도로 소년운동이 활기찼다. 그리하여 소년운동은 해를 거듭하여 전국 방방곡곡으로 퍼져나갔다. 그것은 표 5-1과 표 5-2처럼 소년운동단체의 증가[8]와 『어린이』지 독자의 증가[9]에서 확인된다.

표 5-1 소년회 조사표 (1920-1927)

설립연차 도별	1920	1921	1922	1923	1924	1925	1926	1927	계
경기도	-	3	2	3	10	21	16	11	66
충청북도	-	-	-	-	-	4	2	3	9
충청남도	-	-	-	1	1	1	-	1	4
전라북도	-	-	1	-	-	4	8	4	17
전라남도	-	-	-	-	-	-	-	-	-
경상북도	-	-	-	2	4	8	5	3	23

7   이 책 제4장 '소년회 운동' 참조.
8   《동아일보》 기사에 의하면 소년 단체 수는 아래 표와 같다.

1924년 4월 현재	134개 단체	4월 23일자
1925년 4월 현재	220개 단체	4월 30일자
1926년 5월 현재	500개 단체	5월 8일자

이 표와 표5-1의 조선총독부경무국 조사를 비교하면 그 증가 추세를 가늠할 수 있다.
9   이 책 제4장 III-2 『어린이』지와 소파 방정환' 참조.

경상남도	-	-	1	1	-	3	-	-	5
황해도	-	-	-	1	2	4	6	4	17
평안남도	-	-	1	-	2	2	2	3	10
평안북도	-	-	3	-	2	4	4	1	14
강원도	1	-	1	1	3	8	9	6	29
함경남도	-	-	1	3	5	1	10	1	21
함경북도	-	-	-	2	5	6	9	10	32
계	1	4	10	14	34	66	71	47	247

※조선총독부 경무국, 1927, 「소년운동」, 『조선의 치안상황』 참조.

표 5-2 소년단체 일람표 (1929년 말 조사)

년 도별	1928		신설	폐지		현재 단체수	현재 회원수
	단체	회원		자연	해산		
경기	72	2,155	17	5	2	82	2,736
충북	9	202	-	-	-	9	214
충남	11	315	-	1	-	10	363
전북	29	1,136	-	4	-	25	891
전남	45	2,365	-	2	-	43	2,431
경북	24	683	-	6	-	18	634
경남	25	1,105	16	5	-	36	1,366
황해	10	304	3	2	-	11	299
평북	12	543	5	2	-	15	576
평남	12	408	3	-	-	15	425
강원	35	901	3	7	-	31	636
함북	23	710	6	1	-	28	953
함남	47	4,700	8	11	1	43	2,851
계	354	15,527	61	46	3	366	14,375

※조선총독부 경무국, 1930, 『조선의 치안상황』 35-36쪽 참조.

한편 오월회는 1926년 5월, 전국에 많은 소년운동단체가 있어도 전국적인 현황을 정확히 모르므로 각 지방 소년단체로 하여금 전 조선 소년단체 통계표 작성을 위하여, 아래 내용을 파악하려고 시도한 바 있으나, 현재 총독부 경무국이 조사한 통계만 전해오고 있어서 그 후에 오월회가 조사한 소년단체 통계표가 어떻게 작성되었는지 정확한 내용은 알 길이 없다.

　一. 회명

　一. 주소

　一. 창립연원일

　一. 회원 수(현재 수)

　一. 대표자(회장 혹은 위원장 혹은 위원)

　一. 위원 수

　一. 연령별(최고·최하)

　一. 직업별

　一. 규약서와 강령도 송부하면 좋음[10]

그리고 기성(既成) 신문이 어린이 소식란[11]을 신설하여 연일 소년운동 소식을 일반 독자들에게 알려 줄 만큼 중요한 이슈로 등장하였다. 이러한 사회 분위기는 소년운동을 더욱 왕성하게 하도록 상승 작용하여 소년운동단체의 조직 확대는 표 5-2처럼 1929년도에는 절정을 이루었다.

그러나 1920년대의 각종 지지상(紙誌上)에 게재된 소년운동 단체명을 확인한 것만도 뒷부분 표 5-5처럼 서울 132, 경기도 137, 강원도 32, 황해도 26, 충청도 33, 경상도 119, 전라도(제주도 포함) 88, 평안도 97, 함경도 92, 국

---

10 《동아일보》 1926년 5월 8일자.
11 《동아일보》는 1925년 24일자부터 지면 확장에 따라 '소년동아일보'라는 소년소식란을 신설하였다.

외 32 등 도합 788개 단체에 이르고 있으므로 실제 소년운동단체의 수는 일제에 의하여 조사된 366개(1929년 현재)나 《동아일보》에 의하여 보도된 500여 개 단체(1926년 현재)보다도 크게 상회할 것으로 생각된다. 소년운동이 전국적으로 활발히 전개되고 그것도 민족주의적 내지는 사회주의적 성격을 드러내기 시작하자 일제는 탄압책을 강구하기 위하여 전국적인 실상을 연도별로 파악하여 그 추이를 주시하고 그때그때 탄압을 시행하여[12] 표 5-2에서 보이는 것처럼 신설된 소년 단체도 생기는 반면 폐지당하는 소년 단체도 속출하였다. 그럼에도 불구하고 전국적으로 표 5-5의 소년 단체들이 소장하며 민족적 운동을 감행한 것은 민족독립운동사상 과소평가 할 수 없는 소년운동계의 위업이라고 생각된다.

III. 소년운동의 활성화

1. 어린이날 기념행사의 전개

(1) 1주년 어린이날 기념행사

어린이날 제정에 대해서는 이미 고찰한 바와 같이 천도교소년회가 이 회 창립 1주년이 되는 1922년 5월 1일을 '어린이의 날'로 선포한 데서 비롯된다.[13] 그 후 소년운동이 다소 미약하게 전개되고 있을 때에 그 당시 서울 시

---

12 조선총독부경무국. 1927. 「소년운동」, 『조선의 치안상황』, 1-4쪽.
13 이 책 제5장 각주 3 참조.

내에 있는 각 소년운동 단체의 관계자들이 소년문제를 세상에 좀 더 널리 선전하고 동시에 이 문제를 성심으로 연구하여 보자는 뜻에서 1923년 4월 17일 소년운동협회를 조직하면서 초석을 다지게 되었다. 이 모임에서 그들은 매년 5월 1일을 한국의 어린이날로 제정하였고 우선 소년운동협회 주최 하에 그해 5월 1일부터 어린이날 기념 선전을 하되, 소년문제에 관한 선전지 20만 장을 인쇄해서 전국 각지에서 일제히 배포하고, 또한 저녁에는 기념소년연예회와 소년문제강연회 등을 열기로 했던 것이다.[14]

그리하여 예정대로 어린이날 제정 첫 기념이 되는 1923년 5월 1일, 어린이날 기념행사가 진행되었다. 같은 날짜 《동아일보》에 의하면 "젊은이나 늙은이는 이미 희망이 없다. 우리는 오직 나머지 힘을 다하여 가련한 우리 후생되는 어린이에 희망을 주고 생명을 길어 열어주자."는 취지로 행사를 진행하였는데 선전 행렬은 일제의 저지로 금지되었고 기념 축하회는 오후 3시부터 천도교당에서 베풀었다.[15] 이때 선언된 '소년운동의 선언 - 세 가지 조건(소년운동의 기초 조항)'은 다음과 같다.

1. 어린이를 재래의 윤리적 압박으로부터 해방하여 그들에게 대한 완전한 인격적 예우를 허(許)하게 하라.

2. 어린이를 재래의 경제적 압박으로부터 해방하여 만 14세 이하의 그들에게 대한 무상 또는 유상의 노동을 폐(廢)하게 하라.

3. 어린이 그들이 고요히 배우고 즐거이 놀기에 족(足)할 각양의 가정 또

---

14 《동아일보》 1923년 4월 20일자.
15 《동아일보》 1923년 5월 1일자.

는 사회적 시설을 행(行)하게 하라.[16]

위와 같이 소년소녀들을 재래의 윤리적·경제적 압박으로부터 해방하여 인격적 예우를 다하고 그들이 열심히 배우고 놀 수 있게 복지를 향상시켜야 된다고 선언한 것은 실로 소년운동의 활동 내용을 집약하고 행동 방향을 제시한 일대 획기적인 선언으로서 그 후 소년운동의 튼튼한 길잡이가 돼 준 것이 사실이다.[17]

이 선언은 윤석중의 소론을 빌리면 세계에서 맨 먼저 선포된 '어린이 인권선언'이라는 것이다. 즉 '국제아동권리선언'이 헌장으로 채택된 것은 1924년 발표된 이른바 '제네바선언'이라는 것이다.[18] 어린이 권리에 대해 가장 널리 알려진 세계적으로 초기인 이 선언은 어린이를 위한 구호와 구조가 핵심적인 내용으로 이루어져 있다. 이에 견주어 볼 때 우리나라의 1923년 어린이날 선언은 '어린이가 한 사람으로 존중받고 억압으로부터 해방할 권리'를 핵심으로 하고 있다. 제네바선언보다 1년 앞선 점도 있지만, 어린이의 '해방'과 '권리'를 아울러 선언했다는 점에서 세계에서 가장 먼저 '어린이 선언'을 한 선도국가는 한국이라고 말해도 무리는 없어 보인다.

이 선언의 기초자는 기록상으론 명문화된 것이 없는데 그 무렵에 발표되었던 「개벽운동과 합치되는 조선의 소년운동」이라는 김기전의 논설 논조가 윤리적 압박 속에 있는 어린이에게 언어 면에서 그들을 경대(敬待)하고,

---

16 앞의 신문 및 박창건. 1981. 「천도교」, 『서울육백년사』, 서울시사편찬위원회, 910쪽.
17 김정의. 앞의 『한국사의 이해』, 124쪽.
18 윤석중. 1962. 「동심으로 향했던 독립혼」, 『사상계』 5월호, 266쪽.

의복, 음식, 거처에 있어 어른과 같이 취급하는 습관을 기르고 가정, 학교, 기타 일반의 사회적 시설에 있어서 반드시 어린이의 존재를 염두에 두고서 행하여야 한다고 주장했다. 또한 경제적 압박 속에 있는 어린이에게 상당한 의식(衣食)을 주어 자체가 영양불량의 폐에 빠짐이 없이 하며 유소년의 노동을 금하고 일체로 취학의 기회를 얻게 하여야 한다고 그들의 해방을 주장한 점[19] 등으로 미루어보아 '어린이 선언'의 기초자가 김기전이라고 단언해도 오류는 없을 것으로 본다. 다만, 방정환이 '소년운동협회'를 지속 주관한 점, 어린이 운동의 중심 인물로 당대 사회가 인식한 점 등을 고려할 때, 단독 창안보다는 김기전과 방정환의 어린이 사상이 합일된 것임을 알 수 있다.

기념식에서 '어린이 선언'이 선포된 후 오후 4시부터 200명의 소년들이 시가를 4구로 나누어 각각 50명씩 분담하여 다음과 같은 내용의 선전지를 가가호호에 배부하였다.

⟨어른에게 드리는 글⟩

一, 어린이를 내려다 보지 마시고 치어다 보아 주시오.

一, 어린이를 가까이 하사 자조 이야기하여 주시오.

一. 어린이에게 경어를 쓰시되 늘 보드랍게 하여 주시오.

一, 이발이나 목욕, 의복 같은 것을 때맞춰 하도록 하여주시오.

一, 잠자는 것과 운동하는 것을 충분히 하게 하여 주시오.

一, 산보나 원족 같은 것을 가끔가끔 시켜 주시오.

---

19 김기전, 1923. 「개벽운동과 합치되는 조선의 소년운동」, 『개벽』 5월호, 20쪽.

一, 어린이를 책망하실 때에는 쉽게 성만 내지 마시고 자세자세히 타일러 주시오.

一, 어린이들이 서로 모여 즐겁게 놀 만한 놀이터와 기관 같은 것을 지어 주시오.

一, 대우주의 뇌신경의 말초는 늙은이에 있지 아니하고 젊은이에게도 있지 아니하고 오직 어린이 그들에게만 있는 것을 늘 생각하여 주시오.

〈어린동무들에게〉

一, 돋는 해와 지는 해를 반드시 보기로 합시다.

一, 어른에게는 물론이고 당신들끼리도 서로 존대하기로 합시다.

一, 뒷간이나 담벽에 글씨를 쓰거나 그림 같은 것을 그리지 말기로 합시다.

一, 길가에서 떼를 지어 놀거나 유리 같은 것을 버리지 말기로 합시다.

一, 꽃이나 풀은 꺾지 말고 동물을 사랑하기로 합시다.

一, 전차나 기차에서는 어른에게 자리를 사양하기로 합시다.

一, 입은 꼭 다물고 몸은 바르게 가지기로 합시다.[20]

이 같은 선전 활동은 서울만이 아니라 개성, 김해, 진주 등 전국 각 지방에서 동시에 전개함으로써 전국적으로 소년에 대한 일반의 관심을 집중시키고 소년의 자각을 고취했다.[21] 이 시가 선전에 뒤이은 저녁에는 나머지 연예회와 강연회도 성황리에 마침으로써 한국에서 처음 보는 "소년운동의

---

20 《동아일보》 1923년 5월 1일자.
21 《동아일보》 1923년 5월 1일자.

신기록"을 세웠다고 당시의 신문이 대대적으로 보도[22]할 만큼 소년운동에 대한 범민족적인 관심은 지대했었다. 이날 행사의 골격은 기념식, 시가선전, 연예회와 강연회로 대별되는데, 특히 기념식에서의 '어린이 선언'과 시가 선전에서의 '어른과 어린이에게 보낸 어린이를 위한 행동강령'은 이 나라 소년운동에 일대 혁신을 가져온 구호로 퍽 의의가 있다고 보겠다.

(2) 2주년 어린이날 기념행사

소년운동가들은 어린이날에 대한 기대가 누구보다도 컸다. 방정환이 어린이날에 대하여,

> 오월! 그달은 참말로 희망에 타는 듯한 신록(新綠)의 세상이 열리는 달입니다.…… 한울이 새롭고 햇볕이 새롭고 산천초목이 새로워지니까 사람이 새로워집니다. … 오월 초하루 … 어린이들의 앞길에 영원한 행복이 있어지라고 우리가 특별히 이날을 따로 잡아 어린이의 날로 잡고 세상의 많은 어른들과 함께 생각하고 일하고 빌자는 날입니다.[23]

라고 하였듯이, 어린이에게 어린이날의 즐거움이 머리속까지 가슴속까지 뱃속까지 속속들이 스며차길 바라며 준비에 박차를 가했다.

이렇게 하여 이 해에도 소년운동협회는 2주년 어린이날을 기념하고 선전하기 위하여 4월 21일 밤에 어린이운동 관계 유지 일동이 경운동 천도교

---

22 《동아일보》 1923년 5월 2일자.
23 1924. 「어린이의 날 오월 초하루가 되면」, 『어린이』 5월호, 14-15쪽.

당에 모여 협의하였는데 여기서 5월 1일 하루 행사에 멈추지 말고 서양의 크리스마스처럼 하기 위하여 우선 5월 1일부터 5월 4일까지 나흘 동안 계속 열기로 합의하였다.[24]

그리고 첫날에는,

경성을 비롯하야 전조선 각지의 주요한 곳에 1만 장의 「포스터」를 붙이고 전조선 134곳 소년회의 회원 전체가 총출동하여 30만 장의 선전지를 각 가정과 일반 통행인에게 배포하여 대대적으로 기세를 올릴 터이며…,[25]

이라는 계획을 세우고 그 준비위원으로 방정환, 김기전, 이종린, 이두성, 김옥빈, 조철호, 심상덕, 차상찬, 조기채, 강우[26] 등을 뽑았다.

위 인용문 내용으로 보아 1924년 4월 현재 전국의 소년회 수가 134개라는 것이 드러나고, 또한 준비위원의 면모로 보아 어린이날 준비를 선도하는 단체가 천도교소년회, 색동회, 조선소년군 등 소년운동협회 회원단체라는 것을 알 수 있다. 그들은 행사 일정을, 첫날(5월 1일)에 어린이대회 개최, 둘째 날(5월 2일)에 어린이보호자대회, 셋째 날(5월 3일)은 동화회, 음악회 개최, 넷째날(5월 4일)에 직업소년위안회를 겸하여 야유회를 개최하고, 그네뛰기, 씨름, 찐푸 등의 경기를 갖기로 결정하였다.[27]

그리하여 첫날 천도교당 마당에서 거행한 성대한 어린이대회에서 방정

---

24 《동아일보》 1924년 4월 23일자 참조.
25 《동아일보》 1924년 4월 23일자.
26 《동아일보》 1924년 4월 23일자.
27 《동아일보》 1924년 4월 23일자.

환은,

> 과거를 돌아다보는 생활과 현재만을 생각하는 생활은 우리에게 아무 진
> 보와 향상을 주지 않는다. 오직 장래를 내다보는 생활, 거기에 우리의 진보
> 와 향상과 유일의 희망이 있다.[28]

라고 평소 그가 주장하는 지론을 설파하여 천여 명의 참석자에게 큰 감동
을 주었다. 그리고 둘째 날, 셋째 날의 어머니대회, 아버지대회[29]는 부모를
잊지 말자는 의미의 대회로서 한국 초유의 어버이날의 효시라고 판단되어
1924년 어린이날 제정 2주년을 맞이한 어린이날의 의미는 한국소년운동사
상 매우 의의 있는 대회로 여겨진다.

한편 선전지의 인기는 대단하여 예상을 넘어 34만 매를 배부[30]했는데도,

> 시골 소년회에서 전보가 자꾸 오고 5백 리, 6백 리나 되는 먼 시골서 전화
> 로 선전지 어서 보내라는 독촉이 자꾸 오고 할 때에 우리는 우리의 기운이
> 부쩍 늘어가는 것을 느꼈습니다.[31]

28 《동아일보》 1924년 5월 3일자.
29 둘째 날의 행사는 계획 단계에서는 '어린이보호자대회'였으나(《동아일보》 1924년 4월
　　23일자) 실제 운영에 있어서는 둘째 날 '어머니대회', 셋째 날 '아버지대회'로 분리, 실
　　시하였다(《동아일보》 1924년 5월 1일자와 5월 3일자 참조).
30 선전지 제작 배부 관계는 '어린이사'가 담당했다고 생각된다.
31 1924. 「남은 잉크」, 『어린이』 6월호, 45쪽.

라고 한 사실로 미루어 당시의 어린이날 행사 열기가 충천하고 있었음이 감지된다. 그것은 어린이날을 주관했던 소년운동협회에 많은 경축금(慶祝金)이 답지[32]되었을 뿐만 아니라, 행사 기간 동안 소년을 위하여 할인 판매하는 상회[33]가 허다했음에서도 확인된다.

평양[34] 인천[35] 개성[36] 광주[37] 진주[38] 등 지방에서의 어린이날 기념행사도 성황리에 각각 진행되었다. 이처럼 서울을 위시하여 전국 지방까지 각계 각층이 적극적으로 호응한 것은 당시의 민족 일반이 소년에게 민족독립의 역군으로서 내일을 기대하는 표현이라고 생각된다.

(3) 3주년 어린이날 기념행사

1922년 제정 선포된 어린이날 행사는 1923년부터 소년운동협회가 주관하여 점점 더 성황을 이루었다. 어린이날 제정 3주년이 되는 1925년도에는 그 전 해보다 더 성대하게 개최되도록 준비를 갖추기 시작하였다. 이렇게

---

32 어린이날 행사 경축금은 천도교종리원 백원, 조선 체육회 십원, 허헌(許憲) 칠원, 김용채(金溶採) 십원(《동아일보》 1924년 4월 25일자), 조선교육회 십원, 조선통신중학관 오원, 김윤수(金潤秀) 오원, 김계수(金季洙) 오원(《동아일보》 19244월 28일자) 시대시보사(時代時報社) 십원, 조선일보사 이십원, 토월회 십원, 민병옥(閔丙玉) 이원, 김성수(金性洙) 십원, 동아일보사 이십원 (《동아일보》 1924년 4월 29일자) 등이다.
33 할인판매상회명: 동양서원, 정옥(正屋)모자점, 동아(東亞)부인상회, 덕원(德元)상점 지점, 덕윤(德潤)상점, 문우당(文友堂), 영창상회(永昌商會)(《동아일보》 1924년 4월 29일자).
34 《동아일보》 1924년 5월 4일자.
35 《동아일보》 1924년 5월 4일자.
36 《동아일보》 1924년 5월 4일자.
37 《동아일보》 1924년 5월 4일자.
38 《동아일보》 1924년 5월 4일자.

어린이날 기념 행사는 해가 갈수록 신명이 났다. 『어린이』 1925년 5월호를 보면,

이 온 세계(世界)의 운명(運命)을 적고도 약한 듯하나 크고도 힘센 두 주먹에 단단히 잡고 몸과 마음이 때와 날로 커 가고 높아 가는 우리 어린이들이 씩씩한 기상과 고운 심정과 쾌활하고도 부지런한 마음을 한층 더 새롭게 하기 위하여 이 세상 온 사람과 같이 어린이의 앞길을 축복(祝福)하는 어린이데이를 맞는 어린이들보다 더 기쁜 이가 이 세상에 또 있겠습니까? [39]

라는 감동으로 1925년 4월 20일 하오 8시에 천도교 회의실로 소년운동가 20여 명이 모여들었다. 그들은 전국 160개 소년단체 10여만 명의 소년소녀를 총동원하여 4월 26일부터 어린이날을 예고하고 선전하기로 논의하고 1925년 3주년을 맞이한 어린이날 행사를 성사시키기 위하여 그 준비위원으로 28명을 선정하였다.

조철호 설의식 방정환 이종린 김정진 김기전 박팔양 정병기 황병수 이성삼 차상찬 조기간 김옥빈 이두성 강우 정순철 류지영 이원규 이정호 이태운 원달호 이범승 박군실 김동호 이을 홍일창 홍광호 신형철[40]

39 조재호(曺在浩). 1925. 「어린이데-선물」, 『어린이』 5월호, 3쪽.
40 《동아일보》 1925년 4월 23일자.

한편 5월 1일부터 3일까지의 어린이날 행사 일정을 계획하였다.[41] 그 계획 내용은 1925년 4월 23일자《동아일보》에 다음과 같이 게재되어 있다.

5월 1일

一. 새벽에 경성은 물론 전선 각지, 각읍에 1만여 장의 '포스터'를 붙이고

一. 아침으로부터 저녁까지에 40여만 장의 선전지를 뿌리는 동시에 소년소녀의 선전 기행렬이 있을 터이요

一. 오후 네 시에는 일정한 광장에서 기념식이 있고, 식이 끝난 뒤에 고무풍선을 일제히 띄울 터이며

一. 오후 여덟 시에는 여흥 음악 가극회가 있을 터이며

5월 2일

一. 오후 두 시부터 어머니대회

一. 오후 여덟 시부터 아버지대회

5월 3일

一. 직업소년 위안 원유회(園遊會)를 연다.[42]

이 같은 일정은 지난해 경험을 토대로 하루를 단축하여 사흘간으로 조정하였으나 질에 있어서는 더욱 알차졌다. 선전지를 지난해 30만 장에서 40만 장으로 늘려 잡았고, 특히 소년소녀의 힘찬 기상을 상징하는 '선전기 행

---

41 《동아일보》1925년 4월 23일자.
42 《동아일보》5월 1일자 소년소녀의 '선전지 행렬'은 '선전기(宣傳旗) 행렬'의 오자(誤字)인 듯하다. 그것은 동년 5월 3일자《동아일보》에 게재된 5월 1일의 사회상에서 '적(赤)에 질색한 경찰, 선전기 사용을 금지'라는 기사에서 확인할 수 있다.

렬'을 착안한 것은 소년운동 선전을 위하여 획기적인 발상이었다고 여겨진다. 한편 어머니대회, 아버지대회를 이틀에서 하루로 모은 것도 훗날 법정 어버이날로 가는 진보된 과정으로 보인다. 더욱이 4일간의 행사를 3일로 축소하여 산만한 어린이날 행사에서 내실 있는 어린이날 행사로 발전시키는 데 공헌하였다.

실제로 어린이날 행사에는 선전지 배포를 40만 장으로 계획하였던 것이 60만 장 이상으로 살포되었다. 그리고 이 전단 살포에는 가정주부와 여학생까지 가담하여 이채를 띠었는데, 11시에는 화포를 올려 축제 분위기를 한껏 자아냈다.[43]

특히 새로 제정된 '어린이날 노래'를 부르며 행진하는 장면은 1925년 어린이날에 또 하나의 개가(凱歌)로 민족의 미래를 밝게 비춰 주었다.

어린이날 노래 곡보가 실린
『어린이』 1929년 5월

〈어린이날 노래〉

기쁘구나 오늘날 어린이날은

우리들 어린이의 명절 날일세

복된 목숨 길이 품고 뛰어노는 날

---

43 《동아일보》 1925년 5월 3일자. 기행렬(旗行列) 참가 신청단체는 4월 30일 현재로 「천도교소년회」, 「조선소년군」, 「중앙기독교소년부」, 「명진소년회」, 「불교소년회」, 「반도소년회」, 「현대소년구락부」, 「조선소년회」, 「애진소년회」, 「새벗 회」, 「이팔청년소년부」, 「애우소년회」, 「중앙기독교청년회소년척후대」, 「광활소년척후대」, 「대화교소년척후대」, 「청구소년척후대」 등 16개 단체였다.(《동아일보》 1925년 4월 30일자와 동부록판).

오늘이 어린이의 날

다만 행렬은 적기(赤旗)임에 놀란 일경(日警)의 금지로 재제작하여 행렬
하느라고 오후 4시부터 시작하게 되었다.[44] 그리고 2일에 어머니대회, 아버
지대회도 예정대로 되었으나[45] 3일의 직업소년위안원유회(職業少年慰安園遊
會)는 우천으로 중단되었고 추후에 연예회 개최로 대체되었다.[46] 이와 같은
어린이날 행사는 일반의 호응도도 더욱 높아져 경축금만 보더라도 다음과
같이,

경축금 : 최익선 20원, 정대현 백상규 종로양행 토월회 이우경 무궁사 조
선문단사 휘문의숙 민용호 각 십원, 장경순 김용채 김수장 덕원(德元)상점
동문당(同文堂)인쇄소 장두현 이우경 각 5원, 오원, 무궁사 안경부 1원 50전
동아일보사 20원[47]

합계가 166원 50전이나 되었고 또한 다수의 물품도 들어왔다.

물품 : 조선일보 선전 50만 매, 유동(淮東)서관 선전 10만 매, 녹성(綠星)사
진관 선전 3만 매, 보진재(寶晉齊) 기 5천 매, 어린이사 노래 인쇄물 5천 매, 금

44 《동아일보》 1925년 5월 3일자.
45 《동아일보》 1925년 5월 3일자.
46 《동아일보》 1925년 5월 3일자.
47 《동아일보》 1925년 5월 4일자.

윤수 옥양목 25척, 최윤석 양라사 20척, 삼팔 10척, 철남지물포 황지 50매[48]

    이와 같은 후원으로 어린이날 행사가 차질 없이 진행되어 소년운동사상 가장 성황을 이루는 행사가 이루어졌다. 그뿐만 아니라 안변, 안주, 평양, 군산, 동래, 전주, 마산, 개성, 의성, 해주[49] 등 전국적으로 220개 단체의 30만 회원이 참가하여 63만 매의 선전지가 배포되는 등 예상을 뛰어넘는 공전의 대성황을 이룸으로써 어린이 운동의 토대를 반석같이 굳혀 놓았다. 특기해 두어야 될 일은 3주년을 맞이한 1925년 어린이날 행사의 원만한 진행을 위하여 일경(日警)의 사전 협조로 양해를 얻어놓았으나[50] 신경과민된 그들에 의해 강화에서처럼 기념행사 자체가 중지[51] 당하기도 하였다. 이는 일제가 소년운동이 열화같이 일어나는 본질이 민족운동 내지는 사회운동에 있음을 꿰뚫고 여차하면 탄압하고자 하는 자세를 노출한 경우로 이후로는 좀 더 노골적으로 탄압을 일삼았다. 이에 맞서 소년운동계 일각에서도 좀 더 효율적인 소년운동을 전개하고자 전국적인 소년운동 상설 조직체의 구성이 필요하다고 제기하는 사회주의적 계통의 소년운동가들이 늘어나게 되었다.

    이는 소년운동계의 변모의 분위기를 조성시키게 되었고, 변모는 단지 시

---

48 《동아일보》 1925년 5월 4일자.
49 같은 신문에서 각 지역 소년회 행사를 다룬 일자는 아래와 같다.
   안변. 《동아일보》 1925년 4월 24일자.
   평양 · 군산 · 동래: 《동아일보》 1925년 4월 28일자.
   전주 · 마산 · 개성 · 의성 · 해주: 《동아일보》 1925년 4월 30일자.
50 《동아일보》 1925년 4월 30일자.
51 《동아일보》 1925년 5월 3일자.

간문제로 나타나게 되어 반석같이 다져진 소년운동의 기반위에서 민족독립을 위한 새로운 도약의 담금질 같은 기운이 감돌기 시작하였다.

2. 소년운동의 다양한 활동 전개

소년운동은 비록 궁극적인 목표가 민족운동에 있긴 했지만, 그렇다고 당시의 시대 상황이 민족운동을 표방하고 나올 수는 없었다. 천도교소년회는,

씩씩하고 참된 소년이 됩시다. 그리고 늘 서로 사랑하며 도와 갑시다.[52]

라고 하여 순수 소년운동을 내세웠고 강령도,

1. 소년대중의 사회적 새 인격의 향상을 기함.
2. 소년대중의 수운주의적(水雲主義的) 교양과 사회생활의 훈련을 기함.
3. 소년대중의 공고한 단결로써 전적운동(全的運動)을 지지함.[53]

이라고 하여 종교적인 면으로 채색하였다. 한편 반도소년회는,

52 「천도교소년회」의 이 표어는 1925년 4월호 『어린이』부터는 잡지 맨 뒷장 안쪽에 어린이 독자와 함께 게재되기 시작하여 세상에 널리 전파되었다.
53 신일철. 1989. 「천도교의 민족운동」,『한국사상』 21, 58쪽.

소년은 미래의 주인임을 알라. 항상 수양하며 쾌활한 조선의 어린 사람이 되자.[54]

표 5-3 소년운동단체의 분야별 활동상 (1923-1925)

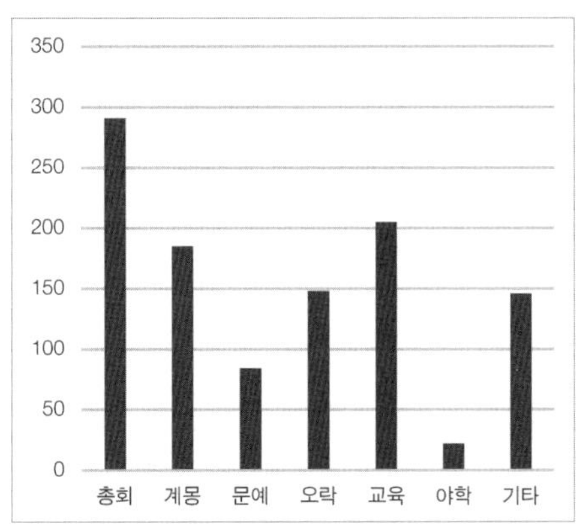

※ 조찬석. 1973.「일제하의 한국소년운동」,『논총』4, 인천교육대학, 80-81쪽에서 발췌 작성.

라는 슬로건을 표방하여 일제의 눈길을 피했다. 그리고 각종의 소년운동 단체들은 민족운동에 앞서 우선 소년운동에 흥미를 촉발시키게 하기 위하여 토론회, 연예회, 야유회 및 각종 운동경기 등 다양한 프로그램 작성의 필요성을 느꼈다. 그리하여 1923년부터 1925년까지만 해도 많은 소년 단체에서 표 5-3처럼 활발하게 각종 집회를 개최하였다. 이 기간 동안 총 집회 수 1,075번 중 문예, 오락, 체육 둥 오락성에 해당하는 집회가 521번으로 전체의 48.47%에 이르렀다. 이는 창립총회, 정기총회, 임시총회 횟수 290번을 빼고 나머지 활동 집회로 산출한다면 66.37%로 상승되므로 당시

54 신재홍. 1983.「1920년대 한국청소년운동」,『인문과학연구』2, 성신여자대학교, 109쪽.

의 소년운동에서 오락성 집회[55]가 갖는 비중은 매우 높았던 것임을 알 수 있다. 이것은 소년에게 있어서 놀이 자체가 무엇보다도 소중함을 소년운동가들 자신이 인식하고 있었음을 의미하기도 하려니와 이를 통해 소년지도자와 소년단체원들이 일체감을 형성하게 되어 궁극적 목적인 민족운동에 효과적임을 간파하였기 때문이다. 그것은 소년단체가 주최한 강연회에서 연사가 "「조선의 어린이여!」 하고 부르짖을 때 그 소리는 곧 「나라를 도로 찾을 사람은 바로 그대들이다」라는 격려의 말로 통하였기 때문에 설명도 필요 없고"[56] 긴 사설도 소용없는 현상으로 나타났다. 그리하여 소년단체는 토론회의 주제도 표 5-4처럼 인격수양에서부터 점차 민권의식에 눈을 뜨는 민족지향적인 성향으로 발전되어 갔다. 단, 국외의 소년회가 직설적인 주제를 설정한 데 비하여 국내의 소년회는 은유적인 주제를 설정했을 뿐이지 내면은 같은 의미를 담고 있다고 생각된다.

표 5-4 토론회 주제 예문

보도일자	주최	토론주제명
동.1921.7.7	마포소년회	인격을 수양함에는 지육(智育)이냐 덕육(德育)이냐
동.1923.1.13	가평소년회	사업 성취에는 교육이냐 금전이냐
동.1923.4.24	성해소년회	자녀교육의 필요는 학교교육이냐 가정교육이냐
조.1923.8.23	삼광소년회	현 사회를 개조함에는 소년이냐 장년이냐
동.1923.11.14	의정부소년회	교육의 급무(急務)가 남자냐 여자냐
동.1924.2.18	상해소년회	나라를 찾는 데는 돈이냐 피냐

---

55 이 당시 신문·잡지에 자주 눈에 띄는 오락성 집회는 원유회, 원족회를 필두로 하여 동요, 동화, 가극, 무도, 음악, 연극, 야구 등 매우 다양하게 나타나 있다.
56 윤석중, 1962. 「동심으로 향했던 독립혼」, 『사상계』 6월호, 262쪽.

| 동.1925.4.6 | 신화소년회 | 우리 사회를 발전시킴에는 노력이냐 금전이냐 |
| 동.1927.8.25 | 강화소년회 | 소년운동의 완성은 물질에 있느냐 정신에 있느냐 |

※ 비고: 동 =《동아일보》, 조 =《조선일보》

또한 1925년 4월 7일 중앙기독교청년회관에서 있었던 전선(全鮮) 소년소녀 웅변대회의 제목들은,

> 박성선(朴聖善) : 계명성(鷄鳴聲)을 들었는가
>
> 이덕성(李德成) : 우리의 최대 요구
>
> 연점룡(延點龍) : 현재 조선소년운동을 보고
>
> 김보화(金寶華) : 적소성대(積少成大)
>
> 장옥순(張玉順) : 우리의 할 바
>
> 설정식(薛正植) : 어린이를 잘 지도하여 주십시오[57]

등인 것으로 보아 당시 소년회 일반이 서로 권유하여 자각된 의식이 발산되고 있었음을 읽게 된다. 그러한 자각에는 소년잡지나 일간지의 소년란을 통해서도 깨우쳐졌다는 사실을 다음의 기록으로 알 수 있다.

> 새 조선의 주인 될 우리들은 힘써 많이 배워서 아무것보다도 많은 지식을 가져야 할 것이니 그 구하는바 책은 오직 단 하나『어린이』뿐이라고 생각한다. 홍미 있을 뿐이 아니고 값이 쌀 뿐이 아니고 그중에 은연히 비치어 보여

57 《동아일보》 1925년 4월 8일자.

주는 그것이 『어린이』에는 있는 까닭이다.[58]

또한 《동아일보》 소년란에 기고된 동시(童詩)에는,

해마다 봄은 돌아오련만

지는 꽃도 다시 피련만

한번 갈라진 마음은

어찌하여 옛 마음으로

돌아올 줄 모르는고

눈물이 비더라면

애끓는 내 설움을

날 잊은 누나창에

뿌려나 볼걸[59]

이라는 글이 실려 있어 민족의 슬픔을 삭히고 있는 한 소년의 모습이 역력히 나타나 있다.

소년들은 결국 다양한 활동 속에서 성장을 거듭하며 민족정신에 눈을 떠가고 있었던 것이다. 그것은 민족지사들이, 그리고 소년운동가들이 한결같이 바라던 궁극적인 목적의 실현이었다. 따라서 1920년대의 소년운동은 민족사의 희망을 안겨준 시기였다고 생각된다.

58 이응규. 1925. 「독자담화실」, 『어린이』 2월호, 45쪽.
59 유몽. 「봄비」, 《동아일보》 1925년 4월 13일 부록판.

표 5-5 1920년대 소년운동관계의 성쇠 단체명(무순)

도별	소년운동단체명	비고
서울	천도교소년회, 선명(鮮明)소년회, 대종교소년회, 조선소년소녀관(館), 일신(日新)소년회, 애우(愛友)소년학우회, 청구(靑丘)소년회, 반도소년회, 명진소년회, 우리소년회, 현대소년구락부, 애우(愛友)소년회, 오월회, 중림(中林)소년군, 불교소년회, 38소년회, 취운소년회, 별탑회, 따리아회, 한양연맹소년부, 중앙기독교소년부, 일신(日新)소년회, 상조(相助)소년회, 소년영광회, 서울청년회소년부, 협우(協友)청년회소년부, 조선소년단, 조선소년단 1호대, 소년척후조선총연맹, 조선소년군총본부, 경성소년연맹회, 조선소년운동협회, 상조(相助)소년군, 조선무산소년회, 서울소년단, 중앙기독청년회소년척후대, 청구소년척후대, 광활소년척후대, 현대소년척후대, 애진(愛眞)소년회, 새벗회, 삼팔청년회소년부, 애우(愛友)소년학우회, 가나다회, 반도영광회, 광활(光活)소년회, 자문(紫門)소년회, 조선소년회, 문화소년회, 소년소녀문예회, 시천교소년회, 서울소년회, 돈화(敦化)소년회. 도화동구락부, 신광(新光)소년회, 애조(愛助)소년회, 중앙소년회, 애호소년회, 천일(天一)소년회, 계동조선소년군, 가회동상조소년군, 의용소년회, 선우(鮮友)소년회, 제4소년회, 동공(東工)소년회, 글동무회, 정동소년단, 정동소년척후대, 문성(文星)소년구락부, 신소년회, 샛별회, 화일(和一)샛별회, 선광(鮮光)소년회, 숭례(崇禮)소년회, 석교(石橋)엡윗소년회, 개한(開漢)소년회, 용을(龍乙)청년회소년부, 대화교(大華敎)소년척후대, 색동회, 여명소년회, 글벗소년회, 서광(曙光)소년회, 착실(着實)소년회, 조선소년연합회, 조선소년총동맹, 조선소년총연맹, 조선소년문예연맹, 동화구락부, 꾀꼬리회, 무명소년회, 근활(槿活)소년회, 코쓰모쓰회, 백의소년회, 조선동화연구협회, 아동예술연구회, 천진소년회, 금별회, 신우회(新友會), 조선아동예술협회, 학림(鶴林)소년회, 경기도소년연맹, 경성소년회, 앵봉회, 천도교소년연합회, 조선소년문예협회, 홍제(弘濟)소년군, 서대문신우(新友)회, 협성(協成)소년군, 대화교소년군, 낭자군제1호대, 중앙기독교회소년군, 경성13호대, 중림동16호대, 채운(彩雲)소년회, 대호소년회, 연강(沿江)소년연맹, 정동소녀원(少女園), 무산소년단, 무산소년회, 임막(臨漠)소년회, 채하(彩霞)소년회, 중곡(中谷)소년회, 삼우(三友)소년회, 성북소년회, 노량진소년군, 세파(世波)소년회, 깃븜사, 천도교홍제(청구)소년회, 우이동소년회, 강서(江西)소년회, 서강 의화(義和)소년회, 연강(沿江)소년회	132단체
경기	■ [인천] 인천소년단, 인천본보기소년회, 인천엡윗소년회, 인천영화소년회, 인천소년용우(勇友)회, 인천소년회, 조선소년척후대제10대, 만석(萬石)소년구락부, 사정(寺町)소년단, 가나리아회, 인천노동소년소녀회, 꽃별회, 화평리(花平里)소년회, 인우(仁友)소년회, 도산(桃山)소년회, 신화수리군(新花水里軍), 인천소년연합회, 인천조선소년군지부 ■ [고양] 마포소년회, 마포소년친목회, 동아소년수양회, 선창(鮮唱)소년체육단, 광활(光活)소년척후단, 상조소년군, 마포청년회소년부, 신광(新光)청년회소년부, 뚝섬소년구락부, 개운(開運)소년회, 열도소년부, 서영고(西永庫)소년회, 고룡(古龍)소년회, 조양(朝陽)소년회, 조양청년회소년부, 서강(西江)소년회, 창천리(滄川里)소년회, 아현리엡윗소년회, 용두리(龍頭里)여학교소녀회, 리태원소년회, 고성(高成)소년회, 의화(義和)소년회, 신공(新孔)청년회소년부, 동공(東工)청년회소년부, 일신(日新)소년회, 햇발회, 조선소년군제62호대	137단체

	▪ [광주] 광주(廣州)소년회, 언주면(彦州面)소년회, 송파소년회, 천도교광주소년회 ▪ [양주] 의정부소년회, 창동소년회, 의정부소년척후대, 유신(維新)소년회, 회천(檜泉)소년회 ▪ [연천] 연천소년체육회 ▪ [포천] 조선소년군송우(松隅)제10호대, 포천소년회, 새말14호대 ▪ [가평] 가평소년회 ▪ [양평] 양평소년회 ▪ [여천] 신천지소년회, 여남(麗南)소년회, 광진(光進)소년회, 당우리(堂隅里)34호대 ▪ [이천] 이천소년단 , 권학회(勸學會), 이천소년구락부, 이천소년회, 협성소년회, 장호원소년회, 샛별소년회, 장호원소녀동우회, 장호원소년단, 효천(曉川)소년회, 장호원36호대, 독수리소년단, 장호원주일학교소년회 ▪ [용인] 경성애우소년학우회용인지부 ▪ [안성] 안성기독교소년회, 안성소년단, 죽산소년회, 안성천주교소년회, 안성소년회, 동신(東新)소년회, 양성(陽城)소년회, 적호(赤虎)소년단, 안성면려기독소년회 ▪ [평택] 평택소년회, 경성애우소년학우회진위지부 ▪ [수원] 수원소년군, 경성소년군수원지부, 화항회(華香會), 경성애우소년학우회수원지부, 화성소년군, 원리(園里)소년저축조합, 발안소년회, 화성소년회, 수원소년동맹, 수원소년군지부 ▪ [부천] 신도(信島)소년회, 모도(茅島)소년회 ▪ [강화] 성해(聖該)소년회, 잠두(蠶頭)소년회, 강화소년회, 삼산(三山)소년회, 강화소년군 ▪ [파주] 파주소년회, 오금성(五今星)소년회, 문산소년단, 금촌(今村)소년단, 죽원리기독청년회, 철성(鐵城)소년회 ▪ [장단] 진남(津南)소년회 ▪ [개성] 개성소년회, 개성중앙회관소년부, 쌍빈(雙斌)학교소년부, 개성기독교소년회, 남부엡윗소년회, 용화소년회, 태극소년회, 개성천도교소년회, 새벽회, 개성소년척후대, 적전소년수양회, 개성소년연맹, 송도소년회, 상조소년회, 지우(支友)소년회, 고려개성중앙주일학교소년부, 고려소년척후대, 광명(光明)소년회, 개성소년동맹, 북면 이호(梨湖)소년회, 개성엡윗소년회 ▪ [시흥] 안양소년척후대, 동흥(東興)소년회 ▪ [연천] 청화(淸華)소년단	
강원	▪ [평강] 평강소년회, 평강사랑회, 복계(福溪)21호대, 동흥(東興)소년회 ▪ [평창] 평창소년회 ▪ [원주] 적호(赤虎)소년회 ▪ [춘천] 샛별소년회, 기독소년회, 춘천56호대 ▪ [이천(伊川)] 성호(聖湖)소년회, 운악(雲岳)소년회, 의용(義勇)소년회 ▪ [통천(通川)] 통천소년단, 고저(庫底)기독소년회, 고저북리(庫底北里)소년회, 저항(底港)기독교소년회, 저항 새봄소년회, 통천소년군(조선소년군제11호대), 웹윗소년회 ▪ [강릉] 불교남자소년회, 불교녀자소년회 ▪ [양양] 농민소년회, 양양소년연맹 ▪ [화천] 화천소년회 ▪ [철원] 철원소년회, 송내소년회 ▪ [금화] 제일소년회, 금화소년회	32단체

지역	단체	단체수
	▪ [송림] 천도교겸이포소년회 ▪ [홍천] 홍천소년회, 고읍(古邑)소년회 ▪ [양구] 양구(楊口)소년회	
황해	▪ [봉산] 봉산(鳳山)소년회, 삼광(三光)소년회 ▪ [해주] 해주군소년연맹, 산흥(新興)소년회, 해주소년회, 해주소년수양회, 해주18호대, 취야(翠野)소년회, 노동소년회, 해주노우(勞友)소년회, 개추정(開楸井)소년회 ▪ [황주] 반달사, 황주소년회, 천가면 석탄소년회 ▪ [사리원] 사리원소년구락부 ▪ [안악] 안악소년척후단 ▪ [평산] 한포(汗浦)소년회, 평산문화(平山文化)소년회 ▪ [재령] 화석(花石)소년단, 남우리소년회, 북률(北栗)소년회 ▪ [중화] 중화수양소년회 ▪ [장단] 장단산막(長湍山幕)소년회 ▪ [곡산] 곡산천도교소년회, 곡산소년회, 신평 구문성(舊文城)소년회	26단체
충북	▪ [괴산] 괴산소년군, 괴산소년회, 괴산읍8호대 ▪ [보은] 보은소년회 ▪ [청주] 청주소년회 ▪ [영동] 영동소년회 ▪ [제천] 제천소년회 ▪ [충주] 목계(牧溪)3호대, 가금면 새일꾼회 ▪ [옥천] 옥천소년회	10단체
충남	▪ [서산] 서령(瑞寧)소년회, 서산소년군, 운산면 반달문예사, 송시(松柿)소년회 ▪ [금산] 금산소년회, 정유단(丁幼團), 금산청년회소년부, 금산2호대 ▪ [논산] 논산소년회 ▪ [공주] 공주여자소년회, 공주소년동맹, 공주15호대, 공주소년회, 공주능인소년회, 공주소녀회 ▪ [연기] 조치원소년회, 조치원소년단 ▪ [대전] 대전소년척후단, 진령면 소년주일회 ▪ [강경] 강경32호대, 상애(相愛)소년단 ▪ [홍성] 광천(廣川)소년회, 광오(廣五)소년회	23단체
경북	▪ [상주] 상주유심(唯心)소년회 ▪ [예천] 예천소년회 ▪ [대구] 대구소년회, 대구노동소년회, 소년육영회, 대구소년동맹, 대구소년육영회, 소년개조단, 대구소년척후군 ▪ [의성] 의성소년단 ▪ [안동] 화랑소년회, 풍산소년회, 길안(吉安)소년회, 풍서(豊西)소년회, 풍산소년단, 중가구(中佳邱)소년단 ▪ [군위] 군위소년단 ▪ [청도] 청도소년회 ▪ [왜관] 왜관소년회 ▪ [경산] 경산소년단	40단체

	▪ [김천] 김천소년회, 금릉(金陵)소년회, 김천26호대 ▪ [경주] 경주기독소년단, 경주야소교소년회 ▪ [달성] 신화(新化)소년회, 현풍(玄風)소년회 ▪ [영양] 영양소년단, 영양27호대 ▪ [성주] 성주읍30호대, 성주소년단 ▪ [봉화] 유곡(酉谷)소년회, 내성면 해저(海底)소년회, 내성(乃城)소년단 ▪ [영일] 송라대전(大田)소년회 ▪ [영천] 노우(勞友)소년회, 영천소년회, 영천몸벗회 ▪ [영덕] 영덕소년회, 소년용진회	
경남	▪ [밀양] 밀양소년군, 경남도소년연맹, 밀양소년회 ▪ [마산] 불교소년단, 무산소년단, 신화(新化)소년회, 씩씩소년회, 샛별소년회, 마산소년동맹, 마산소년회, 개조(開朝)소년회, 마산가갸회, 마산불교소년회, 완월(玩月)소년회 ▪ [의령] 의령소년회, 입산소년회 ▪ [거창] 거창소년회 ▪ [합천] 초계(草溪)소년회, 합천소년회, 삼가(三嘉)소년회 ▪ [함안] 함안소년회, ▪ [창녕] 가덕(加德)소년회, 진동(眞東)소년회, 웅천새별회, 웅천소년회, 웅천기독교소년회, 창원불교소년회, 창원소년회, 창원가덕진소년회, 창녕소년회 ▪ [김해] 가덕도천성(天城)소년회, 김해소년회 ▪ [삼천포] 삼천포소년동맹, 세천(細川)삼천포소년회 ▪ [하동] 하동소년동맹 ▪ [동래] 동래소년동맹, 구포소년동맹, 소년향상회 ▪ [진영] 진영소년회 ▪ [양산] 양산소년동맹, 양산소년군, 물금소년단, 량산불교소년단, 구포갑자(甲子)단 ▪ [울산] 울산소년회연합회, 규삐단, 병영소년회, 울산소년회, 동면 적호(赤虎)소년회, 울산성우회, 울산 삼동(三同)소년회, 울산부 중남(中南)소년단 ▪ [포항] 포항소년회 ▪ [통영] 통영소년회, 천도교통영소년회, 어린이독자동지회, 통영소년군, 통영17호대 ▪ [진주] 소년군2대, 진주29호대, 천도교진주소년회 ▪ [부산] 초량9호대, 부산소년군, 부산소녀군, 초량 삼일기독소년회 ▪ [언양] 언양소년회, 언양소년단, 불교소년단, 소년소녀회, 언양소녀회 ▪ [고성] 고성학원학우회, 고성(固城)소년회 ▪ [사천] 사천소년회 ▪ [함양] 함양불교소년회 ▪ [산청] 산청소년회 ▪ [남해] 남해소년회	79단체
전북	▪ [전주] 전주소년회, 남아(男兒)소년회 ▪ [익산] 이리소년회 ▪ [고창] 고창소년회, 무장소년회, 고창소년동맹, 고창소년군 ▪ [순창] 순창소년단 ▪ [함열] 함열동지회소년부 ▪ [정읍] 태인소년회, 산외소년회, 정읍소년회, 비호단(飛虎團)소년부	32단체

	• [김제] 김제소년동맹, 김제소년단, 백학(白鶴)소년회, 공덕(孔德)소년회, 죽산소년회, 광성(光成)소년회 • [군산] 군산어린이회, 활승(活勝)소년군, 기독소년군, 신흥소년군, 군산소년군 • [임실] 임실소년회 • [이리] 이리소년동맹, 이리(裡里)소년회 • [무장] 무장소년회 • [장성] 장성25호대 • [부안] 부안소년회 • [태인] 태인(泰仁)소년회 • [옥구] 마용리 합성(合成)소년회, 유망(有望)소년단	
전남	• [광주] 광주소년회, 광주소년군, 광주기독소년부, 강주화성단 • [고흥] 고흥어린이수양단 • [영광] 법성소년단, 영광(靈光)소년동맹 • [화순] 능주38호대 • [여수] 여수33호대 • [해남] 삼산(三山)소년단, 산이(山二)소년단 • [곡성] 옥과(玉果)제일선소년단 • [나주] 신진(新進)소년회, 전남도소년연맹 • [장성] 장성소년동맹, 적심(赤心)소년회, 삼서(森西)소년회 • [담양] 담양소년원(少年院) • [완도] 소안(所安)소년단, 고금면(古今面)28호대 • [목포] 목포노동소년단, 소년척후대, 목포소년동맹, 목포소년단, 목포소녀회, 목포소년회 • [보성] 벌교32호대 • [영암] 영암소년단, 구림(鳩林)소년단, 온적(穩跡)소년단 • [강진] 배달(倍達)소년단 • [순창] 무림(茂林)자치회	32단체
평북	• [선천] 선천기독교청년회소년부, 선천천도교소년회, 사각(四角)소년회, 선천기독교천년회소년군, 석화(石和)소년회 • [정주] 소년군오산지영(支營), 문인(文仁)소년회, 곽산천도교소년회, 오산농우(農友)소년회, 오산소년군, 오산35호대, 정주소년회 • [신의주] 신의주소년회, 삼일교회소년회, 제일교회소년회, 단일(團一)소년회 • [박천] 영미(嶺美)소년회, 천도교박천소년회 • [철산] 기독소년회, 차련(車輦)기독소년회, 천도교철산소년회, 차련관소년회 • [영변] 팔원(八院)어린이회, 영변천도교청년당소년부, 산락동어린이회, 금서소년회 • [초산] 초산소년소녀회, 천도교초산소년회 • [벽동] 신소년회 • [의주] 의주소년회, 기독소년부, 성신(成新)소년회, 사장(射場)소년회, 천도교의주소년연합회, 미산(美山)소년회, 대산소년회, 창원소년회, 유초소년회, 송산소년회, 형화농촌소년회, 성화소년회, 연무소년회, 용문소년회, 문수소년회, 고진소년회, 배달소년회 • [구성] 구성소년회, 노동소년회, 천도교소룡(昭龍)소년회, 변산(辯山)소년회, 청송(靑松)소년회	69단체

	▪ [용천] 부라(府羅)소년회, 세도(細島)소년회, 용천소년회, 입암(立岩)소년회 ▪ [운산] 운산청년회소년부 ▪ [강계] 강계소년군, 강계소년회, 강계천도교소년회 ▪ [갑산] 신흥(新興)소년회, 갑산(甲山)소년회 ▪ [삭주] 삭주소년회, 장동소년회 ▪ [희천] 희천(熙川)소년회 ▪ [벽동] 벽동(碧潼)소년회 ▪ [태천] 태천(泰川)소년회 ▪ [용암포] 용암포(龍岩浦)소년회 ▪ [죽산] 죽산(竹山)소년회 ▪ [영미] 영미(嶺美)소년회	
평남	▪ [평양] 평양소년회, 평화소년회, 평양천도교소년회, 소년척후대, 소년척후평양연맹, 장태현(章台峴)야소교소년회, 불교소년회, 남산정소년회, 평양소년용사단(勇獅團), 평양소년연합회, 수양동무회 ▪ [안주] 안주소년회, 연호면농촌소년회, 안주천도교소년회, 안주소년동맹, 무궁화소년회, 신홍소년회 ▪ [진남포] 진남포천도교청년회소년부, 엡윗소년소녀회, 진남포소년회 ▪ [개천] 군우리소년회, 개천소년회 ▪ [숙천] 주일학교소년단 ▪ [맹산] 수정(水晶)소년회, 맹산 북창소년회 ▪ [강동] 강동(江東)천도교소년회 ▪ [덕천] 덕천(德川)소년회, 척장소년회	28단체
함북	▪ [길주] 길주소년단, 길주천도교소년회 ▪ [성진] 성진소년회, 성진소년동맹, 성진뽀이스카우트, 일신(日新)소년회, 학상면 명성(明成)소년회, 성현동 성현(城峴)소년회, 학동면 신진(新進)소년회, 도남면 용대(龍臺)소년회, 주남면 봉암(鳳岩)소년회, 주남면 용암(龍岩)소년회. 일신소년회, 방동(防洞)소년회, 학상면 근화(槿花)소년회 ▪ [회령] 회령소년척후대, 회령참글사, 회령소년회 ▪ [경성] 경성소년연맹, 온중(溫中)소년회, 수성소년회, 어랑면 노동야학회 ▪ [명천] 명성(明城)소년회, 양화(良化)소년회, 명천소년회, 양건소년회, 조양(朝陽)소년회, 공성(共成)소년회, 서면 명진(明進)소년회, 백악(白岳)소년회 ▪ [웅기] 웅기소년단 ▪ [청진] 수성(輸城)소년회, 영정(榮町) 소년친목단, 신암동(新岩洞)소년회 ▪ [경흥] 경흥소년동회(同會), 청진소년척후대 ▪ [북청] 북청소년회, 만춘(晚春)소년회, 신포소년회, 소년동무회, 명심소년친목회, 창성(蒼城)소년회, 양화(陽化)소년회 ▪ [무산] 삼장면 파랑새사 ▪ [단천] 단천운천소년회, 천도교단천소년회 광천면 소년학우회 ▪ [온성] 온성소년회, 온성 신흥(新興)소년회	49단체
함남	▪ [함흥] 천도교함흥소년, 함흥소년연맹, 퇴조소년회, 함흥소년회 ▪ [신흥] 송흥(松興)소년회, 천도교소년연합회(신흥 동상면) ▪ [정평] 용응(用應)소년회 ▪ [신포] 신포(新浦)소년군	43단체

지역	단체명	단체수
	▪ [문천] 문천(文川)소년회 ▪ [영흥] 영흥소년회, 진주(鎭宙)소년회 ▪ [이원] 차호(遮湖)소년군, 이원소년동맹, 차호19호대, 이원읍소년단, 이읍(梨邑)소년회, 군선(群仙)소년회, 이원(利原)소년회 ▪ [안변] 안변소년회, 안변소년단, 배화면(培花面)소년회, 안변소년학우회, 고산리 북풍문예사 ▪ [정평] 정평소년동맹 ▪ [원산] 원산소년군, 원산부2호대, 원양(元陽)소년회, 원산소년회, 불꽃사, 함남천내리 예우(藝友)구락부, 정광(庭光)소년회 ▪ [북청] 북청소년총연맹, 북청천도교24호대, 양화(陽化)22호대, 동대(東臺)소년회, 덕성면 공명(共鳴)소년회, 양가면 여서(麗曙)소년회, 신창(新昌)소년회 ▪ [홍원] 홍원(洪原)少年會, 혁신(革新)少年會, 홍원청년회소년부, 전진(前津)소년회, 혁진(革進)소년부	
제주	제주소년연맹회, 성산(城山)소년회, 소년육영회, 협성소년회, 월정(月汀)소년회, 가파(加波)소년회, 소년돈목회, 외도(外都)소년회, 금녕(今寧)소년회, 신촌소년회, 일신(日新)소년회, 소년용진회, 소년선봉회, 소년성학(成學)회, 화북(禾北)소년회, 삼양(三陽)소년회, 소년탐흥(耽興)회, 소년신명회, 샛별소년단, 조천(朝天)소년회, 소년전진회, 소년신성회, 북촌소년회, 이호(梨湖)소년회	24단체
북간도 및 국외	▪ [용정] 간도소년척후대, 용정소년군, 학동 일신(日新)소년회, 동산(東山)소년회, 용정소년회 ▪ [유하(柳河)] 조선인소년탐험대 ▪ [신빈(新賓)] 국민부소년단 ▪ [반석] 재중국한인청년동맹소년탐험대 ▪ [무송(撫松)] 새날소년동맹 ▪ [장춘(長春)] 고려청년회소년부, 기독소년회 ▪ [청원] 요동연합회소년부 ▪ [길림] 길림(吉林)소년회, 길성(吉城)소년탐험대, 장백소년회, 고안촌소년단, 장백천도교소년회 ▪ [북경] 다물단 ▪ [혼춘] 춘동소년회 ▪ [봉천] 우리소년회 ▪ [연길] 동신(東信)구락부, 동일(東一)소년회, 동불사(銅佛寺)소년회, 배영(培英)소년회 공명(共鳴)소년회 ▪ [상해] 상해소년회, 상해한인소년회, 상해한인소년척후대, 화랑사, 상해한인소년동맹 ▪ [신한촌] 소년애국단 ▪ [하와이] 한인보이스카우트	32단체
합계		788단체

※1920년대 《동아일보》, 《조선일보》, 『어린이』 등 지지(紙誌)와 『한국 보이스카우트60년사』, 『조선의 치안상황』 및 본서 10장 〈한국소년운동사관계연표〉, 『어린이』, 부록 신문 『어린이세상』, 소년문예잡지 『신소년』과 『별나라』, 천도교 잡지 『신인간』 및 『당성』, 신문매체 《중외일보》 등에 나타난 소년단체명에서 발췌 작성.

제6장
소년단(Boy Scout) 운동

　　민족적인 대격동을 겪으며 민족 일반이 깨우친 것은 민족의 희망인 소년에 대한 기대감의 상승이었다. 그리하여 원산·안변·왜관·진주 등지에서 소년운동단체가 발족되었고 이 중 진주소년회 회원들이 1921년 음력 3월 21일 진주에서 독립운동을 행한 기념일을 이용하여 독립만세를 부르려다가 발각되었다. 이 사건은 소년운동계에 커다란 자각을 일깨웠고 이 사건이 촉매제가 되어 천도교, 기독교청년회 등의 종교단체 및 일부 민족운동가들이 서로 연결을 시도하여 새로운 소년운동을 모색하기에 이르렀다. 이미 국외에서도 하와이한인보이스카우트, 연해주소년애국단, 상해소년회 등이 조직되어 활동하고 있었고 국내에서도 각 종교 단체들이 소년운동가나 민족운동가들의 큰 관심 속에 독자적인 소년회를 조직하고 있었다. 그것은 일제의 감시를 피하는 데에는 종교적인 비호하에 움직이는 것이 최상의 길이었기 때문이었다. 이러한 태동기를 겪고 급기야 이 강토 곳곳에서 범민족적인 항쟁운동의 일환으로서 소년회 운동도 표면에 나타나게 되었다.

Ⅰ. 초기 소년단의 태동

1. 소년단 운동의 배경

한국 소년단 운동 창시자의 한 사람인 조철호(趙喆鎬)는 소년단 운동의 정신적 지주를 화랑도에서 찾고자 하였다. 그것은 그가 항상 단원들에게 '너희는 이 민족의 화랑이다. 민족을 구하는 선봉'이 되라고 훈유(訓諭)했던 것에서 확인된다.[1] 조철호는 무관학교시절(1906-1909)[2]에 화랑도를 익혔을 것이다. 당시는 을사조약에 기인한 민족적 분노로 애국계몽운동과 의병전쟁이 치열했던 시기라 역사교과서에서도 화랑도를 귀하게 다루고 있었다.[3] 그후 일제의 침략으로부터 이 나라를 구출하는 데는 화랑도를 부활하는 것이 무엇보다도 급선무라 생각하였을 것이다. 또한 한말의 애국계몽운동과 의병전쟁, 그리고 무단치하시(武斷治下時) 서당의 민족교육 등을 통해서 소년 일반에게 화랑도는 새롭게 민족정신으로 솟아나 사회 일반에 퍼

---

1 중앙교우회. 1969. 「소년군의 창설」, 『중앙60년사』, 121쪽.
2 조찬석. 1981. 「관산(冠山) 조철호에 관한 연구」, 『교육논총』 12, 66쪽.
3 이 책 제2장 Ⅰ-3 '애국계몽 사상가의 소년교육 활동' 참조.

져서 드디어 커다란 역량을 쌓게 되었고 그 결과 3·1운동이라는 초유의 민족대항쟁을 가능하게 하는 데 일조가 되었다고 생각된다.[4]

이러한 민족적인 대격동을 겪으며 민족 일반이 깨우친 것은 민족의 희망인 소년에 대한 기대감의 상승이었다. 그리하여 원산·안변·왜관·진주 등지에서 소년운동단체가 발족되었고 이 중 「진주소년회」 회원들이 1921년 음력 3월 21일 진주에서 독립운동을 행한 기념일을 이용하여 독립만세를 부르려다가 발각되었다. 이 사건은 소년운동계에 커다란 자각을 일깨웠고[5] 이 사건이 촉매제가 되어 천도교, 기독교청년회 등의 종교단체 및 일부 민족운동가들이 서로 연결을 시도하여 새로운 소년운동을 모색하기에 이르렀다. 이미 국외에서도 하와이 한인보이스카우트, 연해주소년애국단, 상해소년회 등이 조직되어 활동하고 있었고[6] 국내에서도 각 종교 단체들이 소년운동가나 민족운동가들의 큰 관심 속에 독자적인 소년회를 조직하고 있었다. 그것은 일제의 감시를 피하는 데에는 종교적인 비호하에 움직이는 것이 최상의 길이었기 때문이었다.[7] 이러한 태동기를 겪고 급기야 이 강토 곳곳에서 범민족적인 항쟁 운동의 일환으로서 소년회 운동도 표면에 나타나게 되었다.[8]

---

4 김정의. 1985. 「근대 소년운동의 배경 고찰」, 『논문집』 8, 한양여자전문대학, 21쪽 ; 1987. 「근대 소년운동 연구(I) -초기 소년회 운동을 중심으로」, 『논문집』 10, 한양여자전문대학, 164-165쪽.
5 《동아일보》 1921년 6월 26일자.
6 이 책 제8장 '국외에서의 한인소년운동' 참조.
7 이 책 제4장 I-1 '소년회 운동의 태동' 참조.
8 한국 보이스카우트 50년사 편찬위원회, 1973. 『한국 보이스카우트 50년사』, 31-37쪽 참조.

그러나 당시의 소년회 운동은 일제의 감시와 산발적인 활동으로 인하여 그 체계와 결속이 부진하고 활동 내용도 빈약하여 조직이 쉽게 와해되는 등 기복이 심하였다. 그래서 본래의 목적 달성에 어려움이 많았으며 김기전(金起瀍)이 이끄는 천도교소년회 등 소수의 단체를 제외하고는 지속적인 활동을 못하는 형편이었다. 따라서 이를 탈피하여 보다 새롭고 획기적이며 조직적인 항일소년운동단체의 출현이 절실히 요청되었다. 이러한 시대에 부응하여 좀 더 시야를 넓혀 국제적으로 공인된 소년단(Boy Scout)운동이 이 땅에 비로소 등장할 수 있게 된 것이다.[9]

2. 조선소년단의 발족

소년단 운동의 효시는 국외까지 포함하면 1918년 하와이에서 이승만이 조직한 한인보이스카우트가 시초가 되지만[10] 국내에서 지상(紙上)에 소년단 운동이 게재된 것은 1920년 8월의 일이다. 즉 1920년 8월 25일자《조선일보》 기사에 '개성시내 소년단의 용맹한 활동, 군대 행진하는 모양으로 전진하다 체포'라는 제목으로 사실 보도된 내용이 나와 있다. 따라서 기록상으로 이미 1920년부터 소년단 운동이 전개되고 있었음이 확인된다. 그러나 이것은 지도자가 확실한 전국적인 조직의 소년단 운동이라는 단서는 아직 없다. 다만 자생된 소년단 운동의 서막임에는 틀림없겠다.

---

9 한국 보이스카우트 60년사 편찬위원회, 1984. 『한국 보이스카우트 60년사』, 한국보이스카우트연맹, 41쪽.
10 이 책 제8장 Ⅲ-2-(2) '한인보이스카우트의 조직과 그 의의' 참조.

전국적인 조선소년단조직을 위한 창립 사무는 1921년 12월 10일에 이르러 서울에서 시작되었다. 이 창립 사무의 준비가 1922년 1월 말에 끝나게 되자 2월 1일에는 조선청년연합회 안에 조선소년단 창립사무소를 두고 본격적인 창립 조직 사무에 들어갔다.[11] 특히 이날 조선소년단 창립 취지서를 발표했는데 이 취지서는 선언서·주의·강령으로 이루어졌다. 이 중 강령의 내용은 다음과 같다.

1. 대동단결의 정신으로 크게 모이게 할 것

2. 소년문제에 관한 연구와 그의 선전

3. 학교교육과 같이 사회 실제 교육을 줄 것

4. 건전한 의지를 양성할 것

5. 덕의(德義)를 존중케 할 것

6. 건강을 증진케 할 것

7. 세계문화에 공헌케 할 것[12]

여기에 나타난 실천 목표는 베이든 포우웰(Robert Baden-Powell)의 보이스카우트를 도입하지 않은 단계인데도 불구하고 7개 강령은 거의 보이스카우트의 규율과 일치함을 엿볼 수 있다.[13] 물론 지(智)·덕(德)·체(體)와 사회적 인간으로의 성장을 목적으로 한 것은 멀리 화랑의 전통에서 온 것이라

11　앞의 『한국 보이스카우트 50년사』, 41쪽.
12　앞의 책, 31-32쪽.
13　본서, 〈4-1〉의 〈「소년척후단 조선총연맹」의 준률(準律)〉 참조.

고 볼 수도 있고 가까이는 소년회의 행동강령[14]과 일치하는 것으로 보아 소년회의 영향을 받았다고 볼 수도 있다. 따라서 이 강령은 근대소년운동에 큰 정신적 기반임이 입증되는 것이다.

14일에는 마상규(馬湘圭) 등의 조선소년단 창립 취지 선전 강연회가 서울 경운동 천도교당(天道敎堂)에서 개최되었다.[15] 한편, 소년단의 조직은 이미 조직 활동되고 있는 각지의 소년회를 기존 조직으로 하기보다는 학교와 학생을 중심으로 진행되었다. 그러나 지방의 경우는 그대로 소년단으로 개편되거나 그 지도자가 동일한 인물인 경우가 많았다.[16]

이러한 조선소년단의 조직은 소년군 탄생의 과도기적인 현상으로서 소년군 발생 과정에서 보이는 바와 같이 소년군이 범 보이스카우트 정신을 수용하고도 보이스카우트 운동에 치우치지 않고 민족사적인 측면에서 소년운동을 펴 갈 수 있었던 원동력은 다름 아닌 자생된 조선소년단의 조직 정신에서 연유되었을 것이라고 보아진다.

Ⅱ. 조선척후군의 발대와 조철호

베이든 포우웰에 의해 세계적인 조직으로 확대되고 있던 보이스카우트 운동을 우리나라에서도 도입하여 그 정신과 활동 및 조직을 펴 보려던 인

---

14 김정의. 앞의 「근대 소년운동 연구(Ⅰ)」, 168쪽.
15 앞의 『한국 보이스카우트 50년사』, 34쪽.
16 앞의 『한국 보이스카우트 50년사』, 34쪽.

사들이 그 계획을 논의하게 되었다.[17]

보이스카우트 운동의 기원은 1899년 남아프리카의 트란스발공화국과 영국의 양국관계가 악화되어 당시 육군 대령이던 베이든 포우웰(Robert Baden-Powell)은 기병 2개 대대와 함께 남아(南阿) 전역의 가장 심장부가 되는 마페킨 주둔을 명령받아 수비 사령관의 임무를 맡게 되었다. 얼마 후 토착민들과의 전쟁이 벌어져 토착민들은 막대한 병력을 가지고 이 고을을 포위 공격하여 왔다. 그러나 베이든 포우웰은 불과 수십 명의 소수 병력으로 217일 동안의 방어 임무를 완수하였으며 마침내 지원군의 도착과 동시에 토착민 병력을 전멸시켰다.[18]

이 성공의 원인은 그곳 소년들을 모집하여 방어 진중에서 전령 혹은 척후 등 적당한 임무를 주어 용감, 신속, 침착하게 활동하게 하여 소수 병력의 약점을 보완한 때문이었다.[19] 이것이 스카우트 운동의 단서가 되어 그는 1901년 육군 소장으로 승진하자 소년들에게도 성인이 가질 수 있는 그 이상의 능력을 가지고 국가와 민족에 이바지 할 수 있다는 확신을 얻어 소년의 각 나이별로 실시할 훈련에 대하여 연구하고 이것을 소년들의 교육면에 반영시켰다.

1907년 여름 그는 비로소 영국 해협의 브라운시 섬(Brownsea Island)에서 12명의 소년들과 최초의 야영을 시도하여 큰 성공을 거두었다.[20] 여기서 소년들의 능력의 실증을 얻은 그는 1908년에 명저인 『Scouting For Boys』를

---

17 앞의 『한국 보이스카우트 50년사』, 37쪽.
18 Robert Baden-Powell, 1967. 「Scouting For Boys」, Cathur Pearson LTD, pp. 5-8.
19 Robert Baden-Powell. 1967. 앞의 책, pp. 5-8.
20 양순담. 1968. 『베이든 폴전』, 대한교과서주식회사, 63-67쪽 참조.

출판하여 스카우트 훈련법을 체계화시켰다.[21]

베이든 파우웰의 스카우트 창설로부터 10여 년이 지나 국권 침탈 피탈 하에 있던 우리나라에서도 이 운동이 소개되고 조직을 장려하기 시작하였다. 이돈화는 다음과 같이 영국의 소년의용단(Boy Scout)을 소개하고 우리도 조직할 것을 제언하고 있다.

소년지도기관을 특설함이 필요합니다. 문명한 각국에 있어는 소년단체란 것이 각종의 형식으로 많이 있는 것은 누구나 다 아는 일입니다. 그러기에 영국에서는 소년의용단(少年義勇團)이라는 대장부적인 명패(名牌)를 가진 단체까지 있습니다. 조선과 같이 아직 계몽시대에 있는 형편으로는 더욱이 소년의 모임이 지극히 필요합니다.[22]

이러한 흐름이 나타난 시기를 홍이섭은 아래와 같이 파악하였다.

대체로 1920년대는 일제의 소위 '문화정책'에 따라 일면 유화책을 쓰며, 반대로 사상 면에 대해서는 일반 강압책을 감행하던 때로, 한국인 자신의 정신 상황도 1919년에 거족적인 행동을 통해 항쟁의 가능성을 측정하였으며, 민족적으로 또는 세계사적인 동향에 따라 국제적인 일원으로 신세대(新世代)로 지향하는 심성이 강하게 작용하였다.[23]

21　허재욱. 1971. 「한국보이스카우트 운동이 청소년 교육에 미친 영향」, 고려대학교 교육대학원 석사학위논문, 17쪽.

22　이돈화. 1921. 「새 조선의 건설과 아동문제」, 『개벽』 9월호(제15호), 28쪽.

23　홍이섭. 1975. 『한국정신사서설』, 연세대학교출판부, 34쪽.

이와 같은 분위기에서 보이스카우트 운동이 전 세계에 퍼져 가까운 인도, 중국, 일본에까지 조직되는 흐름 속에서 국내에 이미 조직 활동 중이던 기존의 소년운동단체인 천도교소년회나 조선소년단의 자극을 받아 1922년 3월 말경부터는 본격적인 소년군(Boy Scout) 조직 준비 활동이 시작되었다. 이 가운데 중앙고등보통학교의 조철호(趙喆鎬)와 기독교청년회의 정성채(鄭聖采)가 제일 열띤 준비를 서둘러 한국소년운동계의 주목과 기대를 모으게 되었다.[24]

드디어 같은 해 10월 5일 중앙고등보통학교 후원에서 김성수(金性洙), 송진우(宋鎭禹), 정성채(鄭聖采) 등의 내빈이 임석한 가운데 조선소년척후군의 창립과 함께 경성 제1호대의 발대식이 거행되었다.[25] 여기에 참석한 대원들은 모두 8명[26]으로 이들은 사실상 우리나라 소년단 운동사상 최초의 정규 대원이 된 셈이다. 이 자리에서 관산(冠山) 조철호(趙喆鎬, 1890-1941)는 창립 취지의 식사(式辭)를 다음과 같이 하였다.

영국에서 이 운동이 일어난 후 세계 각국에서 채용하여 많은 효과를 얻고 현재는 전 세계에 널려 있는 회원이 8백만인데 자유와 의리를 존중하는

---

24 앞의 『한국 보이스카우트 50년사』, 28쪽.
25 《동아일보》 1922년 10월 7일자.
26 「조선소년척후군」 경성 제1호대의 최초의 조직은 단장(조철호) 아래 반장, 반원으로 구성되었는데 반장은 유명준(兪明濬, 제일고보)이었다. 그리고 반원으로는 7명이 있었는데 이름을 알 수 있는 것은 오봉환(吳鳳煥, 협성학교), 이범구(李範九, 배재고보), 이경환(李慶煥, 배재고보), 정길복(鄭吉福, 수송보통), 최병일(崔秉一, 중앙고보), 김진악(金鎭岳, 중앙고보)의 6명이고 나머지 중앙고보생 1명의 이름은 미상이다(앞의 『한국 보이스카우트 60년사』, 44쪽).

점에는 도리어 압제적인 군대교육보다는 낮다는 평판이 있습니다. 더욱 조선 소년같이 나약한 소년은 크게 이런 운동을 장려하여 용감하고 고상한 기풍을 기를 필요가 있습니다. 그러나 이것은 장래의 조선을 위하여 많이 생각하여 주시는 유지의 찬조를 얻지 아니하면 도저히 효과를 얻을 수 없습니다. 처음 일이니까 먼저 여덟 명만 중등학교 학생 중에서 뽑아서 조직하였는데 장래 8세 이상 20세 이내의 소년으로 부모나 기타 감독자의 허락을 얻어서 입단하기를 원하면 어떠한 사람이든지 허락할 터이라. 이와 같이 조직된 척후단은 매주일에 한 번씩 모여 산에 오르기, 배 젓기, 헤엄치기, 기타 군대 생활에서 하는 야영 같은 것을 가르칠 터이라.[27]

이 식사(式辭)를 통하여 당시 소년군의 조직과정과 계획을 읽을 수 있거니와 첫 번째 조직이기 때문에 8명으로써 발대했다는 사실도 알 수 있다. 이와 같이 한국소년운동사에 획기적인 소년척후군이 발족하자 사회 각계에서는 호응이 잇따랐다. 특히 《동아일보》는 발대 3일째인 10월 8일자 사설에서 '조선소년군의 조직 강건한 정신 건장한 신체'란 제목으로 다음과 같이 논하고 있다.

원래 이 소년군의 조직은 결코 피군국주의(被軍國主義)의 제국주의적 이기심에서 나온 것이 아니라 순연히 인생 사회의 공존공영을 위하여, 환언하면 모든 인생의 진가치(眞價値), 진면목을 발휘하기 위하여 광휘를 발하는 진인격(眞人格)을 확립하기 위하여 조직된 것이라 오직 그 목적하는 바 건장한

---

27 《동아일보》 1922년 10월 7일자.

신체와 강건한 정신을 기름에 불과한 것이니 이제 그 사업의 일단을 지켜보건대 산에 오르는 것, 물에 헤엄치는 것, 청천하대지상(青天下大地上)에 야영하는 것 등 실로 자연을 대수(對手)로 하고 진인(眞人)을 목표로 하여 노력하는 점은 장하다 할지며 쾌하다 할 것이로다.

그간에 생장(生長)이 유하다 할지언정 하등 폐단이 있으리요. 우리들은 여차한 조직 이 조선 전도에 포(布)하고 여차한 훈련이 조선 전소년계에 미쳐서 장래 조선 민중의 전부가 그 의기에 있어 강(剛)하고 중(重)함이 태산과 같고 그 신체의 건(健)하고 장(壯)함이 교목(喬木)과 같기를 바라노라. 여차한 민족, 여차한 민중이면 그간에 자연히 위대한 문명, 위대한 사회가 발생될 것이 아닌가, 아! 소년군의 조직, 사소한 시험과 같으나 그 실영향의 미치는 바는 가히 그 큼(大)을 측정하기 어렵도다.[28]

이러한 격려 호응 속에서 활동에 들어간 조선소년군의 취지는 서양식 척후의 모방에 그치지 않고 세계적 조류 속의 민족의 건실한 의기발양(意氣發揚)이라는 다분히 민족운동의 일환이란 점을 다음과 같이 분명히 해두었다.

조선소년군은 우리 조선 사람도 세계적으로 향상하려는 새 기운이 들던 1922년 10월 5일에 창립된 것이니, 곧 세계 보이스카웃 운동의 정신에 연유하여 종래에 문약(文弱)에 흐르던 민족성의 결함을 보충 전환하여 세계적 선량한 사람으로 인격을 완성하려는 것이 그 목적이다. 그러므로 조선소년군

---

28 《동아일보》 1922년 10월 8일자.

은 단순히 군사훈련의 조박(糟粕)이나 구미식 척후(斥候)의 모방에만 그치지 않고 철저한 조선적으로 민족성을 개선하고 건실한 의기를 발양(發揚)하여서 세계적 진전에 순응하기를 노력하는 바 순화사업인데 실로 인격 개조를 목적하는 근본운동(根本運動)이라 할 것이다.[29]

당시 조철호는 일본 육군사관학교 26기 출신[30]으로 3·1운동 때 현역에서 이탈하여 중앙고보의 체육교사로 재직하고 있었다. 그의 인물됨에 대해 최형련(崔炯鍊)은 다음과 같이 기술하고 있다.

열렬한 민족주의자로서 그의 열성과 의분과 애정에는 감복 감화되지 아니할 사람이 없었다. 그 당시는 공사립을 막론하고 전국 각급 학교에서 수업용어는 반드시 일어를 사용하는 것으로 되어 있었다. 그러나 관산(冠山) 선생은 체육시간에도 일어는 절대로 쓰지 않고 구령을 '기착(寄着)=차려' '휴식(休息)=쉬어' 등등으로 반드시 우리말을 사용하였다. 선생은 조국의 광복과 민족의 중흥을 위하여는 먼저 심신이 강인한 역군이 필요하다는 것을 통감하고, 정신 면에서 민족주의와 자유사상을 주입 배양하는 동시에 육체의 연성(鍊成)을 위하여 억센 훈련을 잠시도 멈추지 않았다.[31]

29 중앙교우회. 1969. 『중앙60년사』, 민중서관, 121쪽.
30 좌석목춘륭(佐夕木春隆). 1985. 『한국독립운동의 연구』, 동경: 도서간행회, 76쪽. 1913년 관산(冠山)과 함께 졸업한 26기생 중에는 지록규(池錄奎, 靑天), 홍사익(洪思翊), 신태영(申泰英), 김준원(金埈元), 유승렬(劉升烈), 박승훈(朴勝薰), 안병범(安秉範), 권영한(權寧漢), 염창섭(廉昌斐), 안종인(安種寅), 이응준(李應俊), 이대영(李大永) 등이 있었다(이형석, 「남기고 싶은 이야기들」, 《동아일보》 1971년 2월 15일자).
31 최형련. 1969. 「3·1운동과 중앙학교」, 『3·1운동 50주년 기념논집』, 동아일보사, 323

이토록 수업 용어조차 일어는 쓰지 않을 정도로 민족정신이 투철한 그가 재임기간 중에 조선소년군을 창설하고 이 운동에 심혈을 기울여 인천, 수원을 비롯하여 금천, 진영, 김해, 의령, 진주, 사천, 삼천포, 남해, 여수, 하동, 통영, 양산, 동래, 기장, 울산, 밀양 등을 순회하면서 그 취지와 아울러 그들의 사업을 공개하는 등 선전 강연을 계속하였으므로 그 결과 처음에 겨우 8명만으로 출발했던 소년군이 불과 1년 만에 전국 회원이 160여 명으로 늘어났고 모두 8개 호대로 확장시킬 수 있었다.[32] 이 중 서울에서는 2개 호대 74명의 대원을 확보하게 되었다.[33] 그리고 1924년에는 보이스카우트의 열기가 크게 일어나 전국을 통하여 166개 호대로 신장되기에 이르렀다.[34]

III. 소년척후대의 창설과 정성채

보이스카우트의 양대산맥으로서의 좋은 대조를 보이면서 생장하고 있었던 소년척후대는 당시 중앙기독교청년회 소년부 간부의 직책을 갖고 있던 정성채(鄭聖采, 1899-1950 납북)에 의해 동 소년부원들을 중심[35]으로 1922

쪽.

32 조찬석. 1973. 「일제하의 한국소년운동」, 『논총』 4, 인천교육대학, 68쪽.

33 앞의 『한국 보이스카우트 50년사』, 45쪽.

34 국사편찬위원회. 1969. 『한국독립운동사』 4, 406쪽.

35 「소년척후대」 발대 당시의 「중앙기독교청년회」 소년부의 소년들은 다음과 같다: 이규홍(李圭弘), 정영채(鄭永采), 이범준(李範俊), 이희준(李熙俊), 신태욱(申泰旭), 여운탄(呂運炭), 이정모(李正模), 정영진(鄭永鎭) 등 17명(앞의 『한국 보이스카우트 60

년 조선소년군 창설 무렵에 조직을 하였고[36] 이것이 본보기가 되어 전국적인 기독교청년회의 조직망을 활용하여 많은 소년척후대가 생겨나게 되었다.[37]

중앙기독교청년회는 일찍부터 서양문화를 소개하는 매체 역할을 많이 담당했던 터에 그 이념이 보이스카우트와 상통하는 점에 있어 정성채(鄭聖采)가 소년부에서 이 운동에 관심을 가지고 연구를 진행시켰다.

그 당시 소년운동은 아직 조직적인 활동을 펴기엔 여러모로 어려움이 있었다. 그러나 중앙기독교청년회는 국제적인 종교단체라는 특수성의 이점을 살려 소년부 내의 소년들을 적절히 활용하여 국제적인 보이스카우트 운동을 도입할 수 있는 여건을 갖추고 있었다. 더욱이 소년척후대가 창립되기까지 같은 직원이었던 현동완, 홍병덕, 이건춘, 김진수, 장권 등의 도움은 정성채에게 더없이 큰 힘이 되었다.[38]

창립일은 정성채가 기고한 다음의 내용을 보면 1922년 9월 31일로 밝혀져 있다.[39]

내가 본래 중앙기독교청년회 소년부 일을 보게 되었으므로 소년부원 어린이에게 이전부터 소년척후대의 정신은 많이 넣어 주었다. 차림차림을 뽀

년사』, 58쪽).

36 앞의 『한국 보이스카우트 50년사』, 58쪽.

37 김정의. 1985. 「소년운동사의 이해」, 『한국사의 이해』, 형설출판사, 126쪽.

38 앞의 『한국 보이스카우트 60년사』, 59쪽.

39 창립일은 창립 당시의 사실 보도가 아니고 3년 후의 기고문(《동아일보》 1925년 10월 10일자)이기는 해도 본인의 언급이므로 믿어야 한다고 생각된다.

이스카우트로 하고 나서기는 1922년 9월 31일이었습니다.[40]

또한 〈고등경찰관계연표〉에도 소년척후대의 창설이 다음과 같이 1922년 9월 31일로 기록되어 있다.

大正十一年 九月三十一日 京城鐘路に 第一虎隊 中央基督敎靑年會 少年斥候隊を 組織す[41]

그렇다면 조선소년군의 창설보다 앞서서 소년척후대가 창설되었음을 알 수 있다.

발족 후 정성채(鄭聖采)는 보이스카우트 운동이 국제적 청소년운동이라는 점을 중시하여 세계보이스카우트의 활동 내용을 준수하려고 노력하였다. 즉 본래의 이념과 방법을 있는 그대로 도입하여 순수한 입장에서 보이스카우트 활동을 전개한 것이 특색이다. 따라서 소년척후대는 조선소년군과 근원은 같지만 이념과 실천방법에서는 차이를 드러냈다. 그것은 다음과 같은 소년척후대의 '주의 방침'을 보면 알 수 있다.

1. 도덕심을 기초로 소년을 지도할지니 어떠한 종교를 신봉하는 단체를 물론하고 각기 교리로써 인도하여 타인의 종교를 존중히 함.

2. 개성 본위의 훈련이니 소년 개인의 인격을 존중히 하여 강제적 훈련이

---

40 《동아일보》 1925년 10월 10일자.
41 『조선고등경찰관계연표』, 107쪽.

나 군대적 훈련을 실시치 아니함.

　　3. 사해형제주의(四海兄弟主義)를 공고케 하여 외국 소년척후와 상호 연락

함으로 세계 평화를 촉진함.[42]

위에서 타인의 종교를 존중케 하고 강제적이거나 군대식 훈련을 금하며
사해형제주의를 표방, 외국 스카우트와의 유대를 통해 세계평화를 촉진시
키려 한 점은 곧 세계 보이스카우트 운동의 기본 방침에 부응한 것이며 소
년척후대의 성격을 잘 나타낸 것이다.

이렇듯 보이스카우트 운동이 조선소년군과 소년척후대의 두 갈래로 나
타나 성장하게 된 것은 조직의 기반과 조직자의 지도방침의 상이점에서 연
유한다. 조선소년군이 일사분란한 통수계통과 훈련 등으로 성장하고 있었
는 데 반하여, 소년척후대는 기독교를 중심으로 신앙적 분위기 속에서 스
카우팅에 충실함으로써 세계 보이스카우트 본래의 순수성을 철저히 이행
하는데 솔선하였다.[43] 이는 이 땅에 평화적인 척후정신을 기르는데 큰 몫을
담당하였다고 확언할 수 있겠다.

42 《동아일보》 1925년 10월 10일자.
43 김정의. 1988. 「한국 근대 소년운동 연구(Ⅱ) - 초기 소년단 운동을 중심으로」, 『논문
　　집』 11, 62쪽.

IV. 소년단의 통합 및 분리

1. 소년척후단조선총연맹의 성립

조선소년군의 조철호(趙喆鎬)와 소년척후대의 정성채(鄭聖采)는 소년군이나 척후군이 이른바 베이든 포우엘이 제창한 보이스카우트 운동을 같은 목적으로 이 땅에 받아들여 각각 다른 조직체로 분리 생장되고 있다는 점에 유의하여 서로 통합을 위해 여러 차례 협의하여 드디어 서울과 인천에 있는 4개의 척후단 대표들이 1924년 3월 1일 중앙기독교청년회관에 모여서 상호 연락과 통일을 목적으로 중앙기관 설립을 의결하였다.

그리하여 소년척후단조선총연맹 발기회를 갖고 '강령'과 '준률(準律)' 및 '표어'를 제정하였는데 대개 세계 각국에서 통용되는 규칙으로 표준하였다.[44] 그 내용은 다음과 같다.

강령(綱領)

1. 사회를 위하여 자기 직무를 다하며 단규(團規)를 엄수함.

2. 항상 타인 돕기를 준비함.

3. 항상 자기 덕성을 지키며 신체와 정신을 건전하게 함.

준률(準律)

1. 단원은 정직할지니 언어 동작에 신실하라.

44 《동아일보》 1924년 3월 21일자 참조.

2. 단원은 충성할지니 사회에 대하여 충실하라.

3. 단원은 도움이 될지니 매일 1건 이상의 선한 일을 행하라.

4. 단원은 우애(友愛)할지니 세계 소년을 형제로 여기라.

5. 단원은 친절할지니 빈약한 자에게 더욱 친절하라.

6. 단원은 인자할지니 동물들을 사랑하고 보호하라.

7. 단원은 순복(順福)할지니 부모와 윗사람(上長)에게 복종하라.

8. 단원은 쾌활할지니 곤란을 당할 때 더욱 쾌활하라.

9. 단원은 근검할지니 금전 및 시간을 적당히 이용하라.

10. 단원은 용감할지니 위험을 당할 때 수립(竪立)하라.

11. 단원은 정결할지니 신체와 심지를 깨끗케 하라.

12. 단원은 경건할지니 타인의 종교심을 존중히 여기라.

표어

준비[45]

특이한 것은 조선소년군의 준률 5개항이 12개항으로 된 것, 또 소년척후단의 하나님께 계약하는 내용과 제12조의 종교를 가질 것을 요구하는 종교적 개념이 약화된 점이다. 이는 상호 절충 과정에서 서로의 입장을 적극반영한 결과로 보여진다.

당시의 총연맹 기구는 총재, 부총재, 회계, 이사의 의결기구와 간사장, 부간사장, 간사 등의 집행기구로 되어 있는데 그 임원은 다음과 같다.

45　앞의 『한국 보이스카우트 50년사』, 45-47쪽.

총재 : 이상재(李商在)

부총재 : 유성준(兪星濬), 박창한(朴昌漢), 신흥우(申興雨)

회계 : 김윤수(金潤洙)

이사 : 장두현(張斗鉉), 이관용(李瓘鎔) 외 8명

간사장(총무) : 유억겸(兪億兼)

부간사장(부총무) : 조철호(趙喆鎬), 정성채(鄭聖采)

간사 : 장권(張權) 외 4명[46]

이렇게 이상재(李商在, 1850-1927)[47]를 초대 총재로 추대하고 양 단체가 통합하여 하나로 출범한 것은 당시 국권침탈 하에 전개된 한국소년운동 성장에 매우 고무적인 현상이었음이 분명하다.

이들은 같은 해 3월 24일 총연맹이사회를 개최하여 지방의 척후사업을 논의하였으며 연맹 사무실은 YMCA회관에 두었다.[48] 또한 소년척후단조선총연맹의 헌법을 제정하였는데 제1조에서 정식 명칭을 그대로 소년척후단

---

46 앞의 『한국 보이스카우트 60년사』, 69쪽. 임원 명단의 직책이 《동아일보》 기사와 『한국 보이스카우트 60년사』와는 다르게 수록되어 있다. 참고로 《동아일보》 기사에서는 『한국 보이스카우트 60년사』와는 달리 유억겸을 간사로, 조철호 정성채를 부간사로 했고, 그 밑에 다시 장권 외 4씨가 간사로 나와 혼동이 되고 있음을 적어둔다. (《동아일보》 1924년 3월 21일자). 필자는 기구 조직으로 보아 『한국 보이스카우트 60년사』의 내용이 타당해 보인다.

47 이상재의 호는 월남, 한산 출신. 1898년 서재필과 함께 「독립협회」를 조직하여 부회장을 지내며 민중계몽. 후에 기독교청년회회장, 「소년척후단조선총연맹」 회장. 「조선일보사」 사장 및 「신간회」 회장을 지낸 민족운동가(김을한. 1976. 『월남 이상재 일대기』, 정음사, 202-205쪽 참조).

48 앞의 『한국 보이스카우트 60년사』, 69쪽.

조선총연맹으로 하였다.

그리고 제2조에서는 "전 조선 및 외국 체류의 조선인 소년척후대로서 조직되어 호상 연락 통일을 보전하며 그 보급 발달을 원조하여 소년의 품성을 연마하되 관찰, 순종 및 자기 신뢰의 습성을 배양하며 충성 및 동정의 덕을 고상(高尙)케 하여 자기와 타인을 위하여 유용한 기능을 권장 훈련하며 신체의 발달을 증진케 하여 덕성이 풍부하며 선량 건전한 시민을 양성함"[49]을 목적으로 규정하였다.

연맹의 표어는 역시 '항상 준비하라'이고 〈주의 및 방침〉은 타인의 종교를 존중할 것과 강제적 또는 군대식 교련 배제, 그리고 사해형제주의에 입각한 세계 평화 촉진의 3개 조항을 천명하였다.[50]

여기에서 보면 분명히 조선소년군의 영향보다는 소년척후대의 영향이 많이 작용됐음이 드러난다. 이는 조선소년군의 조선식 보이스카우트 운동에 제동이 걸린 것을 의미한다. 그리고 이러한 현상은 조철호가 연맹 내에서의 세 부족으로 나타난 결과라고 보아진다. 그러나 조철호로선 내내 묵과할 성질의 것은 아니었다. 따라서 통합 활동은 당시로선 이상론일 수밖에 없었다.[51]

49 앞의 책, 69쪽.
50 앞의 책, 69-70쪽.
51 김정의. 앞의 「한국 근대 소년운동 연구(Ⅱ) - 초기 소년단 운동을 중심으로」, 64쪽.

2. 통합 이전 상태로의 회귀

소년군과 척후단은 통합에 따르는 상호간의 입장 고집과 연맹의 세력 균형을 조정하기 위하여 조철호와 정성채를 다 같이 부간사장으로 추대하였다. 물론 총재가 있고 간사장이 있었으나 이들은 대부분 척후단 측의 인사들이었고 실질적으로는 두 사람에 의해 운영되었다.[52]

표 6-1 정성채와 조철호의 신원 비교

	정 성 채	조 철 호
생몰	1899.4.16~1950.8.29 拉北	1890.2.15~1941.3.22
출생지	서울 종로구 권농동 171번지	경기도 시흥군 난곡리
부모	김윤수(鄭允洙), 김애심(金愛心)	조중린(趙重麟), 류씨(柳氏)
남매	성채(聖采), 성애(聖愛), 인애(仁愛), 영채(永采), 명채(明采), 종애(宗愛)	정순(貞順), 철호(喆鎬), 후순(後順), 명호(明鎬), 선호(善鎬)
종교	기독교	?
최종 학력	1919년, 연희전문학교 중퇴	1913년, 일본 육군사관학교 졸업
중요 경력	중앙기독교청년회소년부간사 소년척후단창단 수송교회장로 대한소년단간사장 합중(合衆)민보 발행인 겸 편집국장 ECA(Economic Cooperation Adminstration) 농림담당관	오산학교교사 중앙고보교사 조선소년군조직 대성·동흥중교사 동아일보사 발송부장 보성전문학교 교관
어린시절의 소질	운동, 음악, 수예	총싸움, 대장놀이
성격	온순, 비교적 내성적	문약(文弱)을 싫어함
처	정수면(鄭守冕)	이윤돌(李允乭)
자녀	찬모(燦模) 등 7남매	외아들 원석(源錫)

※ 조찬석. 1981. 「관산 조철호에 관한 연구」와 한국보이스카우트연맹. 1984. 『한국 보이스카우트 60년사』 및 《조선일보》 1991년 8월 6일자 기사 등에서 발췌 작성.

52 앞의 『한국 보이스카우트 60년사』, 69-70쪽.

그러나 두 단체는 곧 이상과 훈련 방법의 차이, 그리고 표 6-1과 같이 조철호와 정성채의 개인적인 성격 차이에서 통합된 지 2개월 만에 다시금 통합 이전의 상태로 회귀하였다. 그 직접적인 동기는 중국 북경에서 열린 극동국제소년군대회의 참가로 비롯된다. 이 대회는 1924년 4월 18일부터 3일간 한국, 일본, 중국, 미국, 영국, 소련, 캐나다, 오스트리아 등이 참가하여 개최되었는데, 조선 대표가 일본 대표와 별도로 독립 대표 자격으로 참가하게 되었다. 조선 대표로는 총연맹에서 선출된 척후대 계열의 정성채, 박창한이 참가하였고, 뒤를 이어 소년군 대표로 조철호, 김주호가 국민적인 성원을 받으며 4월 14일 출발하였다.[53]

그런데 북경에서 정성채, 박창한이 입장식 때 미국 성조기 아래 입장을 한 것이 화근이 되었다. 이를 두고 조철호, 김주호가 독립성과 주체성을 잃은 행위라고 비난하게 되자 드디어 양측은 보이스카우트 운동의 이념 문제까지 비화하는 논쟁을 벌였다. 조철호는 다음과 같이 주장하였다.

서양식 그대로를 적합지 못한 조선 아이들에게 구태여 쓰자는 데에서 나는 조선적 소년군을 만들자[54]

이에 대하여 정성채는 다음과 같이 반박하였다.

「뽀이스카우트」는 세계적인 것을 조철호 씨는 구태여 조선식으로 하자

53 《동아일보》 1924년 4월 14일자 참조.
54 《동아일보》 1925년 10월 10일자 참조.

는데 제일 질색입니다.[55]

　즉 조철호는 적합치 않은 서양적인 방법을 그대로 조선에 적용하는 것은 곤란한 것이니 조선식으로 고쳐야 한다는 것이고, 정성채는 원래의 방법과 이념을 마음대로 고쳐서는 안 된다는 것이다. 따라서 세계성을 벗어나는 활동은 있을 수 없다는 주장이다. 이에 대해 조철호는 조선 어린이에게 자립적 훈련을 시키는 데는 용감한 활동과 의용스런 기개를 길러 주어야 하며 그것을 길러주기 위해서는 야영생활을 통해 소년군 생활을 시키는 것이 제일이라는 견해이다.[56] 결국 이러한 이상의 차이 때문에 양측은 통합 활동이 더 이상 전개될 수 없음을 피차 인지하였다. 이에 조철호는 독자적으로 조선소년군총본부를 설립하고 다시 출발하여 통합 이전의 상태로 되돌아갔다.

　그 후 양 단체는 여전히 똑같은 단복을 입고 똑같은 보이스카우트 운동을 서로 특색 있게 독자적으로 벌여나갔다.[57] 이처럼 비록 통합 이전의 상태로 회귀하였을망정 이들 단체들의 조직과 활동은 경쟁적으로 확장하여 오히려 당시 소년운동계에 커다란 활력소가 되었다.[58] 그들은 자라나는 소년들에게 참 인격의 형성을 도움으로써 양 단체가 모두 민족독립을 위한 실력 배양의 온상이 되었었음은 의심의 여지가 없다고 보겠다.[59] 그것은 강

---

55 《동아일보》 1925년 10월 10일자.
56 《동아일보》 1925년 10월 10일자.
57　앞의 『한국 보이스카우트 50년사』, 47쪽.
58　앞의 『한국 보이스카우트 60년사』, 72쪽.
59　김정의. 앞의 「한국 근대 소년운동 연구(Ⅱ)-초기 소년단 운동을 중심으로」, 65쪽.

원도 고성에서 행해진 제17회 세계 잼버리 대회의 뿌리가 일제강점기 소년
단 운동에서 연유되었다는 사실이 이를 뒷받침하고 있다고 생각한다.

V. '놀이'의 보급과 민족의식의 함양

1. '놀이'의 보급

『소년대 대장교범』에서는 소년단의 독특한 활동을 '스카우팅(Scouting)'
이라고 정의한 후 '스카우팅'은 놀이라고 풀이했다. 이 놀이는 재미있고 모
험이 따르고 우정이 넘쳐서 소년들의 마음을 사로잡을 수 있어야 하지 그
렇지 못하면 아무런 효과도 없다는 것이다. 그래서 그들의 마음을 사로잡
기 위해서 대자연을 무대로 삼고 심신의 단련과 재간의 활용, 기술의 연마
등 소년들의 호기심을 그대로 발현할 수 있는 놀이를 계발한다는 것이다.[60]
당시 소년척후단들의 활동도 당시의 기록들을 분석해 보면 이러한 원리 밑
에서 이루어졌음을 알 수 있다. 우선 소년척후들은 복장에서부터 이색적
이었다.《동아일보》에 보도된 다음과 같은 기사를 보면, 소년군 첫 발대식
때 그들은 단복을 입고 있었다.

　　　청색 모자에 연회색 단복을 입고 분홍색 휘장을 가슴에 단 소년들이 홍백

60　한국보이스카우트연맹. 1971.『소년대 대장교범』, 한국보이스카우트연맹.

의 척후기를 앞세우고 정렬하고 있었다.[61]

　이러한 기사만을 보아서도 소년척후는 뭇 소년들에게 퍽 매력적이었을 것이고 소년척후 자신에게도 긍지를 갖기에 족했을 것이다. 거기에다 '삼지경례(三指敬禮)'[62]도 중인의 눈길을 끌 수 있는 요인이 되었다고 보아진다. 또 소년척후들에겐 야영생활에서 일어나는 여러 가지 놀이가 그들의 마음을 즐겁게 해 주었을 것으로 보인다. 그것은 1924년 8월 24일자《동아일보》에 게재된 HRY生의 기고문 속에 담긴 같은 해 7월 21일부터 4일간에 걸친 고양군 율도에서의 소년척후단 인도자들의 다음과 같은 야영생활로 미루어 알 수 있다.

　두세 번 이어 부는 호각소리에 취립(聚立)하여 대오를 정한 후에 다시 우리를 향하여 환영의 경례를 드리고는 결승법 신호법 등을 우리에게 실습. … 신준호(申竣昊) 군은 밥을 짓기도 전에 자기가 제일이라고 야단을 치는 동안에 성급한 장권(張權) 군은 물지게를 메고 나가고 키 큰 윤택수(尹澤秀) 군은 무슨 요리나 만드는 것같이 난도질이 한창인데 부지런한 유억겸(兪億兼) 군과 주밀(周密)한 정성채(鄭聖采) 군은 감독 겸 지배인 격인지 무불간섭

---

61 《동아일보》 1922년 10월 10일자 참조.
62 '삼지경례(三指敬禮)'는 엄지와 새끼 손가락을 붙이고 검지와 중지와 약지 손가락 세 개를 똑바로 세워서 '준비'라는 말과 함께 하는 인사로 이 책 제6장 IV-1에 있는 소년 척후단총연맹이 제정한 〈강령 3조목〉을 실천하겠다는 표시임을 뜻한다. (《동아일보》 1924년 3월 22일자 및 신재홍, 「일제치하에서의 한국 소년운동고」, 『사학연구』 33, 99 쪽 참조).

으로 분주할 때에 독창으로 유명한 심상복(沈相福) 군은 어대서 구하였는지 자기만이나 한 민어 한 마리를 사 들고 들어와서는 2원 80전이란 파격 염가에 겨우 사 왔노라고.… 나는 20세 되는 청년을 네 번 합친 청년'이라고 장언(壯言)을 하던 터이니 지금 와서는 한층 나이가 어린 아이들의 벗이 되려고 즐겨 힘쓰는 그의 정성은 과연 감사하지 아니할 수 없다.… 그러나 자기의 부족한 것은 어디서나 힘써 배우고 남의 부족은 최후까지 도와주는 것이 이 소년척후의 정신이라면 아까 다녀간 80세의 소년을 다시금 경앙하고 싶다. … 어린이들로 하여금 생산적 습관과 기능의 배양을 돕기 위하여 매일 한 시간 혹 반 시간씩 일정한 시간에 간이(簡易)한 수공품 같은 것을 계속하여 작업케 하면 일면으로 아이 자신과 척후단 경영의 사소한 비용도 보충할 수가 있으리라는 의견은 오늘 저녁의 가장 유리한 의견이었다.[63]

이와 같은 야영생활의 단면이 기술되어 있는 것으로 보아 그들이 얼마나 즐겁고 진지하게 야영생활에 열중하고 있느냐가 잘 엿보이고 있다. 특히 이러한 야영생활을 격려하기 위하여 이상재가 야영장 현장까지 들른 것을 보면 야영생활의 비중도 비중이려니와 소년들에게 사기를 북돋아 주려는 그의 지사(志士)적인 의지가 엿보인다. 또한 이상재가 다녀간 뒤에는 간담회가 있었는데 이 간담회에서 있었던 내용으로 보아 야영 훈련이 비록 놀이이긴 하지만 놀이에만 그치지 않고 구국정신이 그 기저에 깔려 있는 의미 있는 활동임이 엿보인다.

---

63 《동아일보》 1924년 8월 4일자, 이 인용문 중의 '80세의 소년'은 이상재를 말하는 것이다(《동아일보》 1922년 10월 10일자 참조).

한편 야영생활과 더불어 소년단 활동의 쌍벽을 이루는 뜻있는 독특한 활동을 든다면 그것은 틀림없이 기능장(機能章) 취득 활동이라고 보아진다. 이 기능장 취득 활동에 대하여 당시 소년척후였던 김용우(金用雨)는 다음과 같이 회고하고 있다.

> 본인은 1924년 서울 제3대 정동척후대에 입대하여 김기현 대장 밑에서 소년 시절을 보냈으며, 진급과 기능장 취득을 위하여 온갖 정열을 바치며 나날을 보람과 즐거움 속에서 지냈습니다. 자전거장 취득을 위하여는 먼저 자전거포에 가서 헌 자전거 두 대를 분해하여 새로 한 대를 조립하여 서대문에서 동대문까지 왕복한 뒤, 다시 단원 5명과 같이 인천까지 당일 왕복하는 것이었습니다. 도중에서 고장 난 자전거를 수리하면서 끝내 서울에 밤늦게 돌아와 느끼던 그 성취감과 만족감은 지금도 잊을 수 없는 추억입니다.[64]

이 글 속에서 기능장 취득이 무척 험난한 과정으로 이루어지며 이 기능장을 취득할 때의 성취감과 만족감이 컸음을 알려주고 있다. 또한 하나의 기능장 취득 과정에도 온갖 역경을 부여하고 있음은 이러한 스카우팅을 통하여 나라 잃은 민족의 장래를 소년에게 기대하는 마음 때문이었음을 엿볼 수 있다. 이토록 하나의 소년척후 생활에도 민족혼이 담겨져 있었음을 뒷받침하고 있는 것은 아래와 같은 당시의 '소년군 단가'를 보면 알 수 있다.

---

64 김용우, 1974, 「야영의 모닥불에 키워온 꿈」, 『서울연맹 20년사』, 한국보이스카우트서울연맹, 27쪽.

(1) 금수강산 계림반도 우리의 좋은 집

반만년의 오랜 역사 골수에 흐른다

(후렴) 육주오양 넓이 퍼진 우리 소년군

차별 없이 자유로서 길이 사랑하세

(2) 모든 일에 근본 되는 우리 소년군

심신건전 넓은 지식 토대 닦아 쌓세

(3) 하늘 장막 땅 언저리 마음대로 개척해

최후 목적 이룬 후 승전고 울리세[65]

이렇게 민족혼이 배어 있는 조철호 작사의 소년군 단가에서 보듯이 소년 척후들의 최후 목적을 민족의 독립에 두고 소년척후 활동을 전개하고 있었음이 뚜렷이 엿보이고 있다. 따라서 기능장 취득 과정이 험난했던 것은 기실 투철한 민족정신의 반영인 것으로 보인다.[66]

이토록 의미심장한 소년척후 활동에는 앞에서 살펴본 바와 같이 야영훈련이나 기능장 취득 활동이 본류를 이루고 있었고, 기타 당시 소년척후들에 의해서 전개된 사회 활동에는 청소, 소방, 교량 수축, 빈민구호, 재해복구, 민중 경찰, 교통질서 확립, 농촌 계몽운동, 공덕심묘양활동(公德心昴揚活動) 등이 있었다. 그리하여 이와 같은 활동을 통하여 봉사 협동정신을 길렀던 것이다.[67]

65 최형련. 앞의 「3·1운동과 중앙학교」, 323쪽.
66 김정의. 앞의 「한국 근대 소년운동 연구(Ⅱ) - 초기 소년단 운동을 중심으로」, 67쪽.
67 앞의 『한국 보이스카우트 50년사』, 82쪽.

이 밖에도 건전한 정신과 신체단련을 위해 운동경기, 웅변대회, 동화회, 연극, 무용, 노래 등의 각종 행사의 놀이가 있었는데[68] 이는 분명 이 땅에 건전한 놀이를 도입하고 보급한 면에서도 획기적인 것이었다고 보아진다. 세계사적으로도, '근대화란 결국 놀이의 영역을 넓히고 놀이의 적극적 의의를 부여한 것'[69]이란 점을 감안해 볼 때 한국의 독립운동에서도 놀이의 부흥에서 시작한 소년척후들의 활동은 가히 선험적이었다고 보아진다.

2. 소년단 활동을 통한 민족의식의 함양

보이스카우트 운동은 도입 초기의 상황이 국권이 침탈된 상태였으므로 세계보이스카우트 정신을 존중하면서도 조선적인 보이스카우트 운동의 경향을 처음부터 드러냈다.

우선 그 명칭에 있어서 조철호는 처음 조직했을 때 이 운동의 이념과 근원을 그대로 받아들여 「조선 보이스카우트」라고 호칭하였다.[70] 그 후 정성채가 조직한 소년척후대와 통합되었다가 다시 분리되면서 비로소 조선소년군으로 그 명칭을 바꿨다.[71]

조선소년군은 그들의 단칙 제1조에서 볼 수 있듯이 민족적 주체 의식을

---

68 앞의 『한국 보이스카우트 50년사』, 82쪽.
69 신일철. 1977. 「유희적 인간」, 《고대교육신보》, 1977년 10월 4일자.
70 조선 보이스카우트, 〈조선보이스카우트 단칙〉, 1922년 12월 15일, 3쪽. 이 명칭은 단칙 제2조에 명시되어 있다.
71 본서에서는 한국 보이스카우트 창립의 양대 산맥인 조철호의 「조선보이스카우트」와 정성채의 「소년척후단」의 전통적 배경과 호칭상의 혼돈을 막기 위하여 편의상 「조선 보이스카우트」도 「조선소년군」으로 칭하였다.

다음과 같이 뚜렷이 명시하였다.

본단은 빈부귀천과 계급 여하를 물론하고 일반 조선 청소년 간의 선량한 평화적 사회 봉사자가 되게 함을 목적함. 즉 청소년(9세-18세)을 훈련하여 복종, 자중, 극기, 기율, 존경, 자비, 건강, 사회의 일원이 되는데 필요한 품성과 습성을 길러, 이로 말미암아 덕지체(德智體) 삼육(三育)을 완전히 발달 자각시키기 위하여 조직한 단체이니 즉 신신공건(神身共健)하고 용이주도한 소국민(小國民)이니라.[72]

이는 곧 보이스카우트의 근본정신을 준수하여 민족성의 개조까지를 달성하겠다는 강한 의지의 소산으로 보아진다. 또한 『개벽』지에서 조철호는 다음과 같이 조선소년군의 발흥(勃興) 의도를 설명하고 있다.

나는 다른 생각이 없습니다. 오직 석달 전에 시작된 조선 뽀이스카우트(童子軍)의 운동이 계해년 1년 중에 전 조선을 통하여 일어나기를 바라는 그것이외다. 그렇게만 되면 죽어도 한이 없겠습니다. 내가 이 운동의 발흥이 있기를 이와 같이 전심력(全心力)으로써 암구(暗求)하는 것은 다른 뜻이 없습니다. 먼저 사람이라는 그 자체의 개조로부터 시작하여 이 사회의 모든 허식과 악습에 선전(宣戰), 육박하자 함이외다. 그리함에는 먼저 사람의 시초인 소년의 개조에 착수하여 그들로 하여금 사회를 위하고 자기를 위하기에

72 앞의 〈조선 보이스카우트 단칙〉.

최적절한 자각과 시련을 가지게 하자 함이외다.[73]

이 글은 민족의 개조를 위해서는 내일의 주인공인 소년의 개조가 전제되어야 함을 역설한 것으로 이 운동의 발전을 죽기로써 염원하는 창설자의 뜻이 잘 담겨 있다. 이는 다음의 조선소년군 총본부에서 펴낸 아래와 같은 선전용 전단에서 그 성격이 더욱 뚜렷하게 드러난다.

조선소년군은 단(單)히 군사 조련의 조박(糟粕)이나 구미식 척후의 모방에만 그치지 않고 철저한 조선적으로 민족성을 개조하고 건실한 의기를 발양하여써 세계적 진운에 순응하기를 노력하는바 교화 사업이니 실로 인간 개조를 목적하는 근본 운동이라 할 것입니다.[74]

윗글로 미루어 볼 때 조선소년군은 단순히 군사훈련이나 구미식 스카우트의 운동 방법에 그치지 않고 철저히 주체적인 정신으로 인간 개조 활동을 했음을 알 수 있다. 그러므로 훈련 방식도 처음부터 엄격한 규율과 질서를 유지했으며, 독립정신을 고취시키는 방법의 일환으로 평소 단원들에게 '너희는 민족의 화랑(花郞)이다. 민족을 구하는 선봉이 되라.'[75]고 가르쳤다. 그 때문에 군대식의 강건한 훈련 방식을 적용하여 용감한 청소년을 육성코자 하였다. 또 깃발과 항전의 바탕을 붉은색으로 사용하여 조국 독립의 피

---

73 조철호. 1923. 「소년군단! 조선 뽀이스카우트」, 『개벽』 1923년 1월호(31호), 106쪽.
74 조선소년군총본부, 〈소년군이란 무엇인가?〉, 일자 미상(한국보이스카우트연맹 보관).
75 앞의 『중앙60년사』, 121쪽.

끓는 애국 충정을 염원하였으며, 항전에 태극 마크와 무궁화를 도안한 것
도 같은 맥락의 징표였다.[76] 따라서 소년단 운동은 그 초기부터 세계 보이
스카우트의 정신을 존중하면서 동시에 주체성이 살아있는 한국적 보이스
카우트 운동으로 육성되었음이 입증된다.

76 앞의 『중앙60년사』.

제7장

소년운동의 노선 갈등과 일제 탄압

가난과 무지로 인한 부모의 몰이해, 소년지도자들의 수와 자질의 부족이 모두 내적인 문제였으나 좌우익의 반대를 위한 반대의 이념 분쟁은 소년운동의 종말을 자초한 암적인 존재였었다고 생각된다.

Ⅰ. 소년운동계에 사회주의 이념 유입

1. 「오월회(五月會)」의 등장

1917년 러시아 혁명 이후 연해주와 일본에서 유입된 사회주의 사상은 빠른 속도로 파급되기 시작하여 노동단체, 청년단체 등의 사회주의적인 단체가 등장하였다.[1] 소년운동계도 예외는 아니었다. 1923년 3월 무산소년운동단체인 반도소년회가 이원규(李元珪), 고장환(高長煥), 정홍교(丁洪敎), 김형배(金炯培) 등에 의해 조직[2]된 이래 무산소년운동의 역량을 축적하며 그들이 주도권을 행사할 수 있는 소년단체 결성의 기회를 엿보았다.

이미 소년을 위한 순수한 소년단체들은 좀 더 효율적으로 소년운동을 전개하고자 1923년 4월 17일 소년운동협회라는 협의체를 구성하고 협의회 주관으로 전국적으로 대대적인 '어린이날' 기념행사를 성사시킨 바 있었

1 　정용욱. 1989. 「1920년대 공산주의운동연구」, 『남북한 역사인식의 비교강의』, 일송정, 201-234쪽 참조.

2 　신재홍. 1983. 「1920년대 한국 청소년운동」, 『인문과학연구』 2, 성신여자대학교, 109쪽.

다.[3] 그 후 소년운동을 더욱 활성화시키고자 색동회와 어린이사의 공동주
최로 1923년 7월 23일부터 일주일 동안 경운동 천도교당에서 전조선지도
자대회를 개최하고 대략 다음과 같은 순서로 대회를 진행하였다.

사회	……… 정병기
동요 이론	……… 진장섭
동요 실제	……… 윤극영·정순철
동화	……… 방정환
동화극	……… 조준기·후보 고한승
소년문제에 대하여	……… 방정환
아동교육과 소년회	……… 조재호[4]

이 기간 동안 소년운동 지도자들은 서로의 친목과 자질 향상을 꾀하고
좀 더 조직적인 소년운동의 길을 모색하였다.[5] 여기에 참가한 단체는,

진주천도교소년회, 통영천도교소년회, 천구(天拘)천도교소년회, 당진소
년회, 대전소년회, 파주소년회, 철원소년회, 배천(白川)소년회, 안주소년회,
옹진소년회, 마산불교소년회, 평산문화소년회, 인천소년단, 선천소년군, 이

---

3 이 책 제5장 III-1 '어린이날 기념행사의 전개' 참조.
4 정인섭. 1975. 『색동회 어린이운동사』, 학원사, 59-60쪽.
5 《동아일보》 1923년 7월 23일자 ; 조찬석. 1974. 「일제하의 한국소년운동」, 『논총』 4,
   인천교육대학, 71쪽 참조.

천양정여학교, 이천유치원[6]

등의 16개 단체였다. 그리고 개인으로는 성진·안성·북청·서울의 유지 등이 참석하여 사실상 아동문제 강연회 겸 아동 예술 강습회를 연 뜻깊은 대회였다. 여기에서 하나의 연합단체를 구성하여 해마다 봄에 이와 비슷한 대회를 열기로 결의한 바 있다. 그러나 그 후로도 소년운동협회 주관하에 매년 어린이날 행사는 전술한 바와 같이 성황리에 진행되었으나, 소년지도자대회에서 결의됐던 연합단체 구성은 차일피일 되고 있었다.

소년운동이 순수 소년운동가에 의하여 주도되는데 불만을 품어왔던 무산소년운동가(無産少年運動家)들은 연합단체 구성을 빌미로 드디어 주도권 쟁탈에 뛰어들었다. 1925년 5월 24일 반도소년회는 불교소년회와 공동 발기로 새벗회, 명진(明進)소년회, 선명(鮮明)청년회 소년부와 중앙기독교 소년부의 일부, 천도교소년회의 일부 인사를 끌어들여[7] 불교소년회관에서 의장 정홍교의 사회하에 경성소년지도자연합발기총회를 열어 회명을 가칭 「오월회(五月會)로 정하고, 창립총회는 5월 31일 열기로 하였다. 창립총회 준비위원으로 "정홍교, 박준균, 이원규, 김홍경, 장무쇠[8] 등이 선출되었다. 그리고 일사천리로 결의안, 강령, 선언"을 채택하였다.[9] 그 내용을 살펴보면 먼저,

<hr>

6   정인섭. 앞의 『색동회 어린이운동사』, 60-61쪽 ;《동아일보》 1923년 7월 25일자.
7   신재홍. 1981. 「일제치하에서의 한국 소년운동 고」, 『사학연구』 33, 101쪽 참조.
8   《동아일보》 1925년 5월 29일자.
9   《동아일보》 1925년 5월 29일자.

〈창립총회 결의안〉

一, 소년문제

(가) 경성소년연맹으로 개칭할 건

(나) 소년운동선상에서 일치적 행동을 취할 건

(다) 각 소년회 운동 상황 조사의 건

(라) 이류(異流) 단체에 대한 건

一, 부대문제

(가) 소년문제의 건

(나) 소년회와 연락에 관한 건

(다) 소년사업 착수에 관한 건

(라) 소년지도자에 관한 건

(마) 소년회의 향상에 관하여 연맹에서 행할 만한 시설에 관한 건[10]

등을 결의하여 전국 소년운동단체를 장악하여 일사불란한 체계로 운영하겠다는 의도를 명확히 하였다. 그리고 '강령'은 다음과 같이,

〈강령〉

一, 우리는 사회진화법칙에 의하여 소년총연맹을 체결함

一, 공존공영의 정신으로써 경성소년단체와 연락하여 소년사업의 증진을 도모함

10 《동아일보》 1925년 5월 29일자.

　一, 상부상조의 주의와 인류공존의 사상으로써 시대조류에 순응코자 하여 소년연맹을 완전히 달성코자 함[11]

이라고 하여 사회주의 이념을 외견상 완곡하게 표현하고, 이를 실행하겠다는 다짐을 다음과 같이 선언하였다.

　〈선언〉

　우리는 원만한 이념과 원대한 포부와 견실한 실력으로써 본 연맹의 목적을 철저히 관철코자 이에 선언하노라.[12]

　그리하여 1925년 5월 31일 5-6곳의 단체가 더 참가한 가운데 예정대로 창립총회를 개최하여 연합기관의 명칭을 경성소년총연맹으로 개칭하였다. 그러나 경찰에서 경성소년총연맹의 사용을 불허하므로 연맹체의 이름을 다시 오월회(五月會)로 개칭하고 방정환(方定煥), 고한승(高漢承), 정홍교(丁洪敎)를 위원으로 하여 정식 발족하였다.[13]

　또한 오월회는 매월 제1일 월요일에 종로기독교청년회관에서 월례회를 갖기로 결정하였다. 같은 해 6월 8일에는 실제로 제1회 월례회를 갖고 오월회 첫 사업으로 소년지도자 강습회(1925.6.16-6.26)를 개최하기로 결의하고 또한 그에 관련된 다음의 사항을 결정했다.

11　《동아일보》 1925년 5월 29일자.
12　《동아일보》 1925년 5월 29일자.
13　신재홍(申載洪). 앞의 「일제치하에서의 한국 소년운동 고」, 101쪽 ; 「1920년대 한국 청소년운동」, 112쪽.

지도자 강습회 강사 : 방정환

소년문제 강연 연사 : 고한승

준비위원 : 정성채, 정홍교, 김진옥, 이원규[14]

그러나 1925년 9월 15일 중앙소년소녀관에서 경성소년연맹회총회를 열고 임원 선정을 다음과 같이 선임하였다.

임시의장 : 정홍교

집행위원 : 정홍교, 송몽룡, 최화숙, 고장환, 이유근, 노병필, 박준균, 김효경, 이정호[15]

이로써 오월회의 창립 시 복안대로 소년운동의 주도권을 사회주의 계열 하에 두고 사회주의 노선으로 소년운동을 집행할 의도를 분명히 했다. 이로부터 좌우의 갈등은 표면으로 부상되어 어쩌다가 미봉책이 강구되긴 하였으나 본질적으로는 끝없는 소모전에 휘말려 들어갔다. 이 점에 대하여 윤석중(尹石重)은,

민족진영은 좌익사상의 대두로 차차 분열, 대립을 보게 되었으니 1923년에 조선청년총연맹이 결성됨으로써 더욱 격화되었던 것이다. 어린이 운동에 있어서도 공공연히 무산소년운동을 표방하게 되다가 1925년에 이르러

14 《동아일보》 1925년 6월 11일자 부록판.
15 《동아일보》 1925년 9월 19일자.

서는 경성소년연맹이 생겼고 그 상설기관으로 오월회(五月會)가 등장하여

방정환(方定煥) 주재의 조선소년운동협회와 맞서게 되었다.[16]

라고 증언하고 있다. 따라서 오월회의 등장은 소년운동협회에서 무산소년
운동가가 독립하여 또 하나의 전국 규모의 소년운동단체를 발족시킨 결과
가 되어 소년운동계는 양분되어 1926년과 1927년의 어린이날 행사를 각각
따로 거행하였다.[17]

2. 조선소년연합회의 결성

무산소년운동가(無産少年運動家)들은 그들이 중심이 되어 오월회 조직에
성공하자 발빠른 동작으로 세 확장에 나섰다. 1925년 9월 23일에 「제주소
년연맹」을 필두로 계속하여 전남소년연맹, 강원소년연맹, 강경소년연맹을
조직하였다. 다음해에 함남소년연맹, 서선소년연맹, 북청소년연맹, 해주
소년연맹, 황해소년연맹, 개성소년연맹[18] 등을 조직하여 1926년 8월까지는

16 윤석중. 1962. 「동심으로 향했던 독립혼」, 『사상계』 5월호, 263쪽.
17 1926년의 어린이날 행사는 양측이 따로 준비하였으나 순종황제가 4월 26일 돌아가
    서서 음력 5월 1일(6. 10)로 일단 연기하였다. 그러나 그날이 또한 순종국장일로 겹쳐
    「소년운동협회」 측에서는 행사중단을 결정하고 5월 단오(6.14)에 원족회(遠足會)로
    대신하기로 하였으나 「오월회(五月會)」 측은 어떠한 일이 있어도 기념식을 갖기로
    하였다. 오월회가 추진한 단오날의 어린이날 행사는 일제에 의하여 금지되고 추석(9.
    21)에 이르러서야 오월회 단독으로 어린이날 기념식을 간소하게 치렀다(《동아일보》
    1926년 6월 1일자, 동 6월 14일자 및 동 9월 21일자 참조).
18 오월회 연맹 보도 지면은 아래와 같다.
    제주소년연맹 :《동아일보》 1925년 10월 3일자.

10여 개의 하부연맹단체와 그 산하의 세포 단체를 거느리게 되어 오월회의 막강한 세력을 과시하였다. 그들은 이 세(勢)를 바탕으로 어린이날 행사의 주도권을 잡고자 시도하였다. 그러나 1926년 5월 1일 어린이날 기념행사는 순종(純宗)의 승하(昇遐)와 소년운동협회와의 불화로 예년에 행해졌던 5월의 대대적인 어린이날 행사는 사실상 무산되고 단지 오월회 측에 의한 추석날 어린이 행사 정도로 약화되었다. 1927년에도 화해의 빛이 없이 대립은 격화되어 마침내 양분되어서 어린이날 행사를 각각 거행하는 모습을 드러냈다. 당시의 신문을 보면 소년운동협회 측에서는 "오후 1시 경부터는 천도교기념관에서 1백여 단체가 연합하야 기념식을 거행하였다."[19]고 보도하였고 또 오월회 측에서도,

> 가맹 각 단체가 오십여 대로 … 기념식은 시천교당에서 예정 순서대로 거행되었다.[20]

전남소년연맹 : 《동아일보》 1925년 10월 16일자.
강원소년연맹 : 《동아일보》 1925년 10월 29일자.
강경소년연맹 : 《동아일보》 1925년 11월 6일자.
함남소년연맹 : 《동아일보》 1925년 12월 29일자.
서선소년연맹 : 《동아일보》 1926년 1월 7일자.
북청소년연맹 : 《동아일보》 1926년 2월 8일자.
해주소년연맹 : 《동아일보》 1926년 6월 2일자 동 6월 7일자
황해소년연맹 : 《동아일보》 1926년 8월 15일자.
개성소년연맹 : 《동아일보》 1926년 8월 18일자.
19 《동아일보》 1927년 5월 2일자.
20 《동아일보》 1927년 5월 2일자.

라고 보도되는 등 소년운동은 난맥상을 드러냈다. 그러나 어른들의 추태와는 관계없이 서울,[21] 김제, 목포, 마산, 조치원 정주, 강화, 해주, 벽동,[22] 김천, 함흥, 진남포, 홍원,[23] 의주, 태인, 인천, 철원, 해남, 영산, 창원,[24] 개성, 영일, 함평, 고창, 금산, 원산, 함양, 군산, 통영, 정읍, 괴산,[25] 제주, 인천[26] 등 경향각지에서 경쟁적으로 성대한 어린이날 행사를 치러 중앙의 분쟁을 무색하게 하였다. 이와 같은 어린이날 행사와 따가운 여론에 밀려 김태오가 다음과 같이 지적하듯이,

> 그동안 우리 소년운동이 있은 지 4, 5년 후에 통일적으로 되지 못하고 파열적(破裂的)으로! 조직적으로 되지 못하고 산조적(散組的)으로! 계획적으로 되지 못하고 임시적(臨時的)으로 하여 왔다.[27]

라는 점에 양대 세력은 인식을 같이하고 통합을 모색하기에 이르렀다.

이에 정홍교 등 12인은 조선소년연합회라는 집중기관을 만들기로 발기하고 준비를 서둘렀다.[28] 이 준비 과정은 특히 조선소년운동협회 측의 천도

21 《동아일보》 1927년 5월 1일자.
22 《동아일보》 1927년 5월 2일자.
23 《동아일보》 1927년 5월 3일자.
24 《동아일보》 1927년 5월 5일자.
25 《동아일보》 1927년 5월 6일자.
26 《동아일보》 1927년 5월 8일자.
27 김태오. 1927. 「전조선소년연합회 발기대회를 앞두고 일언(一言)함」, 《동아일보》 7월 29일자.
28 《동아일보》 1927년 7월 1일자.

교소년회, 명진(明進)소년회, 현대소년구락부, 취운(翠雲)소년회, 별탑회, 개운(開運)소년회 등의 열성과 오월회 측의 타협으로 열매를 맺게 되었다.[29] 그리하여 1927년 7월 30일 시천교당에서 4개 연맹체와 68개 단체 대표가 인준한 조선소년연합회 발기대회를 4개 연맹과 18개 단체 대의원 60여 인이 출석하여 정홍교의 사회로 개회하고 창립준비위원으로 다음과 같이 15인을 선출하였다.

함흥 : 변세택(邊世澤)

광주 : 김태오(金泰午)

목포 : 조문환(曺文煥)

개성 : 남천석(南千石)

평양 : 이덕인(李德仁)

공주 : 윤홍중(尹洪重)

춘천 : 김영일(金英一)

고양 : 김태원(金泰沅)

경성 : 방정환(方定煥), 안준식(安俊植), 연성흠(延星欽), 정홍교(丁洪敎), 고장환(高長煥), 전백(全柏), 최청곡(崔青谷)[30]

이어서 창립준비위원회에서는 아래와 같이 부서원(部署員)을 임명하여 조직을 갖추었다.

29 《동아일보》 1927년 8월 1일자.
30 《동아일보》 1927년 8월 1일자.

一. 서무부 : 고장환, 안준식

一. 회계부 : 최청곡

一. 교섭부 : 정홍교, 방정환, 전백

一. 선전부 : 연성흠 김태오, 남천석, 변세택, 조문환, 김태원, 윤홍중, 김

영일[31]

표 7-1 조선소년연합회 조직 구성

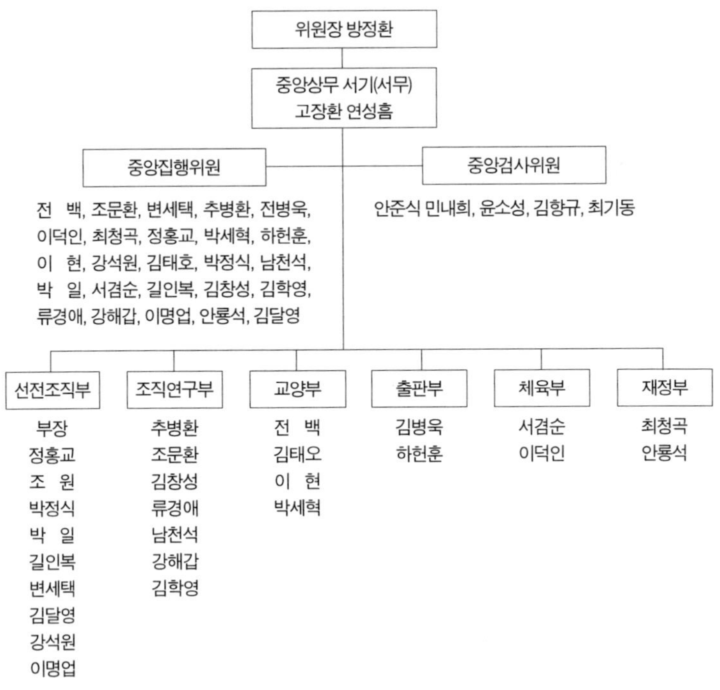

※《동아일보》 1927년 10월 19일자 기사에서 참고 작성.

31 《동아일보》 1927년 8월 1일자.

그리고 준비위원들의 사무소는 임시로 경운동 88번지에 두고 창립 준비 사무를 출범시켰다.[32] 그 후 100개 단체 이상의 참가 신청을 받아[33] 1927년 10월 16일 천도교기념관에서 52개 단체의 96명 대표가 출석하여 현대소년 구락부의 안준식 사회로 창립대회를 열어[34] 규약을 확정하고, 그 규약에 의하여 표 7-1과 같이 임원을 선출함으로써 마침내 소년운동의 통일을 완성시켰다

다음날 10월 17일에는 임시대회를 개최하여 대략 다음과 같은 사항을 결정하였다.

▲ 재정방침 — 연합회 가맹 단개(單個) 단체는 매년 1원씩, 연맹단체는 매년 2원씩 납부

▲ 어린이날 — 메이데이와 충돌을 피하기 위하여 5월 제1 일요일로 변경

▲ 조직문제 — 소년회원의 연령을 18세로 제한[35]

이상과 같은 결정으로 연합회의 재정 자립을 꾀하고, 또 어린이날이 그동안 메이데이와 겹쳐 불의의 탄압 구실이 되었던 것을 피하고 학교수업에도 지장이 없도록 5월 첫 번째 일요일로 옮긴 것은 매우 합리적인 결정이라고 생각된다. 아울러 소년회원의 연령이 막연하였던 것을 18세 이하로

---

32 《동아일보》 1927년 8월 1일자.

33 《조선일보》 1927년 10월 11일자.

34 《동아일보》 1927년 10월 19일자. 《조선일보》에는 100여 대의원이 모여서 「조선소년연합회」를 창립했다고 보도되어 있다.

35 《동아일보》 1927년 10월 19일자.

제한한 것도 소년의 개념을 뚜렷하게 규정하였다는 점에서 의미가 있다고 보아진다.

한편 17일 밤 소년연합회에 참석했던 대의원들의 간담회를 통하여 소년 잡지 선택의 표준을 "감상적인 동요, 소설들을 전문으로 하는 출판물을 배척하고 과학과 건전한 지도적 문화운동"[36]으로 주력하는 잡지를 후원하기로 결정하였다. 이는 소년잡지문화의 방향을 문약(文弱)으로부터 과학적인 사고 육성책으로 전환한 것으로서 항일의 한 방도라고 생각된다. 그러나 사회주의의 앙금이 침전되어 다시금 동요할 여운을 남긴 셈이었다.

아무튼 이제 소년운동의 불화를 씻고 하나의 조화로운 지도이념으로 소년운동을 전개하게 되어 소년운동은 한층 안정된 바탕에서 전개할 수 있는 기운을 되찾았다. 그러나 그것도 그 해뿐이었고 1928년에 접어들자 여론에 밀려 잠시 가라앉았던 이념 투쟁은 사회적으로 공산주의자의 급속한 팽창과 맞물려 소년운동계도 다시금 소용돌이치기 시작하였다.

3. 「조선소년총연맹」의 결성

1927년 10월 16일 창립된 조선소년연합회는 위원장 방정환에 의하여 운영되었다. 그러나 이것은 과도기적인 조직에 불과했다. 즉 오월회가 1928년 2월 6일 해체되어 화학적인 결합의 길로 들어선 것으로 생각되었으나 그들의 핵심 멤버들이 2월 16일 경성소년연맹을 창립함으로써 분쟁의 신

---

36 《동아일보》 1927년 10월 19일자.

호탄이 급기야 올라갔다.[37]

조선소년연합회 역시 사회주의자들이 이미 주도권을 확보하고 1928년 3월 25일 천도교기념관에 단체 대표 50여 명이 출석하여 제1회 정기총회를 개최하고 동회의 조직체를 자유연합체로부터 중앙집권적인 조선소년총동맹[38]으로 변경할 것을 결의하였다. 그리고 다음날 제1회 신임중앙집행위원회를 열어 사회주의 노선에 충실한 세부사항을 다음과 같이 일사천리로 의결함으로써 다시금 분열을 야기했다.

〈강령〉

一. 본 총동맹은 조선 소년의 권리 및 이익을 주장 대표함

一. 본 총동맹은 전조선 소년 대중의 공고한 조직의 완성을 기함

〈결의사항〉

一. 교양문제

종래의 뿌르조아적 완미(頑迷)한 교양으로부터 과학적 지식을 보급할 것

방법: 가. 무산(無産)소년 교양에 주력할 것

　　　나. 미취학 소년에게 대한 강습소 설치

　　　다. 농촌 무산 소년 야학 설치

　　　라. 도시에는 노동야학 설치

37　신재홍. 앞의 「일제치하에서의 한국 소년운동고」, 105쪽 참조.

38　'조선소년총동맹'의 명칭은 일제의 불허로 '조선소년총연맹'으로 고쳐 썼다. (윤석중. 앞의 「동심으로 향했던 독립혼」, 263쪽)

마. 아동 도서관 설치

바. 기관지 발행의 실시

사. 강연, 강좌, 웅변, 토론, 동화회 등을 임시 개최할 것

아. 조기회(早起會) 조직 실현

자. 임시 원족회(遠足會), 운동회 등을 개최할 것[39]

그밖에 재정문제, 당면 표어, 특수 결의, 조직문제 등을 적시[40]하여 무산

39 《동아일보》 1928년 3월 28일자.
40 ・재정문제
　　가맹단체 가맹금(加盟金), 부담금, 임시 징수비, 기타수입으로 할 것
　　방법 : 가. 가맹금은 가맹 시 회원 수에 의존함
　　　　　 나. 회비는 회원 1인에 대한 3할 징수
　　　　　 다. 회비는 1개월 10전 균일로 함
　　　　　 라. 임시 징수비는 각 가맹단체로부터 징수함
　　　　　 마. 기타수입은 중앙집행위원 활동으로 함
　　・당면 표어
　　一. 문맹 퇴치는 소년기부터 하자!
　　一. 농촌소년 교양에 주력하자!
　　一. 미신적 소년운동에 대하야 철저 배격하자!
　　一. 기회주의적 이중운동자를 철저히 배격하자!
　　一. 소년 인신매매에 대한 방지운동을 하자!
　　一. 18세 이하 조혼 방지 운동을 하자!
　　一. 조선아동도서관 설치를 실행하자!
　　一. 소년의 위험작업, 유년노동 방지 운동을 하자!
　　▲ 상기 사항은 중앙상무위원회에 일임함
　　一. 어린이날에 관한 제반 준비의 건
　　一. 소년가(少年歌) 모집 작성에 관한 건
　　一. 마크 제정 통일 실현의 건
　　一. 가맹단체 월 1차 운동 정세보고에 관한 건

소년운동으로서 소년운동 노선을 뚜렷이 밝혔다. 이에 대하여《동아일보》
는 사설을 통하여 아래와 같이,

조선에서 소년운동이 이와 같이 발기한 것은 자연한 현상으로 생각하는
동시에 조선소년을 위하여 또한 경하하는 바이다.[41]

라고 축하하였으나 천도교 측에서는 152개 단체가 가맹[42]하여 구성된 조선

一. 각 위원 월 1차 경과보고에 관한 건 (이상 5조)
一. 본 동맹 사무소의 건.
전 사무소인 경운동 88로 결정
· 특수결의
가. 중앙집행위원으로서 무고(無故)히 연 3차 불출석자에게는 위원권을 정지함
나. 중앙집행위원 부담금을 매 개월 50전씩으로 결정함
다. 대회에서 결정된 지도자 연령을 25세 이하로 결정된 바를 철저 실현시킬 것
· 조직문제
종래의 자유연합제인 완미한 조직제로부터 민주주의적 중앙집권제인 총동맹으로 결
성할 것
· 방법
가. 연령은 12세 이상 18세까지로 제한함
나. 1군부(郡府)동맹에 25세 이하의 지도자 2인을 치(置)하야 지도부를 조직케 하야
운동을 지도 훈련케 함. 단, 지도자에게 발언권과 피선거권만 유함
다. 군부에 단일 소년동맹을 조직할 것
라. 면(面)에는 동맹 지부를 설치할 것
마. 동리(洞里)에 반제(班制)를 설치할 것
바. 부(府)에는 구역별로 지부를 설치하고, 동, 리, 정(町) 그 장내(場內)로 반을 치(置)
할 것《동아일보》 1928년 3월 28일자).
41 《동아일보》 1928년 3월 30일자 사설.
42 조선총독부. 1930.『朝鮮の治安狀況』, 21쪽 및 국사편찬위원회. 1970.『한국독립운동
사』 5, 229쪽.

소년총연맹 조직원 중 이정호만 참가하고 방정환 이하 소년운동협회, 색동회 측 인사는 모두 결별하였다.[43] 이에 대하여 윤석중은 다음과 같이 성토하였다.

어린이날을 만든 이는 밀려나고 당치도 않은 자가 앞장을 서게 되었으니 배주고 뱃속 빌어먹는 격이었다.[44]

그러나 최청곡은 다음과 같이 신랄하게 민족진영을 비판함으로써 양측의 골이 돌이킬 수 없이 깊어만 갔다.

조선소년총동맹의 결의가 있음에도 불구하고 급속히 선후책을 강구치 않고 온 책임을 그대로 내던져서 … 더구나 소년회로부터 나와 국외자 노릇을 하며 … 경솔하게도 중앙기관으로부터 탈퇴를 하였다.[45]

이 해 1928년 어린이날 행사는 조선소년총연맹의 주관 하에 총연맹의 전국적인 조직망을 활용하여 대대적으로 기념행사가 베풀어졌다. 서울

43 '조선소년총연맹'은 다음과 같이 조직되었다.
   위원장 정홍교, 상임서기 최청곡(崔靑谷) 홍찬(洪燦), 중앙집행위원 조문환(曺文煥) 윤소성(尹小星) 박해쇠(朴亥釗), 박정식(朴貞植) 이정호(李定鎬) 박세혁(朴世赫) 남천석(南千石) 하영락 강석원(姜錫元) 고장환(高長煥) 변세택(邊世澤) 조용복(趙鏞福) 홍순기(洪淳基) 전삼룡 이덕인(李德仁)(신재홍. 앞의 「일제치하에서의 한국 소년운동 고」, 107쪽).
44 윤석중. 1962. 「동심으로 향했던 독립혼」, 『사상계』 5월호, 263쪽.
45 《동아일보》 1928년 5월 6일자.

은 말할 것도 없고 안주, 동래, 수원, 밀양,[46] 인천,[47] 사리원, 군산, 포천, 정읍, 마산, 곽산,[48] 죽산, 평양, 북청, 원산, 영광, 진영, 임실, 김해, 안주,[49] 개성, 이리, 부산, 홍원, 화순, 구포, 김천, 김제, 단천, 강화, 담양, 고창, 의주,[50] 양산, 영변, 안악, 울산, 논산, 운향(運餉), 정주, 장춘, 순천, 포항, 진주, 선천, 마산, 철원, 무장, 고저(庫底), 고흥, 고원, 성진, 송우(松隅), 안협(安峽)[51] 등지에서 50여만 명의 어린이가 일제히 다음과 같은 내용의 선전지를 돌리고 어린이날 노래를 부르며 기행렬을 하는 등 기세를 높였다.

◆ 귀여운 어린 동무들에게

오늘(5월 첫째 일요일)은 우리 「어린이날」(少年日)이올시다.

우리는 오늘을 즐겁게 맞이하면서 다음과 같은 다섯 가지를 실행하기로 굳게 약속합시다.

1. 우리는 몸과 마음을 튼튼하고 씩씩하게 만들기 위하여 운동을 힘씁시다.

2. 우리는 부지런하고 활발한 소년이 되기 위하여 아침에 일찍 일어납시다.

3. 우리는 장래 총명한 사람이 되기 위하여 모든 과학을 열심으로 공부합시다.

4. 우리는 부모님의 말씀을 잘 듣고 어른을 공경하며 동무를 사랑합시다.

46 《동아일보》 1928년 5월 6일자.
47 《동아일보》 1928년 5월 8일자.
48 《동아일보》 1928년 5월 9일자.
49 《동아일보》 1928년 5월 10일자.
50 《동아일보》 1928년 5월 11일자.
51 《동아일보》 1928년 5월 12일자.

5. 우리는 희망의 끝이며 장래 행복의 열매될 것을 잊지 맙시다.[52]

어른들의 추한 분쟁에 아랑곳없는 소년들의 어린이날 축제는 진정 이 땅의 희망이었다. 그러나 그날의 기록을 살펴보면 소년을 정치적으로 이용하려는 어른의 행동은 비난을 받을 만하였다.

II. 소년운동의 대립 격화

1. 「소년운동총연맹」의 위상 변화

6주년 기념을 맞이한 어린이날 행사를 조선소년총연맹 주도하에 성사시킨 총연맹측은 1928년 6월 3일 제3회 집행위원회를 견지동 시천교당에서 개최하고 "동래소년동맹, 공주소년동맹, 함평소년동맹, 성진소년동맹, 경흥소년동맹, 장성소년동맹, 논산소년동맹, 홍해소년회" 등 8개 단체[53]의 조선소년총연맹 가맹원(加盟願)을 수리하였다. 또한 다음과 같은 당면 제문제를 결의하여 지도노선을 확립해 나갔다.

　一. 방향전환 배격
　一. 1면 1소년회제(一面一少年會制) 채용

---

52 《동아일보》 1928년 5월 6일자.
53 《동아일보》 1928년 6월 6일자.

一. 도에는 도연맹, 군에는 군연맹을 둠. 동 연맹의 재조직 시까지 해당 동맹을 군동맹으로 간주함

一. 6, 7, 8월 중에 체육장려 및 임간(林間) 강좌를 실시하도록 지시할 것[54]

이후 총연맹은 강령에 따라 전국적인 조직 작업에 들어가 우선 경상남도 소년연맹의 창립준비를 위하여 임원을 다음과 같이 선임하였다.

▲ 조직위원 : 조용복(趙鏞福), 윤소성(尹小星), 최청곡(崔靑谷)

▲ 설비교섭 : 박해쇠(朴亥釗)

▲ 교섭 : 정홍교(丁洪敎)

▲ 설비 : 김규직(金圭直)[55]

그리고 그해 7월 8일 밀양에서 창립총회를 개최하여 다음과 같은 규약을 통과시켰다.

가, 단일 군부(郡府) 동맹 재조직의 건

나, 1면 1소년회 조직 촉성(促成)의 건

다, 군부 연맹 조직 촉성의 건[56]

54 《동아일보》 1928년 6월 6일자.
55 《동아일보》 1928년 7월 5일자.
56 《동아일보》 1928년 7월 11일자.

이어서 김종태(金鐘泰, 위원장), 김종렬(金鐘烈), 김규직(金圭直), 박해쇠(朴亥釗), 윤윤오(尹允五), 박근조(朴根祚), 김흥수(金興守), 정보진(鄭寶鎭), 정기주(鄭基周), 안봉중(安奉中), 김기봉(金奇鳳), 전수근(田守根) 등을 중앙집행위원으로 선출하여 중앙집행위원회를 구성함으로써 전국에서 첫 번째 출범한 도연맹이 되었다.[57] 한편 경기도에서는 정홍교(丁洪敎), 윤소성(尹小星), 고장환(高長煥), 남천석(南千石)을 준비위원으로 하여 7월 29일 대회장소를 수원에서 서울 견지동 시천교당으로 옮겨 도(道) 조직을 결성하였다.[58] 그런데 경기도연맹의 결의사항은 경남도연맹과 일치하여 조선소년총연맹의 상의하달(上意下達)의 획일성을 드러냈다. 이와 같은 획일성은 이미 군동맹과 마찰을 빚고 있던 중이었다. 즉 동래소년동맹은 1928년 7월 24일 집행위원회를 열어 다음과 같이,

    一. 1면 1소년회제를 절대 반대함

    一. 군부(郡府) 단일 동맹의 전국적 조직 완성을 기함[59]

이라고 결의한 바 있었다. 따라서 총연맹의 민주주의적 중앙집권의 허구성이 밝혀지고 이후 총연맹과 지방소년동맹 사이에 갈등의 조짐을 보였다. 아무튼 도연맹의 조직은 계속 추진되었다. 그러나 전남도연맹 결성에서부터 제동이 걸렸다. 그동안 전남도연맹 결성을 위해 재조직 준비위원

---

57 《동아일보》 1928년 7월 11일자.
58 《동아일보》 1928년 7월 19일자 및 7월 31일자 참조.
59 《동아일보》 1928년 8월 1일자.

으로 강석원(姜錫元), 조문환(曺文煥), 정홍교(丁洪教), 고장환(高長煥), 최청곡(崔靑谷), 윤소성(尹小星), 김태오(金泰午)가 선임[60]되어 준비를 마치고, 1928년 8월 5일 광주에서 개최코자 하였으나 경찰의 집회 불허로 대의원 일동은 무등산으로 발길을 옮겨 증심사(澄心寺)에서 상담회(想談會)를 하던 중 현장에 있던 40여 명이 검거당하는 불상사가 벌어졌다.[61] 이들 가운데 정홍교(丁洪教), 고장환(高長煥), 김태오(金泰午), 이현(李鉉), 조병철(曺秉哲), 류혁(柳赫), 강자수(姜子洙) 등 7명은 이른바 보안법 위반이라는 명목으로 기소되었다.[62] 그뿐만 아니라 경찰은 전북소년총연맹, 함남소년총연맹의 창립대회도 금지 시키는 등 도연맹(道聯盟)에 대한 탄압이 계속되었다. 이에 대하여 조선총독부경무국은,

> 總聯盟ノ 組織ヲ 見ルヤ 同年中(1928年) 京畿, 慶南道ニ 於テハ 道聯盟ヲ 組織シ 又全北, 全南, 咸南, 各道ニ 於テハ 左傾分子ノ 操縱濃厚ナリシヲ 以テ 道聯盟 ノ 創立ヲ 禁止セリ[63]
>
> (총연맹의 조직을 보았을 때 같은 해(1928년) 경기도, 경남도에서 도연맹을 조직하였고 또 전북, 전남, 함남 각 도에서 좌경 분자들의 조종이 짙었던 것을 이유로 도연맹의 창립을 금지하였다.)

라고 하여 도연맹의 좌경화로 인해 불허하게 되었다고 기록해 놓고 있다.

60　《동아일보》 1928년 6월 28일자.
61　《동아일보》 1928년 8월 7일자.
62　《동아일보》 1928년 8월 25일자.
63　조선총독부경무국. 1930. 『朝鮮の治安狀況』, 불이(不二)출판, 21쪽.

이와 같이 도연맹이 탄압을 받고 또 총연맹 임원들이 수난을 당하는 동안 군단위 소년동맹 조직이 전국적으로 추진되었다. 그러나 총동맹의 의도는 총연맹(總聯盟)-도연맹(道聯盟)-부군동맹(府郡同盟)-면소년회(面少年會)의 단일조직체 결성이었으나 도연맹이 작동을 못하고 군동맹이 추진되었는데, 그나마 총동맹의 좌경화 경향이 노골적으로 드러나자 순수 소년단체들은 통합에 불응하게 되었다. 소년단체의 전국적인 조직망을 갖고 있던 천도교, 기독교, 불교 등의 종교단체와 소년군에서는 총연맹의 지방조직에 전혀 개의하지 않고 본래의 소년운동을 지향하였다.[64]

따라서 전국의 소년운동계를 총연맹 측의 복안대로 주도하겠다는 당초의 계획은 사실상 무산되고 자체 내분에 들어갔다. 그것은 1928년 12월 28일 있었던 조선소년총동맹 제2회 정기총회의 속회(續會) 장면 기사가 잘 입증하고 있다.

조선소년총연맹 제2회 정기대회는 예정과 같이 28일에도 속회하여 의사를 진행하다가 중앙간부의 발언권과 결의권이 없다는 긴급 동의로 장내는 극도로 긴장한 가운데 경성소년연맹 대의원 수명의 탈퇴선언이 있은 후 의사를 진행하여 중앙간부만을 선거하고 기타는 서면(書面)대회로 하기로 결정한 후 만세 삼창으로 회의를 마치었는바 선거된 위원은 다음과 같다더라.

집행위원 : 민영득(閔泳得), 동(同) 후보 : 김봉진(金奉鎭)

집행 상무 서기 : 김상만(金相萬), 이달환(李達煥)

중앙 집행위원 : 신혁(辛赫), 김성용(金成容) 외 11명

64 신재홍. 앞의 「일제치하에서의 한국 소년운동고」, 107-108쪽 참조.

중앙검사위원장 : 엄현섭(嚴賢燮)[65]

극좌(極左)의 지방대의원들은 온건한 중도좌파의 중앙간부들을 불신하고 중앙간부에게는 발언권, 결의권도 줄 수 없다고 긴급 동의하였다. 이로써 중앙에 대한 불만이 극심함을 알 수 있거니와 특히 경성소년연맹원의 탈퇴로 알력의 절정을 이루었다. 그뿐만 아니라 서면(書面)대회라는 기현상에다 선거된 집행위원도 예년에 보던 중진은 볼 수 없는 등 조선소년총연맹의 위상이 여지없이 실추되어 범소년운동계의 지도력을 한층 더 잃어갔다.

2. 어린이날 기념행사의 주도권 갈등

조선소년총연맹이 좌익 성향과 자체의 분열로 범소년운동계의 지도력을 상실하자 1929년의 7주년 어린이날 기념행사를 천도교소년연합회는 천도교기념관에서, 조선소년총연맹은 수송(壽松)공립보통학교에서 기념식을 분리 거행함으로써 다시금 소년운동계가 양분되었다.[66] 이는 소년운동계의 냉소적인 분위기를 자아냈다. 특히 극좌지도자들은 그들의 정치운동에 소년단체를 이용함으로써 어린이날 행사 자체마저 금지당하는 현상이 도처에서 나타났다.

소년운동의 위기감을 느낀 재경소년운동지도자들은 1930년의 '어린이

---

65 《동아일보》 1928년 12월 31일자.
66 《동아일보》 1929년 5월 5일자.

날' 행사를 원만히 진행하기 위하여 재경성일반소년운동단체대표자연합회를 결성하여 8주년 기념행사를 가지기에 이르렀다.[67] 그러나 좌우의 불신은 여전하여 일반 대중을 식상하게 만들어 여론이 비등해졌다. 하는 수 없이 1931년 3월 21일 재경소년단체 대표자들이 다시 모여「전조선 어린이날 중앙연합 준비회」를 결성하고 다음과 같이 각각 부서를 맡아 제9주년 기념 어린이날 행사 준비에 들어갔다.

총무부 : 정홍교(상무), 방정환, 고장환

교섭부 : 박양신(朴陽信, 상무), 윤용안(尹容顔), 이형우(李亨雨), 이병희(李丙熙), 이룡근(李龍根), 현동완(玄東完), 김윤걸(金允杰), 김필쇄(金弼鎖)

지방부 : 홍기영(洪基英, 상무), 안정복(安丁福), 최영윤(崔英潤), 김정진(金正鎭), 양재응(梁在應), 김활(金活)

고안부(考案部) : 방정환(方定煥), 안준식(安俊植), 정홍교(丁洪教)

선전부 : 정세진(丁世鎭), 이광수(李光洙), 이선근(李宣根), 이익상(李益相), 이심억(李深億)

재정부 : 고장환(상무), 김종선(金鐘善), 김원배(金源培)[68]

그러나 전조선어린이날 중앙연합준비회가 비록 어린이날을 총괄하기 위하여 탄생한 비상설단체였지만 어린이날 기념을 위한 범소년운동의 구심점으로 격상되자 조선소년총연맹 산하단체의 반발이 격화되었다.

---

67 신재홍. 앞의 「일제치하에서의 한국 소년운동고」, 109쪽 참조.
68 《동아일보》 1931년 3월 21일자.

1931년 4월 2일 전조선 어린이날 중앙연합준비회를 반대하는 재경소년 단체 대표가 광활소년회관에 모여 전조선 어린이날 중앙연합준비회 반대 동맹을 결성하고 다음과 같이,

국제 무산소년데이의 통제 밑에서 무산소년이 지켜야 할 참다운 어린이 날을 맞이하기 위하여 중앙연합준비회의 반무산계급적, 비국제적 어린이 날을 배격한다.[69]

라고 선언하고 집행위원으로 김봉룡(金奉龍), 정춘욱(鄭春旭), 우현제(禹賢濟), 이용식(李用植), 박상윤(朴相允), 민남(閔男), 강창복(姜昌福), 김병엽(金炳燁), 정재덕(鄭在德)을 선출[70]하여 반대 투쟁의 선봉에 섰다. 이어서 4월 12일에는 통영소년연맹[71]이, 4월 19일에는 시천교소년회[72]가 격렬하게 반대하였고, 특히 밀양소년동맹은 중앙연합준비회의 어린이날 주관을 반대하고 어린이날의 계급성 앙양을 내세우고 어린이날 폐지를 외쳤다.[73] 이처럼 거센 반발에 부딪히자 중앙연합준비회는 위원회를 소집하여 다음과 같이 다짐하고, 격앙된 분위기를 진정시키고자 시도하였다.

一. 반대 동맹은 … 인식 문제니만큼 문제시하지 않음

69 《동아일보》 1931년 4월 5일자.
70 《동아일보》 1931년 4월 5일자.
71 《동아일보》 1931년 4월 18일자.
72 《동아일보》 1931년 4월 21일자.
73 《동아일보》 1931년 5월 5일자.

二. 소총(少總) 사수(死守)하고 소총 명의에 부(付)하여 거행하자는 것은 현
하 주위의 제 정세가 용납치 못할 것이므로 부득(不得)함

三. 금년도만은 불법이 되더라도 본 준비회가 준비의 책임을 지며 아울러
본 준비회 해산을 계기하여 소총 재건 및 타개에 절대 노력할 것[74]

그리고 준비회가 적극적으로 나서서 포스터, 선전문, 결의문, 기(旗) 등을
제작하여 어린이날 기념식을 통일적으로 가졌다. 그동안 어린이날 행사는
1922년 5월 1일 어린이날이 제정되고, 그 후 소년운동계에 사회주의 이념
이 유입된 이래 어린이날 행사를 놓고 표 7-2처럼 소년운동계는 주도권 쟁
탈을 놓고 격랑 속에서 영욕을 겪어야만 했다.

표 7-2 어린이날 행사 주관단체 변천(1922-1937)

횟수	연월일	어린이날 행사 주관단체	비고
1	1922.5.1	천도교소년회	단일 소년회 행사
1	1923.5.10	조선소년운동협회	연합행사
2	1924.5.1-4	조선소년운동협회	연합행사
3	1925.5.1-3	조선소년운동협회	연합행사
4	1926.9.21	조선소년운동협회 : 5월회	순종 승하로 어린이날 중지, 5월회 추석에 실시
5	1927.5.1	조선소년운동협회 : 5월회	좌우 분리행사
6	1928.5.6	조선소년총연맹	좌익주도 통합행사
7	1929.5.5	천도교소년연합회 : 조선소년총연맹	좌우 분리행사
8	1930.5.4	재경성일반소년운동 단체대표자 연합회	우익 주도행사
9	1931.5.3	전조선어린이날 중앙연합준비회	좌익 반대 범소년연합행사

74 《동아일보》 1931년 4월 28일자.

| 10 | 1932.5.1 | (이하 1922년 첫 어린이날을 시작으로, 1937년 제16회 어린이날 행사까지 이어졌으며, 이후 소년단체 해산으로 광복 때까지 어린이날 행사를 못 했음) | |

※《동아일보》,《조선일보》및 윤석중,〈동심으로 향했던 독립혼〉. 조찬석,〈일제하의 한국소년운동〉. 부동귀(不同歸),〈천도교의 소년운동사〉. 신재홍,〈일제치하의 한국소년운동고〉와 김정의,〈근대소년운동고찰〉에서 발췌 작성.

다만 1931년 이후는 매년 이 준비회에서 행사를 주관하여 어린이날 행사의 명맥을 유지하였다. 1937년 제16회 어린이날 기념식[75]을 마지막으로 어린이날 행사가 금지되었고 중·일전쟁, 태평양전쟁에 시달리며 광복 때까지는 우리 민족에 의한 정상적인 소년운동은 일제의 불법조치로 중단될 수밖에 없었다.

Ⅲ. 일제의 소년운동 탄압과 강제 해산

1. 소년운동의 내적 문제

조국을 강탈당한 채 전통사회의 가난과 무지만을 고스란히 물려받은 식민지하의 우리 민족은 너나없이 조국을 찾겠다고 무슨 운동이든 운동에 몸을 담았다. 교육운동, 청년운동, 여성운동, 노동운동, 농민운동…. 가히 운동만능시대에 꽃을 피웠다. 그것은 모두 다 일정하게 독립운동에 직간접

---

75 1937년 5월 2일 30여 소년단체에서 2천여 명이 「휘문고보」에 모여 행한 어린이날 기념식이 어린이날 행사의 마지막이다(《조선일보》 1937년 5월 3일자 참조).

으로 연결되고 있었다. 소년운동도 마찬가지였다.

소년을 민족독립의 새로운 희망으로 인식한 소년계몽가들은 많은 지지면(紙誌面)을 할애하여 소년운동을 고취하였다. 그리하여 전술한 것처럼 1920년대에 소년운동은 불같이 일어났다. 그러나 소년운동의 지반은 열악하였다. 물려받은 가난과 무지는 다음과 같이 소년운동을 전국민적 운동으로 승화시키기에는 거리가 멀었다.

> 어린이들의 교육이라든지, 유회라든지, 오락이라든지, 사회생활과 같은 것은 필요치 않다는 것보다는 그 필요를 모르고 있습니다. … 어린이가 성년될 때까지는 부모가 의무를 지지 않으면 안 되는 일에는 조금도 눈뜨지 못하고 있습니다.[76]

더욱이 일제강압하의 모진 경제적 압박이 민중을 더더욱 궁색케 하였고, 이에 따라 아래의 실례와 같이 어린이를 노동현장으로 몰아갔다.

> 남들은 학교에를 갑니다. 그러나 나는 왜? 열여섯 살의 한창인 때를 학교에 발도 들여놓아 보지 못하고 하로 28전이란 돈에 목을 매고 공장 구석에서 썩어야 합니까?[77]

이처럼 선택된 소년은 극소수이고 공부하지 못하고 불우하게 일하는 소

76 이성환. 1925. 「농촌소년을 위하야」, 『어린이』 7월호, 11쪽.
77 주영철. 1929. 「농업소년들의 가지가지 설음」, 『어린이』 5월호, 15쪽.

년의 수가 압도적으로 많았다는 데 문제의 심각성이 있었다. 이 같은 사실은 다음과 같은 김기전의 주장을 통해서도 알 수 있다.

> 우리 유소년으로 공부하는 동무가 … 70만 명이 넘지 못할 것입니다. 그러면 6백만 명 동무 중에 530만 명이나 되는 우리 동무는 모두 눈뜬장님이 되고 있는 셈입니다.[78]

이런 분위기였기 때문에 민중들에게 있어서 소년운동은 좀처럼 귓전에 들어오지 않았다. "어떤 때 동리에 무슨 강연회, 동화회, 토론회가 있어서 (어린 사람들을 위해서 여는 회합에) 구경을 가려 하면 「어린것이 위험하니 가지 말라」든가 또는 「공부하는 아해가 공부는 안하고 그까짓 것은 들어서 무엇하느냐?」 하시면서 기어코 그런 곳을 못 가게 하시는 것이 상례이십니다."[79] 가난과 무지, 무지와 가난이 악순환되는 풍토에 어른들의 몰이해까지 겹쳐있다는 데에 소년운동의 근원적인 문제점이 내포되어 있었다.

다음으로 소년지도자들의 수와 자질에서 문제가 있었다. 소년단체는 500여 개를 상회하고 있었지만 소년지도자다운 소년지도자는 매우 적었다. 그리하여 전영택은 다음과 같이 개탄하였다.

> 우리의 어린이들은 참 가련합니다. 산업문제, 노동문제, 부인문제, 도덕기풍문제 하지만 우리 가운데 우리의 어린이를 위하여 아동문제를 생각하

---

78 김기전. 1927. 「다갓치 생각해 봅시다」, 『어린이』 12월 송년호. 1쪽.
79 승응순. 1927. 「네 가지 하소연과 세 가지 나의 요구」, 『어린이』 5・6월 합호, 22쪽.

고 아동교육문제를 생각하며 여기 대하여 힘을 쓰는 이가 누구입니까 … 그처럼 불완전하고 소년문제에 대한 성의가 이렇게 부족한 것은 무엇보다도 제일 근심하고 걱정하지 않을 수 없습니다.[80]

물론 김기전, 방정환, 조철호, 정성채, 정홍교 등의 소년지도자들이 있었지만, 그 수는 600만 어린이에게 있어서 너무나 적은 수였다. 그것도 시종일관 순수한 어린이 편에서 운동을 한 것이 아니고 종교의 시각으로, 군사의 시각으로, 이념의 시각으로 어린이 운동을 전개하였고, 지엽적이겠지만 혹평을 한다면 자기현시적인 운동을 하였지 어린이에게 모범을 보이는 운동과 어느 정도 거리가 있기도 하였다. 일례로 조철호가 어린이에게 술심부름을 자주 보낸다든지[81] 방정환이 자기의 필명(筆名)[82]이나 얼굴 모습 알아맞히기 현상(懸賞)[83]을 『어린이』지에 투고 게재하는 것은 호기심을 어린이에게 충족시켜주는 것이겠지만 역시 이치에 어긋난다고 생각된다. 그러니 반대편에게 어떻게 비치었을까. 또한 아래와 같은 글을 볼 때는 아연실색이 되었다.

선생님(方定煥)은 거기서 또 남쪽으로 걸어가시면서 물뿌리에 다 타고 남은 담배 찌꺼기를 뽑어 버리고 새 담배를 곧이어 꽂아서….[84]

---

80 전영택. 1924. 「소년문제의 일반 고찰」, 『개벽』 5월호(47호), 19쪽.
81 이 책 제8장 II-2-(2) '간도 지방의 소년운동과 그 성격' 참조.
82 1923. 『어린이』 9월호, 40쪽.
83 1927. 『어린이』 1월호 뒷장 〈현상(懸賞)〉.
84 일독자(一讀者). 1925. 「방정환 씨 미행기」, 『어린이』 11월호. 44-45쪽.

더구나 다른 소년지도자들의 자질은 어떠했겠는가. 이 점을 신재홍은 다음과 같이 적절하게 지적하였다.

전국 소년단체 지도자들 중에는 소년운동에 아무런 소양도 갖지 못하고 다만 흥미삼아 운동을 전개하는 사람도 있었다. '청년회 흉내'를 내는 사람이 있었으며 특히 '웃기거나 장난을 잘하는 사람'을 적임자로 내세워 소년단체를 맡기는 일도 있었다.[85]

이처럼 지도자 수가 적고 또 그 자질이 부족하였음이 소년운동의 문제점의 하나였다. 그리고 무엇보다도 내적인 커다란 문제점은 소년운동을 둘러싼 적전분열(敵前分裂)의 이념 투쟁이었다. 물론 온 사회가 좌우양분 되고 있는데 소년운동이라고 무풍지대가 될 수는 없겠다. 그러나 사회주의 이념이 소년운동계에 유입된 이래 끝없는 투쟁으로 마침내 소년운동이 일제의 탄압으로 종지부를 찍을 때까지 지칠 줄 모르는 갈등은 소년운동이 도대체 누구를 위한 운동인가 의심하게 되었다. 순진무구한 소년의 이름을 빌려서 자기들의 사상투쟁에 전위대(前衛隊)로 이용하고 있었던 것은 소년운동으로 타오르는 불길을 스스로 끄는 소모전이었다. 사회 일반은 소년운동을 보는 시각이 식상해갔고 나아가서 소년운동을 불온시(不穩視)하게 되었다. 그리하여 윤석중은 다음과 같이 당시의 갈등을 개탄하고 있다.

민족분열의 씨를 지각없는 일부 소년운동자들의 손으로 뿌린 셈이 되었

---

85 신재홍. 1982.「1920년대 한국 청소년운동」,『인문과학연구』2, 111쪽.

으니 우리가 8·15해방 뒤에 동족끼리의 대립·반목·중상·모략을 목격할 때마다 「그때 뿌린 씨나 아닌가」하고 자문자답한 적조차 있었거니와 이데올로기의 대립도 아무것도 아닌 대립을 위한 대립으로 한때 순진한 어린이들을 불순한 어른들의 세력 다툼의 미끼로 삼은 적이 있었음은 지금 생각해도 통탄할 일이 아닐 수 없는 것이다.[86]

가난과 무지로 인한 부모의 몰이해, 소년지도자들의 수와 자질의 부족이 모두 내적인 문제였으나 좌우익의 반대를 위한 반대의 이념분쟁은 소년운동의 종말을 자초한 암적인 존재였었다고 생각된다.

2. 일제의 소년운동 탄압

3·1운동을 계기로 이 땅에 청년운동, 노동운동, 언론운동 등 각 방면에서 민족운동에 불이 붙자 식민통치에 위협을 느낀 일제는 그간에 있어 왔던 형법, 보안법, 언론법도 부족하여 급기야 1925년 5월 12일에는 치안유지법을 제정, 공포[87]하여 민족운동에 일대 타격을 가해왔다. 이에 대해 윤석중 (尹石重)은 다음과 같이 회고하고 있다.

---

86 윤석중. 앞의 「동심으로 향했던 독립혼」, 263쪽.

87 치안유지법은 전문 7조로 되어 있는데 그 핵심 요지는 다음과 같다. 「단체 변혁을 목적으로 결사를 조직한 자 또는 결사의 간부 및 기타 지도자의 임무에 종사한 자는 사형, 무기, 5년 이상의 징역. 결사에 가입한 자나 결사 목적을 수행하기 위하여 행위한 자는 2년 이상 유기징역에 처한다.」(山口吸-, 1939, 「치안유지법」, 『개정 조선제재법 규(朝鮮制裁法規)(全)』, 조선도서출판주식회사, 1021-1022쪽 참조).

우리 겨레의 팔다리를 꽁꽁 묶어 버린 포승법인 저 유명한 치안유지법이 공포됨으로써 모든 운동은 지하로 들어가기 시작하였다.[88]

그러나 지지상(紙誌上)에 나타나 있는 민족운동은 전혀 수그러들지 않고 더욱 치열해졌다. 1926년의 6·10만세운동, 1927년의 신간회(新幹會) 조직, 1929년의 광주학생운동은 사회적인 민족운동의 큰 흐름이었다. 이 흐름에 전국적인 소년운동통합조직체인 조선소년연합회 결성도 가세하였다 (1927). 이들 운동은 하나같이 일제 탄압의 표적이 되었다. 특히 6·10독립만세운동은 소년단 창립의 주역인 소년운동지도자 조철호(趙喆鎬)의 치밀한 지도에 의하여 시위가 전개된 바 있었다. 이 점에 대하여 김성식(金成植)은 다음과 같이 평가하였다.

조철호의 영향은 흡사 중앙고보에 있어서 1814년 독일학생운동에 브리스 교수, 1848년 오스트리아 학생 혁명에 퓨스터 교수, 1919년 중국 5·4운동의 채원배(蔡元培) 역할에 근사하다.[89]

이는 조철호의 위상을 매우 적절하게 나타낸 비유라고 생각된다. 아무튼 조철호는 만세 당일에 체포되었다가 석방되었으나 13일 또다시 피체, 학생 40여 명과 같이 취조당했고, 끝내 중앙고보(中央高普) 교사 자리를 박탈당한

---

88 윤석중. 앞의 「동심으로 향했던 독립혼」, 264쪽.
89 이현희. 1991. 「6·10독립만세운동 고」, 『6·10독립만세운동』, 6·10만세기념사업회, 60쪽 재인용.

채 1927년 3월에는 간도 방면으로 망명길에 오를 수밖에 없었다. 일제의 탄압으로 소년운동의 선봉을 잃게 되어 큰 손실이 안겨졌다. 일제는 여기서 그치지 않고 소년운동을 파상적으로 탄압하였다. 1927년에만도 표 7-3처럼 그들의 탄압상은 닥치는 대로 탄압 일변도였다.

표 7-3 일제의 소년운동 탄압 사례(1927)

1. 용원면(龍源面)소년연맹, 정평(定平)少年會, 혁신(革新)少年會 해산
2. 오산(五山)소년소녀웅변대회 금지
3. 대구 및 경주소년소녀토론회 금지
4. 함흥(咸興)소년회 주최 웅변대회 중지
5. 전조선소년소녀 웅변대회 중지
6. 경산(慶山)소년회 발회 창가합창 엄중 계고(戒告), 장래의 집회 금지 조치
7. 남선(南鮮)소년웅변대회 관계자 처벌
8. 용원(龍源)소년회동화회 중지, 관계자 구류
9. 호남(湖南)소년남녀 웅변대회 중지, 관계자 검속

※조선총독부경무국. 1927. 「소년운동」, 『朝鮮の治安狀況(조선의 치안상황)』 2-4쪽에서 발췌 작성.

일레로 일제는 용원소년회(龍源少年會) 동화회를 다음과 같이,

同年(1927年) 八月 咸境南道 洪原郡 所在 龍源少年會主崔 童話會ハ 何レ

名ヲ童話ニ籍リ 朝鮮ノ 獨立ヲ 諷刺レ 或ハ 社會制度ヲ 詛呪スルガ如キ

不穩言辭アリ 現場ニ 於ヲ 中止ヲ 命スルト 共ニ 最モ 甚シキ者 三名ヲ 拘

留處分ニ 附セリ[90]

(같은 해(1927년) 8월 용원소년회가 주최한 동화회에서 몇 명의 동화에서 조선의 독립

90 조선총독부경무국. 1927. 「소년운동」, 『朝鮮の治安狀況』, 4쪽.

을 풍자하고 혹은 사회제도를 저주하는 불온 언사로 현장에서 중지를 명하고 가장 심한

자는 구류 처분)

라고 하였듯이 소년들의 동화회에까지 경관이 임석하여 말 한마디 한마디까지 모두 감시하는 공포정치를 연출하였다. 그들의 포학은 해를 거듭할수록 더욱 심해져 1929년에는 이른바 불량소년동맹 총수가 46단체(지부 : 78개, 회원 : 3,872명)가 있다고 지목하였다.[91] 그들의 서술에 마지못해 자진 해산하거나 그렇지 않으면 해산당하는 사태가 속출하여 1935년에는 표 7-4처럼 전국의 소년단체가 135개에 불과했다. 이는 1926년에 500개 이상이었던 것을 감안한다면 지난 10년 동안의 탄압상이 웅변적으로 반증됨을 알수 있다. 그리고 소년운동도 힘의 대결로 맞서 표 7-5처럼 1931년에서 1935년 사이의 소년운동으로 격화되었다.

표 7-4 소년단체 일람표(1935)

연 도별	1934년도		신설	폐지	현재	
	단체수	단원수			단체수	단원수
경기	79	1,443	12	20	71	1,179
충북	2	31	·	·	2	44
충남	1	15	·	1	·	·
전북	·	·	·	·	·	·
전남	5	171	·	1	4	146
경북	3	234	·	2	1	26
경남	8	235	·	4	4	127

91 조선총독부경무국. 1930. 「소년운동」, 『朝鮮の治安狀況』, 22쪽.

황해	6	105	·	1	5	93
평남	20	506	·	5	15	429
평북	31	683	1	7	25	732
강원	3	70	·	·	3	57
함남	1	5	·	1	·	·
함북	6	157	·	1	5	140
계	165	3,655	13	43	135	2,973

※ 조선총독부경무국, 1936. 『最近に於ける 朝鮮治安狀況』, 80-81쪽에서 발췌 작성.

표 7-5 소년전위운동 사례(1931-1935)

도별	주최명	활동내용
서울	경성소년	노농무산소년위원회라는 비밀결사조직
충북	진천청년회 주최 현상웅변회	주최자가 준 원고로 강연
경남	•부산소년동맹 간부 •웅천(熊川)소년동맹 •부산일부좌경소년	공산주의실행방법 강의 격문작성 살포 공산당(共產黨) 및 삼적사(三赤社)라는 비밀결사조직
평남	용강(龍岡)소년	농민소년동맹조직
평남	구성(龜城)소년	소년운동협의회 결성
함남	•영흥(永興)신간회지회 주최 소년소녀 현상웅변대회 •홍원(洪原)소년간담회 •여해진(汝海津) 소년동맹 •북청소년 160명 •북청소년 •원산적색노동조합내부	일정(日政)반대웅변 피압박민 해방 고창 격문작성 살포 경찰관 주재소 습격 삼육(三育)소년회 조직 삐오넬 조직
함북	•길주(吉州)소년 •경성(鏡城)혁명구원회 내	농민소년단 조직 적색 소년대 결성

※ 조선총독부경무국, 1936. 『最近に 於ける 朝鮮治安狀況』, 43-44쪽에서 발췌 작성.

한편 다음과 같은 '야학(夜學)의 노래'를 부르며 전개한 야학을 통한 소년 운동이 일제에 의해 형사소추 당하는 등 탄압의 대상이 된 경우도 정평, 단천, 홍원 등지에서 43건이나 있었다.[92]

야학노래

옷밥에 굶주린 동무야

눈조차 멀어서 산다나

낮에 못가는 학교를

한탄만 하면 뭐하나

〈후렴〉

낮에 못배우는 동무야

가난에 쫓긴 동무야

밤에 만나서 배우자

뜨거운 손목을 흔들자

낫가락 허리에 꿰 차고

지게 목발 때리며

낮학교 못가는 신세를

노래만 하면 어쩌나

석유 궤짝 책상에

---

92 조선총독부경무국. 1936. 『最近に於ける朝鮮治安狀況』, 46-47쪽 참조.

호롱 등불 까무락

무쇠 같은 정성에

열려간다 이 눈들[93]

또한 『어린이』지에도 예외 없이 일제의 마수가 뻗쳤다. 『어린이』지는 1923년 3월에 창간되어 1935년 3월에 통권 122호로 정간당하였다. 137개월 동안 122호에 머물렀다는 것은 15회나 간행하지 못했다는 사실을 알 수 있다. 『어린이』지에 대한 일제의 이와 같은 탄압상은 다음 기록에 잘 나타나 있다.

민족의식을 고취하고 민족적 긍지를 심어 주자는 운동은 그렇게 평탄하고 용이한 일만은 아니었다. 일제는 검열·삭제·압수 따위로 민족문화 말살 정책을 강행하기에 혈안이 되니 「어린이」지도 검열에 의하여 재조판·재문선 끝에 월간을 격월호로 내는 수난을 겪어야 했다. 뿐만 아니라 편집책임자인 방정환은 종로서 유치장과 서대문 형무소 미결수 감방을 자기집 사랑방 출입하듯 하였던 것이다.[94]

그중에서도 1926년 6월에서 1931년 5월 사이의 만 5개년 사이에 결간이 집중되어(15회) 그 결간율은 26.7%에 이르렀다. 또한 삭제, 원고 압수, 잡지

<hr>

93 주향두. 1931. 「야학 노래」, 『어린이』, 12월호, 20쪽.
94 이재철. 1986. 「아동잡지 「어린이」 연구」, 『신인간(新人間)』 4월호, 70쪽.

압수, 인쇄소 바꾸기, 체제 변경이 비일비재하였다.[95] 1929년『어린이』5월호의 다음과 같은 '특고(特告)'의 내용을 보아도 그 당시의 수난사를 알 수 있다.

〈특고〉

사진소설「이엽초(二葉草)」(소설)　　　……

(夢見草)

어린이날! 어린이날! (권두)　　　……이정호

어린이날을 맞으며 (훈화)　　　……방정환

남이 장군 이야기 (사화)　　　……차상찬

제비와 개구리 (이과)　　　……천웅규

독자담화실 (통신)　　　……독자중

편즙을 마치고 (여언)　　　……편집인

어린이 독본 (독본)　　　……방정환

(이상의 여덟 가지는 원고 전부가 불허가 되어 어쩔 수 없이 싣지 못합니다.)[96]

이처럼 여러 각도로 소년운동을 말살하고자 탄압을 늦추지 않았다. 그렇기에 소년운동으로 나타난 일제하의 민족운동은 내적인 여러 문제점을 안고도 더없이 소중한 민족의 정신사적인 자산으로 느껴진다.

95　이재철. 앞의 글 59쪽.
96　1929.『어린이』5월호, 48쪽.

3. 소년운동의 강제 해산과 지하활동

조선소년총연맹 정기대회(1928.12.28)에서의 산하소년동맹의 거센 반발
로 지도부와 지방연맹 사이에 심한 내홍으로 접어들었다. 이후 비교적 합
리적인 지도부는 사실상 지도력을 상실당하고 각 지방연맹의 강경파가 좌
익노선의 전위로써 소년운동을 추진하였다.[97] 따라서 민족진영은 물론 온
건 지도부와도 마찰이 일어나자 일제는 소년운동을 가일층 탄압하기 시작
하였다. 여기에다 일제는 만주사변(1931.9.18)을 촉발하고 시국을 군국의
공포정치로 몰아갔다. 그리하여 소년운동 단체도 속속 검속하고 해산시킬
구실을 찾아 우선 무산소년운동단체(無産少年運動團體)에 대하여 자연적인
해산을 유도하거나 강제 해산을 자행하였다. 거기에다 순수『어린이』지도
정간(1935.3)시키고 천도교소년회와 소년군의 활동마저 제약하기 시작하
였다. 그래도 천도교소년회는 1935년 현재 군단위의 소년회가 100개가 넘
고[98] 소년군도 1936년 현재 79개호 대에 달하고 있었다.[99] 그런데 이들 소
년단체가 주관하는 어린이날 기념식마저 1937년을 마지막으로 중단시켜
버려 소년운동은 사실상 마비되었다. 더욱이 일제는 중·일 전쟁마저 돌발
(1937.7.7)시켜 정세를 전시체제로 경직시켰다. 이렇게 삼엄한 분위기 속에
조선소년군은 같은 해 7월 31일 탑골공원에서 열린 시국강연회에 단원들
을 동원하여 안내와 장내 정리를 맡게 하였다. 이때 장내 정리를 하고 있던

---

97 조선총독부경무국. 앞의『最近に於ける朝鮮治安狀況』, 44-45쪽 참조.
98 신재홍. 앞의「1920년대 한국청소년운동」, 108쪽.
99 한국보이스카우트연맹. 1984.『한국 보이스카우트 60년사』, 92-93쪽 참조.

단원들의 항건이 문제가 되었다.[100] 이 사건은 소년군의 정신이 무엇인지를 가장 극명하게 알려 준 물증이려니와 일제는 이를 계기로 해산책을 강구하였다. 그동안 종교단체의 소년회나 국제적 보편원리를 표방한 소년군 등이 민족정신을 고취하고 있다는 것을 일제는 진작부터 알고 있었으나 세상의 이목을 호도하기 위하여 남겨두었을 뿐이었는데 이제 전시 체제하의 일제로서는 소년운동단체의 전면 해산의 호기를 잡게 된 것이었다. 거기에다 소년군의 '소년행진가' 중에,

깨끗하고 건전한 우리 동무야

싸움 준비 갖추세 정의의 장검

이리하여 선전(宣傳)하세 사회 악습에

이리하여 이루세 우리 목적을⋯.[101]

등의 내용이 노골적으로 항일 결전을 선포한 것이나 다름없다 하여 지도자들로 하여금 자진 해산하여 일제의 어용단체인 건아단(健兒團)에 통폐합하기를 종용하였다. 이에 단호히 불응하자 조선총독부는 마침내 본색을 드러내고 1937년 9월 3일자로 강제 해산을 단행하였다.[102]

---

100 그 항건에는 적색바탕에 우리나라를 상징하는 태극 마크가 그려져 있었고 그 아래에 한글 '준비'라는 글자를 파자하여 디자인한 'ㅈㅜㄴㅂㅣ'라고 쓰여 있을 뿐 아니라 둘레에는 나라꽃인 무궁화 꽃을 그려 넣었다.(한국보이스카우트연맹. 앞의 책 192쪽) 이 항건은 현재 독립기념관에 보관되어 있다.
101 위의 책, 194쪽.
102 한국현대사편찬위원회. 1972. 『한국현대사』 9, 신구문화사, 439쪽.

이로써 민족의 희망을 신념화해주던 소년운동은 지하로 잠적하였다. 그 후 일제의 말기적인 박해는 극에 달하여 우리 겨레가 살아날 길은 "내선일체의 길밖에 없다 하여 황민화 신운동에 발 벗고 나서든가, 술장사나 약장사로 연명을 하든가, 일본사람 끄나풀 노릇을 하든가, 횟술이나 마시며 자포자기에 빠지든가 하는 꼴을 어린이운동이나 어린이문학에 손을 댔던 사람 중에서도 얼마든지 볼 수 있었으니 1940년에 이르러 일본식 창씨개명 강요, 특별지원병 명목의 한국인 강제모병, 그리고 《동아일보》, 《조선일보》가 폐간되었다."[103] 이리하여 한국은 암흑세계가 되어 버렸다. 그러나 인간은 위기 중의 처신에서 진정한 평가를 받는 것이라고 생각된다. 특히 지도자에 대해서는 더욱 그 평가가 가혹하였다고 생각된다. 그렇다면 소년운동을 위하여 그토록 계몽하거나, 후원하거나, 지도에 나섰던 일부 인사들의 친일변절행각[104]은 마땅히 지탄되어야 할 것이다.

그러나 그와 같은 암흑 속에서도 소년운동가 출신으로서 독립운동에 헌신하였던 '대한민국임시정부' 요원 전백(全柏), '의열단'원 오봉환(吳鳳煥), '광복군' 공작원 이기원(李起源), '염석산부대' 여대원 장봉순(張鳳順), '건국동맹' 원 등의 활약은 민족운동사상 소년운동사의 정신을 드높인 쾌거라고 생각된다. 또한 최악의 조건 속에서도 지하소년운동을 전개한 다음의 진남포 소년척후대와 같은 소년단체가 있었음을 기억해야 될 것이다.

<hr>

103 윤석중. 앞의 「동심으로 향했던 독립혼」, 264쪽.
104 민족정경문화연구소. 1991. 「친일파 군상」, 『순국』 7, 8월합호, 158-169쪽 참조 ; 임종국, 1991. 『실록 친일파』, 돌베개, 116-255쪽 참조.

진남포 소년척후대는 홍만호(洪萬浩), 우영순(禹永舜), 안창덕(安昌德), 문경국(文景國) 등 제 지도자들이 중심이 되어 척후대 활동을 전개해 나갔다. 이들은 해산 전의 대(隊) 조직을 그대로 고수하며 그곳 교회를 본거지로 하여 월례 모임을 갖고 수시로 지역 사회 봉사 활동과 야영 등을 하면서 척후단의 명맥을 유지시키는 데 노력하였다.[105]

이와 같은 활동이 일제의 눈길을 피해 민족 광복 때까지 산발적이나마 면면히 이어졌다는 것은 한국소년운동사의 단절을 막고 근대소년운동사의 정통성을 광복 후로 계승시켰다는 점에 의의가 있다 하겠다.

105 한국보이스카우트연맹. 앞의 『한국 보이스카우트 60년사』, 196쪽.

제8장
국외에서의 한인소년운동

미주의 소년단 운동과 국내의 소년단 운동은 끈끈한 연계의 고리가 형성되어 있었고 비록 국토는 달리해서 살았지만 한민족은 하나로서 어디에 살든지 하나의 동포관을 지니고 살았다고 생각된다. 이상에서 고찰한 바와 같이 국외에서의 한인소년운동은 강인한 소년 군사운동을 동반함으로써 소년운동은 그 자체가 가장 유용한 민족독립운동의 전위로 자리매김 되었다고 생각된다.

Ⅰ. 상해에서의 한인소년운동

1. 「인성학교(仁成學校)」의 민족주의 교육

1905년 을사 5조약으로 국권이 근본적으로 흔들리게 되자 항일구국 의병전쟁과 더불어 자강적 애국계몽운동이 활성화되었다.[1] 그럼에도 불구하고 1910년 국권이 상실되자 애국지사들은 독립운동의 거점을 찾아 간도(間島), 연해주(沿海州), 상해(上海), 미주(美洲) 등으로 망명하기 시작하였다. 망명지사들은 독립전쟁을 감행하는 동시에 국권회복의 방책을 다각도로 강구하였다. 그 중에는 소년에게 민족혼을 심어주는 민족교육의 필요성도 들어있었다.[2]

상해에서 설립된 인성학교(仁成學校)는 이와 같은 사상이 반영된 대표적

---

1   이현희. 1982. 『한국 근대사의 모색』, 이우출판사, 33쪽.
2   서굉일. 1985. 「1910년대 북간도의 민족주의교육운동(Ⅱ)」 『백산학보』 30, 31합호, 239-242쪽 참조. 홍종필(洪鐘佖). 1987. 「「滿洲」に おける朝鮮人農業移民の史的硏究」, 京都大學博士學位請求論文, 93-98쪽 참조. 윤병석. 1990. 『국외 한인사회와 민족운동』, 일조각, 19-23쪽 참조.

인 실례이다. 원래 인성학교는 여운형(呂運亨, 1885-1947)[3]에 의해 1917년 2월 상해 공동조계 재복리(載福里) 75호에서 창설되어 재 상해 한국인 자제를 대상으로 교육을 실시하였다.[4] 그러나 기본 재산과 뚜렷한 수입원이 없던 까닭에 1919년 대한민단임시정부의 산하단체인 대한교민단(大韓僑民團)으로 경영권이 이관되어 운영되었다.[5] 그러나 어려움은 여전하여 교민단은 이사회를 열어 그 타개책으로 "인성학교 경비에 관하여 의원 전원의 연서로 교민 일반에게 동정을 구할 것."[6]을 결의하기에 이르렀다. 이 또한 여의치 않자 1928년 1월 학부형 및 유지 170여 명으로 인성학교유지회를 조직하고 이 회로 경영권을 이양하였다.[7] 이러한 노력에도 불구하고 8월 이후로는 유지비의 미납자가 속출하게 되어 임정(臨政)의 의무 교육실시책에는 배치되나 학생당 1학기에 10원씩의 수업료를 징수하여 학교를 경영하는 고육지책을 쓰기에 이르렀다.[8] 이처럼 많은 어려움으로 인하여 교사(校舍) 이전이 빈번해졌다.[9] 또한 학급 규모도 영세하여 1919년의 경우 남학생

---

3 여운형의 호는 몽양(夢陽). 경기도 양평 태생. 중국 금릉대학 중퇴. 1917년 상해에서 '인성학교'를 창설했고, 1919년에는 서병호(徐丙浩), 이광수 등과 「신한청년당」을 조직했으며, 이 해 5월 「대한민청단」 단장, 8월에 임시정부 외무차장이 되는 등 독립운동에 헌신하였고, 1944년에는 「건국동맹」을 조직 지도한 독립운동가(이현희. 1987. 『3·1독립운동과 임시정부의 법통성』, 동방도서, 161-230쪽 참조).

4 김혜경. 1990. 「대한민국임시정부의 교육정책 연구」, 『성신사학』 8, 70쪽.

5 앞의 글.

6 독립운동사편찬위원회. 1976. 『독립운동사자료집』 7, 1357쪽.

7 앞의 글, 74쪽.

8 현규환. 1967. 『한국유이민사』, 어문각, 679쪽.

9 김혜경. 앞의 「대한민국임시정부의 교육정책 연구」, 74쪽의 별표 '인성학교 이전 내용'에 의하면 1917년 2월 창설 이래 1935년 11월 폐교 시까지 모두 9차례에 걸쳐 학교가 이전되는 영세성을 드러냈다.

10명, 여학생 9명의 총 19명으로 학년별로 고등과 1명, 3학년 7명, 2학년 3명, 1학년 5명, 예비급 3명에 불과하였다.[10] 1920년에는 학생 수가 약간 증가하여 30명으로 되었고[11] 교민단의 노력[12]으로 계속해서 학생 수는 증가했지만 1935년까지의 졸업생 총수가 유아원 졸업생 150명을 포함하여 245명[13]에 그친 것을 보아도 학교경영의 어려움을 살필 수가 있고 그 위에 일제의 탄압은 날로 심화되었다.[14] 이러한 상황에서 안정적인 교육이 실시되기는 어려운 것이었으나 민족혼을 살리기 위한 설립 의도의 기본정신은 변함이 없었다. 이와 같은 기본 정신은《독립신문》에 게재된 이유필(李裕弼, 인성학교 8대 교장)[15]의 다음과 같은 기고문에서 잘 드러나고 있다.

백만장자나 학사·박사를 양성함이 아니고 우리들 자제로 하여금 이민족의 교육을 받기 전에 확고한 민족의식을 주입하는 데 있다.[16]

10 《독립신문》 1919년 9월 13일자.
11 《독립신문》 1920년 3월 25일자.
12 1924년 1월 31일 교민단 학무위원회를 소집하여 학무위원장에 김두봉을 임명하고, 학령에 도달한 아동과 소학 교육을 받지 못한 아동을 반드시 「인성학교」에 입학하도록 권유하고 있다(앞의 『독립운동사자료집』 7, 1359쪽 참조).
13 김혜경. 앞의 「대한민국임시정부의 교육정책 연구」, 72쪽.
14 앞의 글, 75쪽.
15 「인성학교」의 역대 교장은 여운형 이래 김태연(金泰淵), 손정도(孫貞道), 여운형(呂運亨), 안창호(安昌浩), 김인전(金仁全), 도인권(都寅權), 이유필(李裕弼), 조상섭(趙尙燮), 선우혁(鮮于爀)으로 이어졌다(윗글, 73쪽과 앞의 『독립운동사자료집』 7, 1365쪽 및 김형석, 1989, 「상해 거류 한인 기독교도들의 민족운동」, 『용암 차문섭 박사 화갑기념 사학논총』, 592쪽 참조).
16 《독립신문》 1924년 2월 28일자.

즉 인성학교(仁成學校)가 민족정신을 확고히 심어주기 위한 기관으로서 종족 보존에 기여하고 있음을 밝히고 있다. 이러한 기본정신은 《동아일보》에 보도된 다음과 같은 인성학교 교육방침에서도 그대로 드러나고 있다.

> 학과에는 「조선혼」을 넣어 주는 것으로 근본 뜻을 삼기 위하여 조선어와 역사를 중요하게 가르치며….[17]

라고 하여 조선어와 조선역사를 통하여 민족적 원기(元氣)를 길러 주는 데 역점을 두고 있음을 분명히 하고 있다. 이러한 민족교육은 자주독립의식을 고취하는 데 커다란 기여를 하였다고 생각된다. 근거로서 민족교육에 대한 교민(僑民)들의 호응도가 매우 높아졌고 또한 조인제(趙仁濟) 등의 졸업생이 후에 광복군으로 활동했음을 보아서도 확인이 되는 것이다.[18]

2. 상해소년회(上海少年會)의 창립 및 성향

인성학교의 민족주의 교육은 자연스럽게 소년회 배태(胚胎)의 온상이 되어 1919년 인성학교 학생을 주축으로 재(在) 상해 학생을 포함하여 상해소년회(회장 韓奎永)가 탄생되기에 이르렀다. 이에 대하여 1924년 2월 18일자

---

17 「상해의 모범 소학교」, 《동아일보》 1924년 1월 4일자.
18 《조선일보》 1923년 11월 20일자. 김혜경. 앞의 「대한민국임시정부의 교육정책 연구」, 73쪽.

《동아일보》는,

> 인성학교에서 공부하는 어린 학생을 근본으로 하며 그 외의 상해에 있으면서 공부하는 어린 학생을 망라하여 조직한 소년회는 … 지금부터 다섯 해 전에 설립되어….[19]

라고 보도하고 있다. 따라서 상해소년회의 설립은 국내에서의 원산(元山)소년단이나 안변(安邊)소년회, 왜관(倭館)소년회의 탄생과 시기적으로 그 궤를 같이하고 있음을 알 수 있다. 그러나 같은 해의 국내 소년단체들의 설립 목적은 추측만 될 뿐 불분명한 데 대하여 상해소년회의 설립 목적은《동아일보》에 다음과 같이 분명히 기사화되어 있다.

> 지덕체삼육(智德體三育) 및 공부에 열심하는 결심을 고취하며 자라서 훗날 사회공헌의 훈련을 하기로 주지로 삼고….[20]

라고 밝히고 있다. 이는 후에 탄생된 숱한 국내외의 소년단체들의 설립목적 설정에 귀감이 되었을 것 같다. 굴지의 국내 소년단체인 천도교소년회가 1921년 5월 창립되면서 그 규약 둘째 조에 "본회는 회원의 덕성을 치고 헴수를 늘리며 신체의 발육을 꾀하여서 쾌활건전한 소년을 짓기로써 목적

---

19 「상해소년회」,《동아일보》 1924년 2월 18일자.
20 앞의 글.

한다."[21]라고 상해소년회와 같은 주지(主旨)를 내세웠고 그 후에 설립된 많은 소년단체들이 이를 표방한 데서 상해소년회의 영향을 받았음이 입증된다. 당시 상해와 국내가 연통제(聯通制)를 매개로 유기적으로 움직였음을 감안한다면[22] 이 사실은 더욱 뚜렷해지리라고 생각된다.

따라서 상해소년회는 인성학교의 민족주의적 교육에 힘입어 조직되었고[23] 상해소년회 역시 지덕체(智德體)를 겸비하여 사회에 공헌할 수 있는 소년수양단체로서 민족주의적 성향을 강하게 추진하였다. 그 시대의 사회공헌은 바로 조국광복 투쟁이었던 것이다. 그러기에 상해소년회는 정기총회[24]뿐 아니라 수시로 집회를 갖고 회원 상호간의 친목 및 주의(主義)를 통합하여 나갔다. 1924년 2월 18일자《동아일보》에 따르면,

지난 2월 13일 밤에는 「나라를 찾는 데는 돈이냐 피냐」 하는 문제로써 토론회를 개최하여 두 편의 열변이 있었다더라.[25]

라고 보도하고 있다. 이러한 사실로 미루어보아 상해소년회가 전개하고

---

21 앞의 「가하할 소년계의 자각」, 59쪽.
22 연통제(聯通制)의 운영 기간은 1919년 7월 기구 설치 이후 1921년 후반기까지로, 국내외를 연결 통제적 사명을 띤 단일 통합 민주정부의 기능을 분명하게 수행해 갔다 (이현희. 1987. 『3·1독립운동과 임시정부의 법통성』, 310쪽).
23 「상해소년회」 조직 당시의 「인성학교」 교장은 여운형이었다(김혜경. 앞의 「대한민국 임시정부의 교육정책연구」, 73쪽. 「교직부상황표」 참조).
24 1924년 2월 7일 「인성학교」 안에서 열린 정기총회에서 회장 한규영의 사회하에 임원진의 전면 개편이 있었는데 새로운 회장에는 서재현(徐載賢)이 선출되었다(《동아일보》 1924년 2월 18일자, 2쪽).
25 《동아일보》 1924년 2월 18일자.

있는 소년운동은 바로 민족독립운동으로 직결되고 있음이 간파된다.

3. 상해지역 소년운동의 활성화

(1) 상해한인척후대(上海韓人斥候隊)의 조직과 활동

인성학교(仁成學校) 학생을 중심으로 조직된 상해(上海)소년회는 임시정부의 후원 속에 성장을 거듭하던 중 1925년 7월 7일 발전적으로 해체되고 상해한인소년회(上海韓人少年會)로 거듭났다.[26] 새로 태어난 상해한인소년회는 조직 후에 상해한인동자군(上海韓人童子軍)으로 개칭하고 다시 1928년에는 상해한인척후(上海韓人斥候)로 명칭을 바꾸고 다음과 같이 임원을 선정하였다.

고문 : 김구(金九), 여운형(呂運亨), 나우(羅宇)

대장(隊長) : 이규홍(李圭鴻)

부대장(副隊長) : 박성근(朴性根), 안창남(安昌男)

대원(隊員) : 위요섭(魏堯燮), 여봉구(呂鳳九), 최윤상(崔允相), 옥인찬(玉仁燦),

이만영(李晩榮), 여홍구(呂鴻九), 김양수(金良洙) 등 [27]

소년회를 척후대로 개칭한 것은 소년회나 척후대가 모두 민족정신을 함

---

26 한국보이스카우트연맹. 1984. 『한국보이스카우트60년사』, 178쪽. 비슷한 무렵인 1925년 8월 15일 「우리 청년단소년부」(위원 : 박호정, 장종진)가 조직(『신민보(新民報)』 12, 1925년 8월 9일)되었고 그 밖에 다른 소년단체도 더 있었을 것으로 보인다.

27 한국보이스카우트연맹. 앞의 책, 178쪽.

양하는 데는 마찬가지이지만 좀 더 조직적이고 국제성을 띤 척후대가 민족운동행동화에 현실적이라고 판단한 지도자들의 배려라고 생각된다. 위의 고문으로 추대된 김구, 여운형, 나우 등의 성분을 고려한다면[28] 이는 더욱 확실하리라고 생각된다.

실제로 나타난 활동상을 보면 그들은 보이스카우트의 제복을 갖추고 야영을 통해 심신을 단련했으며[29] 각종 행사의 경호 및 연락, 독립지사들의 전령 역할 등도 담당했다. 더욱이 1931년 9월 18일에 발발한 만주사변에 대처해서 9월 21일 하오 임시정부 사무소에서 병인의용대(丙寅義勇隊), 노병회(勞兵會), 교민단(僑民團), 학우회(學友會), 여자청년동맹(女子靑年同盟), 애국부인회(愛國婦人會), 독립운동청년동맹(獨立運動靑年同盟), 흥사단(興士團), 임시정부(臨時政府) 등의 상해 한인 각 단체 대표대회가 개최되어 "소년척후대원으로서 선전대를 조직하여 〈격고(檄告)중국민중서〉를 인쇄·살포할 것."[30]을 결의한 바 있는데 이를 미루어 보아 소년척후대의 위상을 극명하게 살필 수 있다.

이밖에도 식장 정리, 한인청년회가 발행하는 『임시시보』 무료배달 등의 봉사활동을 하였다. 또한 국제행사에도 파견되었는데 특히 영국의 해밀턴 캠프에 참가하여 국위를 선양하기도 하였다.[31] 그리고 한인소년척후대

---

28 「상해한인척후」가 등장할 때에 국무령(國務令) 김구(金九)를 위시한 여운형, 나우는 모두 임시정부의 주도적인 지도자였다.

29 보이스카우트 제복을 입고 1928년 11월 산서성(山西省) 태원(太原)을 탐방한 기념으로 촬영한 박성근, 안창남 등의 면모에서 보이스카우트의 기상이 엿보인다(앞의 『한국보이스카우트60년사』 178쪽).

30 대한민국국회도서관. 1976. 『한국민족운동사료』, 689-690쪽.

31 앞의 『한국보이스카우트60년사』 178쪽.

에는 소년뿐만 아니라 소녀들의 낭자군(娘子軍)도 함께 참여하여 활동하였다.[32]

특기할 것은 1923년 4월 29일 상해 홍구공원에서 윤봉길(尹奉吉, 1908-1932)의 투탄의거(投彈義擧)가 있은 직후 도산(島山) 안창호(安昌浩, 1878-1938)는 그날 오후 2시 이유필(李裕弼)의 아들(이만영, 李晚榮)에게 약속한 척후대 기부금 2원을 마련하여 하비로(霞飛路)에 있는 그의 집을 방문하였다가 일본영사관 경찰과 합세하여 수색하러 나온 프랑스 조계(租界) 경찰에게 체포되었다.[33] 이 사실로 미루어 본다면 평소 무실역행(務實力行)을 역설한 그가 소년척후대의 후원자이기도 했다는 점이다. 이처럼 뛰어난 민족지도자들이 국내 소년운동에서와 마찬가지로 국외에서도 소년운동의 후원 세력이었기에 소년척후들은 독립의 역군으로서 자라날 수 있는 기반을 다지게 되었다고 생각된다.

(2) 화랑사(花郎社)의 조직과 활약

상해한인소년척후대는 상해한인소년회보다는 진일보한 민족운동으로서의 소년운동을 폈지만 그래도 본래의 소년운동에 충실해야 하는 이중성을 지녔다. 이에 조소앙(趙素昻, 1887-1950 납북)은[34] 1929년 3월 한국독립당

---

32 앞의 책, 178쪽.

33 앞의 책, 179쪽 및 이유필(李裕弼)의 2남 이회영(李晦榮)의 증언 채록(1991년 11월 23일).

34 조소앙의 본명은 용은(鏞殷). 경기도 교하 태생. 명치대학 법과 졸업. 1909년 「대한흥학회」를 창립했으며 1918년에는 무오독립선언서를 작성했고, 1929년에는 「한국독립당」 창당, 화랑사 조직을 하고 청소년을 훈련하는 등 독립운동에 헌신하였고, 삼균주의를 제창한 독립운동가(강만길. 1982.『조소앙』, 한길사, 299-332쪽 참조).

(韓國獨立黨)을 창립하고 그 하부 기구의 하나로 같은 해 6월 소년단체인 화랑사(花郎社)를 창설하였다.[35] 조소앙의 의도는 물론 화랑정신으로 민족의식을 고취시켜 독립운동에 헌신할 수 있는 인재양성을 목적으로 하였음이 명백하다. 그것은 표 8-1과 같이 화랑사가 창립된 후 전개한 일관된 민족운동에서 입증된다.

표 8-1 화랑사의 중요 활동

연 월 일	화랑사의 활동 내용
1929.8.29	〈제19회 국치일을 당하여〉 발포(發布)
1929.10.3	〈건국 기원절을 당한 우리들의 각오〉의 반포
1929.12.4	〈순국 24주년 기념에 즈음하여〉, 〈5개 조약의 시대성〉 발포
1932.3.1	〈3.1절 기념에 제하여〉 격문 반포

※ 독립운동사편찬위원회편. 1976. 『독립운동사자료집』 7에서 발췌 작성.

특히 1929년 12월 4일 발포한 〈5개 조약의 시대성〉에서,

지금부터 24년 전 노일전쟁이 종료되자 일본은 조선에 보호조약(5개조)을 제출하였다. 그때에 민족을 위하여 생명으로서 독립정신을 우리들에게 심어 준 민선생(閔先生) 등 7의사(義士) 순국 24주년 기념일이 곧 오늘이다. 우리들은 이날을 기념하는 동시에 더 한층 활발한 활동을 전개하여야 할 것이다.[36]

35 앞의 책, 16쪽 및 304쪽 참조.
36 앞의 『독립운동사자료집』 7, 1435-1436쪽.

라고 하여 충정공(忠正公) 민영환(閔泳煥)이 생명을 바쳐 보여준 독립정신을 기려 더한층 활동할 것을 선양하고 있다. 그런데 화랑사는 1932년 2월 18일 총회에서 회의 간부를 다음과 같이 경질하고 있다.

집행위원장 : 김덕근(金德根)

위원 : 이규서(李圭瑞), 민○○(閔○○), 연충렬(延忠烈), 신해균(申海均)[37]

또한 화랑사는 1932년 3월 1일에 〈3.1절 기념에 제(際)하여〉라는 격문(檄文)을 반포하고 특별회원으로 원세훈(元世勳), 김광련(金光鍊), 박영석(朴榮錫)[38]을 선임하고 있다. 한편 1932년 상해에서 발간된 『조소앙(趙素昻)』에 실린 한국독립당의 근황에는 상해 한국독립당의 각종 단체와 기관을 다음과 같이 열거하고 있다.

⑴ 한국 임시정부, 임시의정원, 한민단

37 앞의 『한국보이스카우트60년사』, 178쪽에는 1929년 2월 김덕근(金德根)이 화랑사를 조직하였다고 했는데 앞의 『조소앙(趙素昻)』, 304쪽에는 조소앙이 조직한 것으로 되어 있다. 그런데 위의 『독립운동사자료집』 7, 1459쪽에는 이 인용문처럼 화랑사 총회의 간부 경질에 의해서 김덕근이 집행위원장이 된 것으로 나타나 있다. 또한 앞의 『한국보이스카우트60년사』. 178-179쪽에는 화랑사는 1930년 8월 1일 이만영(李晩榮), 옥인섭(玉仁燮) 등이 중심이 되어 「상해한인소년척후대」와 통합한 것으로 되어 있으나 앞의 『독립운동사자료집』 7, 1459쪽에는 1932년 2월 18일에도 여전히 화랑사 총회가 열리고 있음을 확인할 수 있고, 뿐만 아니라 이 책 주38에는 1932년 3월 1일에 〈3 · 1절 기념에 제하여〉라는 격문을 반포하고 특별회원으로 원세훈, 김광련, 박영석을 선임하고 있음을 부기해 둔다.
38 앞의 책 『독립운동사자료집』 7, 1460쪽.

(2) 한국 ○○○ 본부

(3) 애국 부인회

(4) 여자청년동맹

(5) 청년당

(6) 소년동맹

(7) 화랑사

(8) 인성학교

(9) 척후대

(10) 병인(丙寅)의용대

(11) 노병회(勞兵會)

(12) 흥사단(興士團)

(13) 상업회의소(商業會議所)

(14) 직업동맹회[39]

그렇다면 화랑사는 적어도 1932년까지는 존속되고 있음이 확실하다. 그 뿐만 아니라 분투 노력하여 그 효과가 자못 컸던 것이다.[40]

(3) 상해한인소년동맹의 조직과 위상

1930년 8월 1일에는 좀 더 능률적인 소년운동을 전개하기 위하여 이만영 (李晩榮)이 중심이 되어 상해한인소년동맹을 다음과 같이 조직하고 활동에

---

39 강만길(姜萬吉). 1982. 『조소앙』, 15-16쪽.
40 앞의 책.

들어갔다.

집행위원장 : 이만영(李晩榮)

지도자 : 옥인섭(玉仁燮), 조이제(趙利濟), 차영선(車永善 女), 김양수(金良洙),

이규홍(李圭鴻), 박성근(朴成根), 조시제(趙時濟)[41]

상해한인소년동맹은 1931년 4월 18일 상해한인여자청년동맹, 병인(丙寅)의용대, 상해애국부인회, 한국노병회의 5단체 연서로 다음과 같은 〈육부회의(六部會議) 2천년 기념선언〉을 발표하여 기개를 높였다.

'우리들이 통일적 주권 행사를 실행하지 않고서는 이적의 침략을 저지할 수 없다. 또 동족의 발전을 도모하기 힘들기 때문에 우리들 중에서 덕이 있는 주권자를 추대하여 대국가의 건설을 결의하려고 한다'…박혁거세는 알천회의 후 13년 신라국의 시조가 되었다. 오늘이 알천회의 2천년의 기념일이다.[42]

상해한인소년척후대가 합법을 가장한 소년단체라면 상해한인소년동맹

---

41 앞의 『한국보이스카우트60년사』, 178쪽. 그러나, 조선총독부경무국. 1930, 「국외 조선인불온단체분포도」, 『朝鮮の 治安狀況』 별지에 의하면 집행위원장은 이재청(李在靑), 집행위원 조시재(趙時在) 외 7명으로 나타나 있어서 이만영(李晩榮)과 이재청(李在靑), 조시제(趙時濟)와 조시재(趙時在)는 이명동인(異名同人)이 아닌가 생각된다.
42 앞의 『독립운동사 자료집』 7, 1449-1451쪽.

은 일제가 보기에는 비합법적인 단체였다. 그래서 조선총독부경무국은 국외의 조선인 불온단체로 파악하고 소년동맹원은 감시·체포의 대상이 되었다.[43]

한편 1931년 7월 10일에는 1931년 7월 9일 임시정부 국무회의 결의를 토대로 한인소년동맹은 소년척후대와 같이 홍사단, 애국부인회, 병인의용대, 한인예수교회 대표 30여 명과 더불어 상해한인각단체연합회를 조직하고, 이 회의 명의로 만보산사건(萬寶山事件)으로 인한 한국 내에서의 중국인 배척 사건에 대한 해명 성명을 발표하는 데 동참하고 있는데[44] 이는 상해한인소년동맹의 위상을 잘 드러내고 있는 좋은 실례라고 보아진다.

상해한인소년동맹은 1932년 『소앙집(素昻集)』에서도 한국독립당 산하 14개 기구[45]의 하나로 적시된 바 있는 독립운동단체로서 활동을 전개하다가 같은 해 상해 프랑스 조계에 있는 대한교민단 사무소에서 다음과 같은 연도 미상의 소년운동 관계 문서 다수를 일경(日警)에 압수당한 바 있다.

『새싹』 창간호 1부

〈한인소년동맹가맹 청원서〉 11부

〈한인소년동맹 어린이날 기념 의연록〉 1부

『노동소년』 12부[46]

43　위의 〈국외 조선인불령선인분포도〉.
44　국사편찬위원회, 1968. 『한국독립운동사자료』 3, 469쪽.
45　각주 39 참조.
46　앞의 『독립운동사 자료집』 7, 1508쪽.

위의 압수된 문서들로 미루어보면 한인소년동맹이 가맹청원서에 의해 회원을 가입시켰고, 어린이날 기념을 위해 의원금(義捐金)을 받았고, 회지(會誌)로 『새싹』과 『노동소년(勞動少年)』을 발간했던 산하 소년회가 있음을 알 수 있다.

따라서 한인소년동맹은 소년척후대와는 달리 좀 더 엄격하고 적극적인 민족운동의 노선을 걷고 있었다고 생각된다.

II. 해간도(海間島)에서의 한인소년운동

1. 한인단체의 조직과 민족지향적 교육운동

을사조약과 경술국치를 전후하여 한인 망명 동지들은 두만강, 압록강을 건너 해간도(海間島)[47]로 대거 모여들기 시작하였다. 그것은 의병전쟁이나 애국계몽운동을 집요하게 실행하였음에도 불구하고 역부족하여 국망에 이르게 되자 새로운 국외의 독립운동 기지 건설이 절실한데 기인한다. 그리하여 그들은 새로운 독립운동 기지를 물색하여 해간도 도처에 한인촌을 전설하고 선주한인(先住韓人)[48]과 더불어 보다 조직적이고 효과적인 활동을

47 항일민족운동자들은 1910년 경술국치를 전후하여 한인망명지사들이 모여들기 시작한 서북간도와 연해주에 걸친 한인의 신천지를 연해주의 '해(海)'자와 서북간도(西北間島)의 '간(間)'자를 합쳐 '해간도'라 부르기도 하였다(윤병석. 앞의 『국외한인사회와 민족운동』 서문 참조).
48 간도지방으로의 한인 집단 이민은 1870년대의 북한지방의 흉년에서 비롯되어 1903

추진할 사회단체의 성립을 필요로 하여 북간도의 간민회(墾民會)[49]를 위시하여 서간도의 경학사(耕學社)[50]와 부민단(扶民團),[51] 그리고 연해주의 권업회(勸業會) 등을 조직하게 되었다.

이들 사회단체의 활동은 간민회의 경우 창립 목적은 사상계몽, 단결, 상호연락과 친목이었고, 업무는 이주 한인을 대표하여 관청에 교섭하는 일, 한인들의 신원을 보증하는 일, 한인 소유 토지에 관한 사항 등이었다.[52] 그런데 김약연(金躍淵),[53] 박무림(朴茂林), 정재면(鄭載冕) 등은 1909년 명동학교(明東學校)와 간민회를 동시에 설립함으로써 간민회와 명동학교를 불가분의 유기체로 만들었다.

간민회의 첫 활동은 개화를 촉진하는 개혁의 뜻에서 이주 한인들에게 단

년에는 한인이민수가 이미 10만 명에 달하였다. 이들의 이민 동기는 경제 문제가 지배적이었다(동양척식회사, 1918. 『간도사정』, 84쪽 ; 이훈구, 1931. 『만주와 조선인』, 102-103쪽 참조).

49 1909년 김약연, 이동춘 등이 청국의 변무사 오녹연의 인가를 얻어 이주한인들의 공적 단체로 「간민회」를 조직하였다(국사편찬위원회, 1965, 「국외 항일운동」, 『한국독립운동사』 1, 54쪽 참조)

50 1911년 4월 이철영, 이회영, 이시영의 3형제와 이동녕, 이상룡, 이광등이 봉천성(奉天省) 류하현(柳河縣) 삼원보(三源堡)에서 군중대회를 개최하고 조선인민의 자치단체로 「경학사」를 조직하였다(김의환, 1974, 「만주에 있어서 초기독립전쟁의 고안」, 『한국학논총』, 22쪽 참조).

51 1922년 가을, 압록강 대안의 서간도지방에 풍작이 들자 산재해 있던 조선인 이민들이 재차 모여 이상룡이 중심이 되어 통화현(通化縣) 합니하(哈泥河)에서 자치 기관으로 「부민단」을 조직하였다(홍종필. 앞의 〈滿洲における 朝鮮人 農業移民の 史的研究〉, 97쪽).

52 서굉일. 앞의 〈1910년대 북간도의 민족주의교육운동(II)〉, 239쪽.

53 주민들은 독립운동가요 교육가인 김약연을 '동만주의 대통령'이라고 불렀다(양성우, 1982, 「윤동주」, 『진리와 자유의 기수들』, 연세대학교출판부, 229230쪽).

발령을 실시하였는데 이주한인들의 자발적인 참여로 순조롭게 진행되었다.[54] 이것은 민족지사에 의하여 이주한인의 힘을 모을 수 있었던 좋은 선례가 되었다.

간민회는 이주민에게 있어서 선결문제의 하나인 학교의 설립이 동포의 힘에 의하여 가능하다는 자신감을 얻었다. 그들 지도부는 시국강연회를 개최하여 동포들의 각성을 촉구하였고 지도자들을 각 촌락에 파송하여 학교설립을 주관하게 하여 1911년 한 해에 36개교를 짓는 등 교육사업에서 업적을 나타냈다.[55] 이제 이주한인들은 간민회를 정부와 같이 신뢰하고 모든 법회(法會)에 따랐으며 의무금을 납입하였다.

그러나 1914년 5월 중국 대륙에 위안스카이(袁世凱)의 독재체제가 등장하자 자치 기관이었던 간민회는 활동을 계속 수행할 수 없게 되어 간민교육회(墾民敎育會)로 그 명칭을 개명하고 간민회의 지방조직을 바탕으로 지방회와 지회를 설치하고 활동은 지역교회의 책임자들에게 맡겼다. 그리하여 간민회나 마찬가지로 학교는 계속 증가되어 1918년까지는 표 8-2처럼 137개교를 헤아리게 되었다.

54　서굉일. 앞의 〈1910년대 북간도의 민족주의교육운동(Ⅱ)〉, 239쪽. 이지택. 1972. 「북간도」《중앙일보》 10월 28일자 참조.

55　서굉일. 앞의 글.

표 8-2 북간도지방의 한인학교 일람표(1905-1918)

구분	학교명
연길현 (59개교)	광성(光成), 창동(昌東), 상군(尙群), 정동(正東), 동흥(東興(九龍坪)), 배영(培英), 영신(永新), 진명(震明(沿東社)), 흥동(興東(問獐岩村)), 제동(濟東), 한성(韓城), 양성(養成), 협동(協東), 근성(近成), 중동(中東), 조양(朝陽), 육영(育英), 동신(東新), 영실(英實(四鄕)), 영실(英實(龍井村)), 영신(永信), 숭신(崇信), 진명(震明(鷄林村)), 봉오(鳳鳴), 보진(普進(守谷鄕二道溝)), 보흥(普興(河內城)), 명신(明信), 신흥(新興), 광신(光新), 영창(永昌), 흥동(興東(下陽里)), 교향(敎鄕), 광흥(光興), 명신(明新), 이성(二成), 진동(震東(右鶴洞)), 흥동(興洞(長興洞)), 보진(普進(上里社二道溝)), 명신(明新(小五道書)), 진흥(晉興(河內城南溝)), 경애(敬愛), 유신(維新), 협정(協正), 영동(永東), 창흥(彰興), 숭신(崇信), 명신(明新(老頭溝西溝)), 진동(震東(銅弗寺大溝)), 신성(新成), 영생(永生), 배문(培文), 동창(東昌), 동성(東盛), 동흥(東興(光濟村)), 중정(中正), 명성(明成), 의성(義成), 광진(廣進)
화룡현(和龍縣) (70개교)	명동(明東(明東村)), 광동(光東), 명동(明東(南坪)), 청호(淸湖), 동일(東一(平崗)), 독흥(讀興), 동흥(東興(永化社鶴城)), 보신(普新), 보순(普順), 대흥(大興), 회흥(會興), 야소(耶蘇(五龍洞)), 창동(彰東), 영동(英洞), 남양(南陽), 만동(萬東), 청일(靑一(靑坡湖)), 명신(命新), 광동(廣東), 덕흥(德興), 신동(新東), 양진(陽振), 동흥(東興(小厚望洞)), 철동(哲洞), 동흥(東興(厚正洞)), 동창(東昌), 개척(開拓), 금곡(金谷), 중어(中語), 야소(耶蘇(揚武厚子)), 연신(延新), 용동(龍洞), 덕성(德成(太陽村)), 청일(靑一(明新社)), 숭신(崇信), 창신(昌新), 명동녀(明東女), 영동(英東), 송동(松東), 광동(光東), 청호(淸湖), 정동(正東), 동동녀(東東女), 은성(錦城), 청하(晴霞), 덕신(德新), 영성(英成), 목흥(穆興), 인성(仁成), 원동(元東), 흥동(興東), 용신(勇新(尹泉)), 은성(恩成), 양성(養成), 학성(學成), 화흥(華興), 대성(對成), 화성(化成), 조양(朝陽), 소성(蘇成), 덕성(德成(南陽洞)), 덕성(德成(大蔬洞)), 청일(靑一(上里社三道溝)), 동일(東一(上里社二道溝)), 광신(光新), 용신(勇新(勇新社)), 광종(光宗), 의흥(義興), 보명(普明), 노동(勞動)
왕청현(汪淸縣) (6개교)	진성(振成), 명동(明東), 광동(光東), 고소(高小), 태흥(泰興), 창동(昌東)
혼춘현(琿春縣) (2개교)	개량(改良), 입신(立新)

※동양척식주식회사, 1918, 『간도사정』과 홍종필, 1984, 「만주조선인교육문제소고」 『백산학민보(白山學閔報)』 28에서 발췌 작성.

간민교육회(墾民敎育會)의 교육운동은 외면적으로는 괄목할 만한 학교 수의 팽창을 꾀했고 내면적으로는 민족주의교육을 위하여 진력하였다. 교명마저 대부분 조국을 뜻하는 이름이었다. 그들은 두 가지 방향으로 교육목표를 설정하였다.

그 하나는 신학문, 신문화의 수용과 발달을 위한 근대 지향적 측면이며,

또 하나는 만족의 자주독립과 보존을 위한 민족지향적 측면이었다. 따라서 근대화, 민주화를 이루고자 인간 덕성, 실업, 민주시민, 법률 경제, 과학, 사범, 외국어, 한학교육을 실시하였고, 국혼과 민족의식을 일깨우기 위해서 국어, 애국심, 신앙, 역사교육을 실시하였다. 이와 같이 하여 민족적 사회적 자아를 확립하여 국가 사회 발전에 필요한 인간을 양성하고자 하였다.[56]

실제로 교육현장에 나타난 단적인 예로 윤동주(尹東柱)는,

그곳은 새로 이룬 흙냄새가 무럭무럭 나던 곳이요. 조국을 잃고 노기에 찬 지사들이 모이던 곳이요. 학교와 교회가 새로 이루어지고, 어른과 아이들에게 한결같이 열(熱)과 의욕이 넘친 기상(氣象)을 용솟음치게 하던 곳이었습니다.[57]

라고 용솟음치는 교육현장을 실감나게 묘사하고 있다. 또한 문익환(文益煥)은,

작문시간에는 어떤 제목이 나오든 조선독립으로 결론을 내리지 않으면 점수를 안 주던 이기창(李基昌) 선생의 모습에서 우리는 민족의식과 애국심을 배웠다.[58]

56 조동걸. 1977, 「1910년대 민족교육과 그 평가상의 문제」, 『한국학보』 6, 129쪽.
57 문익환. 1967, 「동주형의 추억」, 『하늘과 바람과 별과 시』, 정음사, 216쪽.
58 문익환. 1973, 「태초와 종말의 만남」, 『크리스챤문학』 신춘호. 65쪽.

라고 민족의식과 애국심을 익히게 된 경위를 토로하고 있다. 특히 문재린
(文在麟)은 입학시험 때 한문 시험 문제로 "생생이생생 사사이사사 인당생
사난(生生而生生 死死而死死 人當生死難)"[59]이 출제되었음을 회상하고 있다. 이
러한 예들로 미루어보아 민족지향적 교육이 투철하였음을 확인할 수 있
다. 그리하여 민족지향적 교육은 다음과 같은 인물을 배출하였다.

> 용정이 키워낸 인물들은 참 많다. 박계주, 윤동주, 윤극영, 안수길 등 문
> 학과 예술의 선구자들이 많았고, 조국을 지키는 간성이 되고자 군에 뛰어든
> 용사들도 많아서 정일권(丁一權)을 필두로 하여 김백일(金白一), 강문태(姜文
> 泰), 박림항(朴林恒), 김동하(金東河)… 같은 명장 등이 모두 용정이 키워낸 인
> 물이다. 그리고 종교 지도자들도 많이 배출했다. 문재린(文在麟), 김재준(金
> 在俊), 강원룡(姜元龍), 안병무(安炳茂), 문익환(文益煥), 문동환(文東煥), 전택보
> (全澤珤) 등이 그들이다.[60]

이와 같은 북간도에 있어서의 민족지향적인 교육운동과 그 성과는 서간
도의 경학사(耕學社)와 부민단(扶民團), 연해주의 권업회(勸業會)의 교육활동
과 성과에서도 대동소이한 현상으로 나타났다.[61] 예를 든다면 서간도지방
에서 교육을 받았던 원의상(元義常)은 "애국가나 교가를 앞산 뒷산이 마주
울리도록 우렁차게 부르는 젊은 생도들 앞에 여준(呂準) 교장은 양눈에 망

---

59 서굉일. 앞의 「1910년대 북간도의 민족주의 교육운동」, 267쪽.
60 금창준. 1985. 「해란강에 비 오면 다정하던 님」, 『여성동아』 260, 73쪽에서 발췌하여
    인용.
61 윤병석. 앞의 『국외 한인사회와 민족운동』 23-46쪽, 199-201쪽 참조.

국한의 뜨거운 눈물을 흘리곤 했다."[62]고 감명어리게 상기하고 있다. 또한 연해주의 한민학교(韓民學校)의 창가(唱歌)를 보더라도 애국가를 비롯하여 보국가(保國歌), 대한혼(大韓魂), 국기가(國旗歌), 운동가(運動歌), 국민가(國民歌), 소년건국가(少年建國歌), 한반도가(韓半島歌) 등으로 모두가 민족의식 내지는 독립정신을 고취시키는 것들임을 알 수 있다.[63]

이처럼 북간도를 위시한 서간도, 연해주에서 많은 사회단체가 조직되어 학교를 설립하고 민족지향적인 교육에 진력한 것은 결과적으로 3·1운동 후 1920년대의 가열찬 독립군 투쟁을 가능하게 하였고 나아가서 그 후의 독립투쟁과 독립 조국 건설의 근간으로써 튼튼한 반석 역할을 해주었다고 생각된다.

2. 해간도(海間島) 지방의 한인소년운동

(1) 연해주의 소년애국단 조직과 그 여파

전술한 대로 북간도, 서간도, 연해주를 망라한 해간도 지방은 독립지사들의 헌신적 노력으로 독립운동 기지로서 기반이 다져졌다. 민족혼이 충천하는 해간도(海間島)의 민족주의 교육풍토는 소년운동에서도 선구적인 단체를 낳았다.

연해주에는 일찍이 3·1운동이 나던 1919년에 신한촌(新韓村)을 무대로

---

62 원의상. 1975. 「신흥무관학교」, 『독립운동사자료』 10-1, 독립운동사편찬위원회, 19쪽.

63 윤병석. 앞의 『국외 한인사회와 민족운동』 201쪽.

하여 다음과 같은 내용의 소년단체가 조직되었다.

> 명칭: 소년애국단
>
> 소재: 해삼위(海參威) 신한촌(新韓村)
>
> 목적: 결사구국
>
> 단원수: 42명
>
> 중심인물 회장: 정창선(鄭昌善), 부회장 : 김운학(金雲鶴)[64]

간명하게 남겨진 이 문서가 바로 연해주에서 소년운동이 선구적으로 일어났다는 귀중한 증거이다. 당시 연해주는 이동휘(李東輝) 지사의 거점이었다. 그러한 곳에서 결사구국의 소년단체가 창립되어 임정(臨政)에 충성스럽게 독립운동으로써 소년운동을 전개하였다는 것은 신한촌의 권업회(勸業會)와 한민회(韓民會)의 민족지향적 교육의 소산이라고 생각된다. 한민학교(韓民學校)에서는 '소년건국가' 등을 가르치며 민족혼을 일깨우고 있었다.

연해주에서 처음 일어난 소년운동의 파급효과는 국내외에 다같이 영향을 미쳤다고 생각된다. 위 인용에서 밝혔듯이 신한촌 소년애국단은 자연

---

64 이 내용은 1932년 4월 29일 윤봉길 의사가 적장(敵將) 시라카와 대장(白川大將)을 홍코우 공원(虹口公園)에서 폭살시키자 일경은 이를 수사하기 위하여 상해 프랑스 조계(租界) 당국과 협력. 동 조계내의 용의 장소 수개소에 손을 대었을 때 동 조계 마랑로(馬浪路) 보경리(普慶里) 제4호 「대한교민단」 사무소에서 압수된 문헌에 있는 내용으로 대한민국 원년 중에 일어난 여러 사항 중 「임시정부」 계통으로서 동 정부의 명령에 복종하는 46개 단체들에 대한 내용이 열거되어 있는데 「소년애국단」은 42번째에 증거품 2년도 제14호로 기재되어 있다(앞의 『독립운동사자료집』 7, 1117쪽, 1195쪽 참조).

발생적인 소년단체가 아니라 임정이 공인한 임정의 합법적인 산하 소년단체였다. 시기적으로도 한반도와 해간도 일대에서는 가장 **빨리** 조직되었다.[65]

따라서 같은 해에 일어난 국내의 원산(元山)소년단, 안변(安邊)소년회, 왜관(倭館)소년회나 상해의 인성학교(仁成學校)소년회는 신한촌 소년애국단의 고고성(呱呱聲)에 촉발되어 조직된 소년단체라고 보아진다. 신한촌 소년애국단은 3·1운동이 일어나던 1919년 3월에 조직되었고, 그 후 국내에서 원산소년단(7월 9일),[66] 안변소년회(일자 미상), 왜관소년회(일자 미상)가 탄생되었고 상해에서 인성학교소년회(일자 미상)가 조직되었음이 이를 뒷받침한다고 생각된다.

(2) 간도 지방의 소년운동과 그 성격

간도(間島)는 우리 민족사에서 아주 독특한 위상과 의미를 지닌 지역이다. 고조선, 고구려, 발해 등 먼 옛 조상들의 삶의 터전이었다. 그런가 하면 청나라 개국 뒤로는 '봉금령(封禁令)'에 의해 조선인은 접근조차 금지되었던 곳이다.[67] 이와 같은 간도의 사정은 송우혜의 다음과 같은 글에서 잘 드러나고 있다.

19세기 말부터는 우리 민족들이 다시 들어가 개간하여 살기 시작하였음

---

65 앞의 『한국 현대사』 9, 300쪽에서 「신한촌 소년애국단」은 1919년 3월에 조직되었다고 기록해 놓았음.
66 앞의 『한국 보이스카우트 60년사』, 41쪽.
67 홍종필. 1984. 「만주 조선인 교육문제 소고」, 『백산학보』 28, 7쪽 참조.

으로써 흡사 국경 밖의 국토처럼 특수한 지역이 된 곳, 그리고 일제에 의해 나라를 잃은 뒤로는 독립운동사상 가장 치열한 대일 무력항쟁이 전개되었던 곳이다.[68]

따라서 간도에서 전개된 소년운동은 다른 지역보다도 그 의미가 크다고 생각된다. 이러한 간도에 소년척후대가 1924년 용정촌(龍井村)에서 처음 조직되었고 그해 6월 26일 정식으로 소년척후단조선총연맹에 가입하였다.[69]

표 8-3 간도의 소년군 상황(1931년 10월 현재)

호대 번호	소재지	대장
제50호대	북간도 용정촌	-
제51호대	길림성 영안현(寧安縣) 동경성 한인촌(東京城韓人村)	이우상(李佑相)
제52호대	길림성 돈화현(敦化縣) 이두랑자(二頭梁子)	이원해(李遠海)
제58호대	길림성 영안현 황지돈 한인촌(黃地頓韓人村)	-
제59호대	봉천 서탑대가삼조선인청년회	김극모(金克模)

※한국보이스카우트연맹. 1984. 『한국 보이스카우트 60년사』 177쪽.

그밖에도 서북간도에서는 이미 조선소년군이 조직되어 1931년 10월까지는 위의 표 8-3과 같이 5개 호대(虎隊)에 이르렀다. 그러나 2년이 경과한 1933년 10월에는 제59호대(대장: 김극모)만 남은 것[70]으로 보아 만주사변(1931년 8월 18일 발발)을 겪는 동안 소년군의 조직 유지가 어려웠던 것으로

---

68 송우혜. 1989. 「하늘을 우러러 한 점 부끄럼 없기를」, 『진리. 자유』 2, 연세대학교, 122쪽.

69 앞의 『한국 보이스카우트 60년사』, 176쪽.

70 앞의 책. 177쪽.

생각된다. 그러나 1934년 6월에 안동현(安東縣)에서 제31호대(대장: 이동찬, 李東燦)가 1935년 4월에는 개원(開原)에서 제58호대(대장: 康秉彦)가 조직되어 명맥을 이어갔다.[71] 이들 간도지방의 소년단원들은 다른 지역의 소년단원과 같이 소년단 고유의 가두선전, 봉사활동, 구호법 익히기, 동화대회, 야영대회, 모험·탐험, 각종 체육경기, 오락 등을 실시하여 미래를 위하여 심신을 단련하였다.

특기할 것은 6·10만세운동에 연루된 소년운동 지도자 조철호가 출감 후 1927년 간도로 망명하여 1930년까지 대성중학과 동흥중학에서 교편을 잡은 일이다.[72] 조철호는 그간 교육운동, 민족운동, 소년운동에 몸바쳐 온 것으로 보아 틀림없이 간도 지방에서도 소년운동을 전개했을 것으로 보이지만 당시 조철호가 하숙했던 집의 자녀였던 김창준(金昌俊)은,

소학교 때 늘 선생님의 배갈 심부름을 했는데 조선독립의 이야기로 한정 없이 배갈을 드시다가 취하시면 혁명가를 불렀다. "산에 나는 가마귀야 시체보고 우지 마라 몸은 비록 죽었으되 혁명 정신 살아 있다." … 조선생님은 이 노래를 부르며 비통해 하시다가 조선독립을 외치며 울음을 터뜨리곤 하셨다.[73]

라고 증언하여 조철호의 기개는 여전하였으나 망국한에 처절한 감정을 억

<hr>

71 앞의 책. 177쪽.
72 조찬석. 1980. 「관산 조철호에 관한 연구」, 『교육논총』 12, 인천교육대학, 69쪽.
73 김창준. 앞의 〈해란강에 비오면 다정하던 님〉, 79-80쪽.

제하지 못하고 있었음을 알려주고 있다. 조철호의 심정은 소년들에게도 이심전심으로 전달되었다. 한편 길림소년회(지도자: 孫元一) 회원이었던 손원태(孫元泰)는 다음과 같이 회상하였다.

소년회 활동도 주로 항일전쟁 놀이나 웅변대회 등을 열어 나라 잃은 설움을 달랬지요.[74]

이와 같이 지도자나 소년 회원 이 모두 망국한에 치를 떨며 조국광복을 염원하며 소년회 놀이도 전쟁놀이를 할 정도로 간도의 분위기는 독립기지다웠음을 전해 주고 있다.

표 8-4 간도의 소년운동단체 상황(1930년 현재)

소재지	소년운동 조직체명
길림(吉林)	길림소년탐험대(대장 : 김일영(金日榮), 제 1반장 : 허성(許成), 제 2반장 : 진규삼(陣奎三))
반석현(盤石縣)	•재중국 한청년동맹(韓靑年同盟) 소년탐험대(위원장 : 오해추(吳海秋), 서무부장 : 주광(朱光), 조직부장 : 류영빈(柳英斌), 선전부장 겸 소년부장 : 이북성(李北星), 검사부장 : 이병화(李炳華)) •재중국 한인동맹(소년부위원 : 주광(朱光))
류하현(柳河縣)	조선인소년탐험대
청원현(淸原縣)	요동(遼東)연합회소년부(최영덕, 崔永德)
신빈현(新賓縣)	•국민부소년단(國民府少年團) •적제(赤第) 소년신보(少年新報)(주필 : 박재(朴載))

※조선총독부경무국. 1930.「秘國外朝鮮人不穩團體分布圖」에서 발췌 작성.

따라서 표 8-4처럼 1930년대 간도 지방의 소년운동은 순수한 소년운동을

74 계원태. 1991.「길림소년회 회상」,『주간소년』1163, 1991년 8월 11일자.

넘어 독립운동의 전위로서 자리매겨졌다. 국내의 소년운동이 일제의 직접적인 압박으로 온건으로 가장하였으나 내심으로는 장래에 독립운동하는 것을 암암리에 익혀갔다면 간도의 소년운동은 유사시엔 즉각적으로 투입될 수 있는 독립운동 전위로서의 강력한 소년탐험대 조직으로 그 임무가 숙지되어 있었다. 이러한 항일소년군사운동의 전통은 일찍이 1919년 3월 신흥학교(新興學校)의 다물단(초대단장: 김석(金石), 후에 신흥학우단으로 명칭을 변경) 조직에서 유래되었다고 생각된다. 그들은 목적을,

> 혁명대열에 참여하여 대의(大義)를 생명으로 삼아 조국광복을 위해 모교의 정신을 그대로 살려 최후의 일각까지 투쟁한다.[75]

라고 하여 독립투쟁에 몸바칠 것을 다짐하였다. 이 전통이 면면히 전수되고 전파되어 1930년대에는 간도 도처에 소년군사운동조직체가 굳건히 세워져 다음과 같은 「복수가(復讐歌)」가 천지에 진동하였다.

> 단군성손(檀君聖孫) 우리 소년 국치민욕(國恥民辱) 네 아느냐
> 부모장사(父母葬事) 할 곳 없고 자손까지 종 되었네
> 천지 넓고 넓건만 의지할 곳 어데냐
> 간 곳마다 천대고 까닭없이 구축(驅逐)되어
> 잊었느냐 잊었느냐 우리 원수가
> 합병 수치를 네가 잊었나 잊었나

---

75 원의상. 1975. 「신흥무관학교」, 『독립운동사자료집』 10, 238쪽.

자유와 독립을 다시 찾기로

우리 헌신에 있도다

나라 잃은 우리 동포 살아 있기 부끄럽다

땀 흘리고 피 흘려서 나라수치 씻어 놓고

뼈와 살은 거름 되어 논과 밭에 유익 되어

우리 목적 이것이니 잊지 말고 나아가세

부모친척 다 버리고 외국나온 소년들아

우리 원수 누구러냐 이를 갈고 분발하여

백두산에 칼을 갈고 두만강에 말을 먹여

앞으로 갓 하는 소리에 승전고를 울려

둥둥 만세 만세 만세 만세 만세 만세 만세[76]

이와 같이 '다물정신'으로 다져진 불타는 소년들의 죽음을 불사하는 항일 정신이 항일투쟁에 직접적인 기여를 하게 되었다고 생각된다.

Ⅲ. 미주(美州)에서의 한인소년운동

1. 한인단체의 결성과 민족교육운동

한인의 국외 진출은 1870년대 이래 북간도를 위시하여 서간도·연해주와

---

76 國史編纂委員會編史會, 1974. 『續史』 1, 20쪽.

그리고 멀리 미주에까지 미쳤다. 미주(美州)로의 집단 이민은 1902~1905년 사이에 하와이 사탕수수 농장에 이주한 7,200여 명의 노동 이민자에서 비롯되었다.[77] 그들의 구성 성분은 기독교인, 학생, 선비, 군인, 머슴, 역부 및 건달 등으로 각계각층의 출신 인물들로 구성되어 있었다.[78]

그들 이민 1세들은 열악한 조건에서 다음과 같이 적응하여 갔다.

> 한국인은 급속히 성장했다. 하와이는 그들에게 거대한 가능성의 땅이었다. 농장의 일꾼이 되기 위한 수련을 쌓게 되었다.[79]

하와이는 그들에게 거대한 농업학교로 이민 초기 미국사회를 익히는 데 도움이 되었다. 여력이 생기기 시작하자 1903년 신민회(新民會) 결성을 필두로 1907년까지 20여 개에 달하는 각종 사회단체를 만들어 미국사회에 자리잡아갔다. 1909-1910년 망명지사의 쇄도와 발을 맞춰 대한인국민회(大韓人國民會)로 통합되면서 한인사회의 이권 보장과 조국광복을 위한 활발한 활동을 벌여나가게 되었다. 드디어 1912년 11월 해외에 거주하는 한인 대표 12명이 모여 샌프란시스코에서 '대한인국민회헌장(大韓人國民會議憲章)'을 제정하였다.[80]

---

77 윤병석. 앞의 『국외한인사회와 민족운동』, 232-234쪽 참조.

78 김원용. 1958. 『재미한인오십년사』, Readly Calif, U. S. A, 7쪽.

79 윤병석. 앞의 『국외한인사회와 민족운동』, 244쪽 재인용.

80 이때 참가한 해외 한인 대표는 북미: 이대위(李大爲), 박용만(朴容萬), 김홍균, 하와이: 윤병구(尹炳球), 박상하(朴相夏), 정원명(鄭元明), 연해주: 김병종, 유주규, 홍신언, 간도: 안창호, 강영소, 홍언 등 12명이다(앞의 글, 315쪽).

이들은 역점 사업의 하나로 재미 한인의 교육사업으로 이민 시대의 성인교육과 2세 자녀들에게 모국어와 한국문화를 교육하는 민족주의 교육에 중점을 두었다. 그 결과 1905년부터 1925년까지 20년 동안 각 지방 교회마다 국어학교를 설립하여 매일 몇 시간씩 교육하였다. 이와 같은 민족교육을 시행하는 필요성에 대하여 쾌설당은 『신한민보(新韓民報)』에 다음과 같이 기고하여,

> 자녀를 교육하되 특별히 조국강토를 귀히 여기고 우리 민족의 가장 비참한 정형을 생각하여 잊지 않게 하며 자기가 이러한 국가와 민족에 대하여 어떠한 의무가 있는 것을 알게 한다.[81]

라고 민족주의 이념을 계발하려고 분발하였다.

2. 미주지방의 한인소년운동

(1) 소년병학교의 소년군사운동

전술한 대한인국민회는 미주 한인사회의 권익옹호에 멈추지 않고 본국과 상해, 해간도 등과 긴밀한 연계를 갖고 독립운동을 추진해 갔다. 이의 구현을 위해 미주의 한인사회가 그들의 자치와 민족의 근대적인 역량을 향상시켜가면서 조국의 독립 쟁취를 최상의 목표로 하는 강력한 조직체로 대한인국민회를 조직하고 이를 통해 민족교육에 역점을 두고 독립운

---

81 〈재미 한인 자제의 교육 방침〉,《신한민보》 1913년 11월 28일자.

동을 추진해 갔다. 이와 같은 한인사회를 기반으로 하고 대한인국민회의 성원 속에 박용만(朴容萬),[82] 백일규(白一奎), 박처후(朴處厚), 이종철(李鐘澈) 등은 좀 더 실현가능한 독립운동 방안으로 한인소년군사운동을 구상하고 Nebraska Westings에 한인소년병학교를 설립, 그곳에서 독립전쟁의 실천책으로 소년군사교육을 실시하고자 하였다.[83]

1909년 6월 마침내 Nebraska Westings에 박용만(朴容萬)을 비롯한 박처후(朴處厚), 임동식(林東植), 이종철(李鐘澈), 백일규(白一奎), 정한겸(鄭翰兼), 김장호(金長浩) 등[84]은 그 지역 한인사회의 지원으로 미국인 소유의 커니 농장을 빌려 소년병학교 교련장으로 이용하고 Nebraska 주청(州廳)의 묵허(默許)까지 얻어 무예교육을 실시하게 된 것이다.[85] 미주 한인사회가 독립을 쟁취하고자 대한인국민회를 성립시킬 무렵의 일이었다. 마치 간도에서의 간민회(墾民會)와 명동학교(明東學校), 경학사(耕學社)와 신흥학교(新興學校)처럼 대한인국민회와 한인소년병학교는 불가분의 관계임을 시사하고 있다. 이 점에 대하여 윤병석은 다음과 같이 묘사하였다.

박용만은 그가 한인소년병학교를 주도해서 세울 무렵 원동(遠東) 지방에다 독립전쟁론에 입각한 독립운동 기지를 설립하기 위하여 그곳으로 국민

---

82 박용만의 호는 우성(又醒), 1877년 철원 출생. 「경응의숙(慶應義塾)」중퇴. 한말 애국계몽운동에 투신하였고 미국 망명 후 「대한인국민회」 조직, 「한인소년병학교」 건립에 앞장서는 등 미주한인사회에서 이승만과 쌍벽을 이루었던 독립운동가(윤병석. 앞의 『국외 한인사회와 민족운동』, 232-497쪽 참조).

83 윤병석. 앞의 『국외한인사회와 민족운동』, 393-395쪽 참조.

84 노재연. 1951. 『재미한인사략(在美韓人史略)』 상, 51쪽.

85 《신한민보》 1914년 2월 19일자.

회의 중임(重任)을 맡고 파견된 이상설(李相卨)과도 밀접한 관계에 있었고 블라디보스톡에서 독립운동 기지화에 매진하던 정순만(鄭淳萬)과는 결의 형제를 맺은 사이였다. 이와 같은 박용만의 신변을 고려해 볼 때 그가 주도 설립하여 교장이 된 한인소년병학교는 미국내에서 자신의 독자적인 사업으로 추진된 것이라기보다는 국내와 원동(遠東), 그리고 미주에 온 한민족이 망라되어 추진한 1910년대 독립전쟁론의 구현을 위한 한 선도사업이었다.[86]

즉 본국, 해간도와 미주의 한인사회가 대한인국민회로 연결되어 밀접한 유대 속에 있었음을 적절하게 지적하고 있다. 그러므로 국민회는 한인소년을 사관(士官)으로 만들어 독립전쟁을 효율적으로 쟁취시키고자 「한인소년병학교」를 설립했음이 명백하다.

1910년 여름에는 27명의 학생이 Westings전문학교 교장의 후원으로 그 학교의 교사(校舍)와 운동장을 사용하게 되었고 그 후 소년병학교유지단까지 생겨 보다 안정적인 교육이 가능해졌다.[87] 소년병학교는 처음부터 여름학교체제로 운영되었다.[88] 학생들은 낮에는 농장에서 일하고 저녁과 야간에 국어국문, 영어영문, 한문, 일어, 역사, 수학, 지리, 이과학 등 교양과목과 군사학을 이수하였다.[89] 이 같은 교과편성은 국어와 역사를 통해 민족의식을 고취시키고 군사학을 통해 독립전쟁 발발시 직접적으로 독립전쟁에 역군으로 만들고자 하는 강한 의도에서 비롯되었다. 더욱이 박용만(朴容萬)

---

86 윤병석. 앞의 『국외 한인사회와 민족운동』, 406-407쪽.
87 앞의 글.
88 《신한민보》 1914년 4월 16일자 및 8월 20일자.
89 《신한민보》 1914년 4월 16일자.

에 이어 교장에 취임한 박처후(朴處厚)는 "우리의 급선무는 숭무에 있어"[90] 라고 하여, 상무주의(尚武主義)에 입각한 소년군사운동의 절박성을 강조하였다.

또한, 이종철(李鐘澈)은 『신한민보』에 다음과 같이 기고하여 소년병학교의 입교를 권장하였다.

우리의 먼저 일은 활동하는 기백과 무예적 정신으로 저들과 죽고 살기를 내기할 것 뿐이라… 아 아 소년 남자들아 우리 대한국 소년들아 소년병학을 버리고 어디로 가려느뇨.[91]

아무튼 1914년 여름학기까지 6년간 계속된 미주에서의 소년병학교 경영은 이민 2세들의 민족혼을 앙양시키는 데 아래와 같은 공헌을 하였다.

학교에 들어오는 자는 완석이라도 금강석이 되며 수쇠라도 금덩이가 된다.[92]

이와 같은 성과를 거둔 미주 한인사회의 소년병학교 교육은 정규교육이 아닌 여름 방학 때, 그것도 낮에는 농장에서 일하고 밤에야 조국을 찾겠다는 향학열로 상무정신을 불 밝혀 익힌 소년군사운동의 귀감이라고 생각된다.

90　《신한민보》 1909년 9월 22일자.
91　《신한민보》 1914년 3월 5일자.
92　《신한민보》 1914년 7월 16일자.

(2) 한인보이스카우트의 조직과 그 의의

1907년 영국의 R. Baden-Powell이 보이스카우트 운동을 일으킨 이래 소년 정서에 알맞은 이 운동은 빠른 속도로 전 세계에 퍼져 나갔다. 한국에서는 이 운동이 1921년 9월경부터 조철호(趙喆鎬)에 의해 중앙고보(中央高普)에서 시작되었고[93] 사회적으로 정식 선포된 날은 1922년 10월 5일이었다.[94] 그 후부터 이날을 한국소년단 운동의 기점으로 삼아왔다. 그러나 한국 땅은 아니지만 한말 국난기에 많은 민족지사들이 독립운동의 기지를 건설코자 국외로 망명하여 새로운 신천지에서 한인사회를 건설하고 독립의 역군을 길러냈다. 『신한민보』에 게재된 다음과 같은 기사를 보면, 미주의 하와이도 그 중의 하나였다.

> 대한인국민회 하와이 총회는 2월 1일 대한인국민회 창립 제9회 기념 경축을 굉장히 준비하므로 중앙학원, 왜슬네홈, 성루가학교, 호항녀학원, 국민회학교, 태평양학원 생도들이 성황을 돕기 위하여 야외 경주 운동을 준비한다더라.[95]

윗글은 1918년 2월 현재 대한인국민회 하와이 총회 산하에 적어도 6개교 이상의 학교가 조직 운영되고 있음을 알려주고 있다. 그리고 그들에게 야외경주 운동 등이 있다는 실체도 보여주고 있다. 그러한 학교 교육을 바탕

---

93 한국보이스카우트연맹. 1953. 『스카우트교범』. 6쪽.
94 《동아일보》 1922년 10월 7일자.
95 《신한민보》 1918년 2월 7일자.

으로 하여 하와이에서는 다음과 같이 국내외를 막론하고 한인 최초로 한인만의 스카우트를 조직하여 활동하였다.

> 1918년 한인기독학교의 당시 교장인 이승만 박사가 최초의 「한인보이스카우트」를 조직하여 스카우트 활동을 통해 단원들에게 애국심을 고취시켰다.[96]

당시 이승만(李承晩)[97]은 한인소년병학교의 교원 경력을 갖고 하와이에 와서 기독교학원을 설립(1914)[98]하고 그 교장으로서 1918년 한인보이스카우트를 만들고 한인 2세에게 탐험훈련을 시켜 백두산을 넘어 본국으로 상륙할 날을 꿈꾸고 있었다. 그런데 여기서 주의할 것은 한국인 2세를 위한 소년단의 역사는 국내에서는 1920년 8월부터 소년단 운동을 실시하였다 하더라도 2년은 바로 잡아야 될 것이라는 점이다. 1919년 연해주의 소년애국단 운동, 서간도의 다물단 운동, 상해의 인성학교소년회 운동, 그리고 국내의 원산소년단, 안변소년회, 왜관소년회 운동보다도 적어도 1년은 빨랐던 사실을 인정해 주어야 된다고 생각된다.

나아가서 하와이 한인보이스카우트에 대해서 기록된 다음과 같은 대목

---

96 앞의 『한국 보이스카우트 60년사』, 179쪽.

97 이승만(1875~1965)은 1875년 황해도 평산(平山) 출신, 호는 우남(雩南), 학력은 1908년 하버드대학에서 석사, 1910년 프린스턴대학에서 철학박사학위 취득, 한말 독립협회 운동을 했고 미주(美洲)에 망명하여 기독교학원을 설립, 한인 보이스카우트를 창설했으며 중국 상해에 임시정부가 수립되자 초대 대통령에 취임했던 독립운동가(박성하. 1958. 『우남노선』, 서울: 우남전기편찬위원회, 8-77쪽 참조)

98 박성하. 앞의 글 66쪽 및 309쪽과 《신한민보》 1914년 5월 14일자.

도 주시해야 될 것이다.

　1919년에는 한국인으로서는 최초로 1917년 미국 보이스카우트 호놀룰루 제14대에 입대하여 반장으로 활약하던 Walter 정(鄭)이 이승만의 권유에 따라 한인보이스카우트에서 지도자로 활약하기도 하였다.[99]

이 글에 의하면 한국인 중 최초의 스카우트와 스카우트 지도자는 모두 Walter 정(鄭)으로부터 시발했다고 생각된다.

미주는 영미권이다. 영국에서 발생한 보이스카우트 운동을 탐험심 많은 미국인이 재빨리 받아들였고 이를 관망하던 한인 민족지도자들이 한인 2세에게 본격적인 소년운동으로서 소년단 운동에 시동을 건 것이다. 그리고 이 소년운동을 민족운동으로서 일치시킨 것이다.

한편 조국의 스카우트운동을 지원하는 일도 다음과 같이 잊지 않았다.

　1926년 1월, 미국 애리조나에 거주하는 최춘흥(崔春興), 이승민(李承民), 노재호(盧在浩), 서성선(徐聖善), 안정순(安正順), 오태선(吳泰善), 한경서(韓景瑞), 홍순진(洪淳珍), 현목우(玄牧友) 등 12명의 교포들은 미화(美貨) 35달러를 최춘흥(崔春興)의 이름으로 소년척후단 조선총연맹의 이상재 총재에게 보내 와 총연맹에서는 이 자금을 연맹 기본금으로 영구 보존할 것을 결정할 정도로 감동케 한 일이 있었다.[100]

99　앞의 『한국 보이스카우트 60년사』, 179쪽.
100 앞의 글. 180쪽. 이 책 제6장 Ⅳ-1 '소년척후단조선총연맹의 성립'에서 기술한 '소년척

그러므로 미주의 소년단 운동과 국내의 소년단 운동은 끈끈한 연계의 고리가 형성되어 있었고[101] 비록 국토는 달리해서 살았지만 한민족은 하나로서 어디에 살든지 하나의 동포관을 지니고 살았다고 생각된다.

이상에서 고찰한 바와 같이 국외에서의 한인소년운동은 강인한 소년 군사운동을 동반함으로써 소년운동은 그 자체가 가장 유용한 민족독립운동의 전위로 자리매김 되었다고 생각된다.

후단조선총연맹' 헌법 제2조 "전조선 및 외국 체류의 조선인 소년척후대로서 조직되어 호상 연락 통일을 보전하며 그 보급 발달을 원조하여…"의 정신이 잘 드러난 실례임.
101 앞의 글. 180쪽.

제9장

맺음말

이제 지금까지의 연구 작업을 바탕으로 해서 한국소년운동사가 민족운동사상에서 갖는 위상과 의의를 구명한다면 다음 몇 가지로 지적할 수 있을 것이다.

1) 화랑도를 민족정신으로 체질화시켰다.
2) 소년 존중의 기운을 조성시켰다.
3) 건전한 놀이를 보급하기 시작하였다.
4) 아동문학열이 일어났다.
5) 인간평등사상을 보급시켰다.
6) 민족혼을 일깨웠다.
7) 세계시민정신을 함양하였다.
8) 한국소년운동사의 방향을 제시하였다.

이 연구는 국내외에서 유기적으로 전개된 한국소년운동사(1860-1945)의 전모를 밝혀 민족운동사상에서 갖는 의의를 구명하는 데에 연구의 목적을 두었었다. 한국소년운동의 전모는 다음과 같이 정리할 수 있었다.

첫째, 소년에 관한 인식은 조선 후기 실학자들에 의하여 부분적으로 제기되었다. 그 후 동학의 교리에서 소년운동의 기저 사상인 소년해방사상이 마련되었다. 한편 독립협회나 애국계몽가들은 국망의 위기의식에 처해서 소년의 가치를 촉박하게 깨닫고 근대교육, 민족교육을 통해 조국을 지켜보고자 하였다. 그러나 역부족으로 을사조약이 강제 체결되었다. 그러자 소년의 가치는 더욱 높아져 『소년한반도』나 『소년』을 펴내 소년을 새로운 국가의 주역으로서 인식하고 소년 교도(教導)에 박차를 가하였다. 끝내 조국이 멸망하자 서당을 통해 민족교육을 실시하여 드디어 소년도 3·1운동의 일정한 역할을 감당할 수 있게 되었다.

둘째, 3·1운동의 기세에 의하여 쟁취한 『개벽(開闢)』지는 통권 72권의 발간 중 37번에 걸쳐 소년 관계의 내용을 비중 있게 반영하였다. 『개벽』지는 처음에는 주로 소년의 인격이 무시되었던 전통시대 소년관의 실상을 드러내어 소년문제를 사회 일반에 환기시켰다. 그리하여 민족운동의 차원에서 소년에의 기대감을 갖고 소년문제의 해결책을 논의하고 소년운동의 필요성을 제고 하였다. 천도교인 이돈화(李敦化)는 주로 소년보호, 천도교인 김기전(金起田)은 주로 소년해방의 시각에서 문제 해결에 접근하였다. 이들의 계몽은 소년계에 커다란 호응을 일으켜 소년운동의 양대 축인 소년회와 소년단의 조직 활동으로 나타나 각 지방의 소년단체 결성이 촉진되었다. 그러나 『개벽』지는 이에 자족하지 않고 유희로 머무는 행사나 소년 자신이나 몇몇 지도자만의 소년운동으로 화하는 것을 경계하고 민족독립운동으로서의 소년운동이 되도록 소년운동의 본의를 각성시켰다.

셋째, 3·1운동의 흐름 속에서 국내에서는 원산(元山), 안변(安邊), 왜관(倭館), 진주(晉州) 등지에서 소년운동이 계속 일어났다. 이 중 진주소년회의 만세운동이 직접 도화선이 되어 소년운동계는 커다란 자각이 일어났고 이로 인해 소년운동단체들이 곳곳에서 연이어 조직되었다. 이때 천도교소년회도 창립되어 소년운동계를 주도하기 시작하였다. 천도교소년회는 김기전, 방정환 같은 소년운동의 이론과 실천을 겸비한 지도자들을 만나 1935년에는 회세(會勢)가 100여 군(郡) 지회를 거닐 정도로 발전하였다. 『어린이』지도 이들에 의해 출판되어 '어린이'라는 용어를 보급시켰다. 한편 조선소년군, 소년척후대도 조직되어 범세계적인 스카우팅(Scouting)을 실천함으로써 소년계에 기대를 모았다. 그들은 1924년에는 단세(團勢)가 166호대에 이르는 발전상을 보이기도 하였다. 한편 소년운동계의 역량이 점차 커지자 1923년 4월 17일 여러 단체 대표들이 천도교당에 모여 소년운동협회를 조직, 범민족적인 소년운동을 전개하기 시작하였다. 동 협회는 동경에서 한국 유학생들이 조직한 색동회와 긴밀한 관계를 맺으며 매년 5월 1일을 어린이날로 설정하고 1주년 어린이날 행사를 대대적으로 전개했는데 특히 어린이날 기념식장에서 선언된 '소년운동의 선언'은 김기전이 소년해방사상에 입각하여 기초한 선언문으로써 한국소년운동사의 방향을 제시하는 기념비적인 이정표가 되었다. 이 선언은 세계에서 최초의 '어린이 인권 선언'이라는 영예를 안기도 하였다.

이듬해 1924년 2주년 기념 어린이날 행사에서는 어머니대회, 아버지대회를 각각 치르면서 어버이날 행사의 효시가 되었고, 1925년 3주년 기념 어린이날 행사에서는 어린이날 노래가 제정되어 더욱 소년에 대한 관심을 고조시켰다.

넷째 , 소년운동은 이처럼 국내에서만 전개된 것은 아니다. 하와이 한인 보이스카우트(1918), 연해주 소년애국단(1919)은 오히려 국내보다도 먼저 조직되어 국내외에 영향을 주었다. 그밖에 상해에서 조직, 발전된 상해소년회—상해한인소년단—상해소년연맹이나 화랑사(花郎社), 간도(間島) 지방에서 조직된 길림(吉林)소년회나 다물단운동 등은 국내의 소년운동이 일제의 직접적인 탄압으로 소년개조운동, 소년해방운동, 소년문예운동, 소년놀이운동을 통하여 내면적인 민족혼을 각성시킨 데 반하여 그들은 순수 소년운동을 넘어 언제라도 전선(戰線)이 형성되면 투입될 수 있도록 강인한 소년군사운동을 동반하고 있었음에 그 특성이 있었다. 그리고 그들 상호 간에는 긴밀한 연계를 갖고 있었다. 국내와도 연통제(聯通制) 등 비밀통로를 이용하여 연락되고 있었다. 해외에서의 소년운동은 독립운동의 전위로써 소년운동은 그 자체가 가장 유용한 민족독립운동이었다.

다섯째, 그러나 소년운동의 문제점도 적지 않게 드러났다. 우선 소년을 민족독립의 새로운 희망으로 인식한 소년운동가들은 일부에 지나지 않았다. 한때의 소년단체는 500여 개를 상회하고 있었지만 소년지도자다운 지도자는 매우 적었다. 지도자 수가 적고 또 그 자질이 부족하였음이 소년운동의 문제점 중 하나였다. 그뿐만 아니라 소년운동의 지반(地盤)도 열악하였다. 물려받은 가난과 무지는 소년운동을 전 국민적인 운동으로 승화시키기에는 거리가 멀었다. 가난과 무지, 무지와 가난이 악순환되는 풍토에서 어른들의 몰이해까지 겹쳐 있었다.

그리고 무엇보다도 내적으로 가장 커다란 문제점은 소년운동을 둘러싼 적전분열(敵前分裂)의 이념 투쟁이었다. 물론 온 사회가 좌우 양분되고 있는데 소년운동이라고 무풍지대일 수는 없었다. 그러나 사회주의 이념이 소년운동계에 유입된 이래 오월회(五月會)(1925), 조선소년총연맹(1928)으로 이어지면서 소년운동협회 측과의 마찰, 중도좌파와 극좌파 사이의 끊임없는 투쟁은 마침내 소년운동이 일제의 탄압으로 해산당할 때까지(1937) 지칠 줄 모르고 계속되었다. 이와 같은 갈등은 소년운동이 도대체 누구를 위한 운동인가 의심하게 되었다. 순진무구한 소년의 이름을 빌려서 자기들의 사상 투쟁에 전위대로 이용하고 있었던 것은 소년운동으로 타오르는 불길을 스스로 끄는 소모전이었다. 사회 일반은 소년운동을 보는 시각이 굴절 되어갔고 나아가서 소년운동을 불온시하게 되었다. 모름지기 한 발짝씩 양보하여 대화와 타협하는 자세가 모두가 사는 지혜라는 것을 교훈으로 남긴 뼈아픈 대목이었다.

여섯째, 일제는 형법, 보안법, 언론법도 부족하여 1925년 급기야 치안유지법을 공포하여 민족운동에 일대 타격을 가해 왔다. 그러나 민족운동은 전혀 수그러들지 않고 더욱 가열차게 전개되어 갔다. 1926년의 6·10만세운동, 1927년의 신간회 조직, 1929년의 광주학생운동은 사회적인 민족운동의 큰 흐름이었다. 이 흐름에 전국적인 소년운동 통합 조직체인 조선소년연합회 결성(1927)도 가세하였다. 이들 운동은 하나같이 일제 탄압의 표적이 되었다. 소년군 지도자 조철호(趙喆鎬, 중앙고보 교사)는 6·10만세운동을 지도한 것이 드러나서 망명길에 오를 수밖에 없었다. 1935년 3월에는 『어린이』지도 정간시켰고, 소년회는 여차하면 폐지시켜 1926년에 500여 개를 상회하던 소년단체가 1929년에는 366개, 1935년에는 135개로 격감되었다. 1937년 어린이날 기념식을 마지막으로 어린이날 행사도 중단당했고, 동년 9월에는 소년군의 탑골공원 태극항건 착용을 빙자하여 소년운동단체의 전면 해산으로 본색을 드러냈다.

그 후 암흑시대가 8·15광복 때까지 계속되었다. 그러나 이와 같은 암흑 속에서도 전백(全柏), 오봉환(吳鳳煥), 이기원(李起源), 장봉순(張鳳順), 장권(張權) 등 숱한 소년운동가들이 독립운동에 직접 헌신하였고 진남포소년척후대(鎭南浦少年斥候隊)의 경우는 지하소년운동을 전개하여 한국소년운동사의 단절을 막고 소년운동사의 정통성을 광복 후로 계승시켰다. 지금 한국에는 어린이날, 어린이공원, 어린이회관이 있다. 그뿐만 아니라 제17회 세계 잼버리(1991. 8. 8-8. 15)도 열렸었다. 이는 한국소년운동이 일제하의 고난 속에서 3·1정신으로 생장했고, 민족 일반의 기대감 속에서 일제의 온갖 박해에 저항하며 뻗어나가 끝내 일제 말 암흑 속에서도 단절 없이 전승시켜 준 결과 나타난 값진 열매였다.

일곱째, 이상에서 밝혀진 바와 같이 한국소년운동사의 전모가 일목요연하게 드러남으로써 비교적 한국소년운동사의 시기 구분의 획이 자연스럽게 그어지게 되었다. 즉 1860년 4월 소년해방사상이 함축된 최제우(崔濟愚)의 동학(東學) 창도에서부터 1905년 11월 주권이 사실상 상실된 을사조약 체결까지를 제1기, 1905년 11월부터 1919년 민족의 함성 천지를 진동한 3·1운동까지를 제2기, 1919년 3월부터 소년운동협회가 조직될 때까지의 근대소년운동 발생기를 제3기, 1923년 5월 1일 어린이날 연합기념행사에서부터 좌우 분리 통합을 거듭하며 어린이날 기념행사가 전개된 1930년 8주년 어린이날 행사까지를 제4기, 제5기는 좌익 반대와 일제의 강압 속에 어린이날 기념행사가 명맥만 유지되다가 마침내 소년단체가 해산된 1937년 9월까지로, 이하 중·일전쟁, 태평양전쟁의 전시 체제 속에서 광복 때까지의 암흑기를 제6기로 분류하여 표 9-1처럼 한국소년운동사의 시기 구분을 설정하면 무난할 것으로 보인다.

표 9-1 한국소년운동사 시기 구분

시기 구분	기간
제 1기 : 소년 인식 계몽기	1860.4~1905.11
제 2기 : 소년운동 역량 축적기	1905.11~1919.3
제 3기 : 근대소년운동 발생기	1919.3~1923.4
제 4기 : 근대소년운동 전성기	1923.5~1930.5
제 5기 : 근대소년운동 수난기	1930.5~1937.9
제 6기 : 지하소년운동기	1937.9~1945.8

이제 지금까지의 연구 작업을 바탕으로 해서 한국소년운동사가 민족운동사상에서 갖는 위상과 의의를 구명한다면 다음 몇 가지로 지적할 수 있을 것이다.

1) 화랑도를 민족정신으로 체질화시켰다.

국내외의 소년운동이 본질적으로 소년 전위 운동으로 치달은 것은 화랑정신의 현재화라고 보겠다.

2) 소년 존중의 기운을 조성시켰다.

학대받고 짓밟히던 윤리적·경제적 압박에서 해방시켜 그들을 예우하는 소년 존중의 풍토가 이룩되기 시작하였다. '어린이'라는 호칭의 사용도 그 한 예가 된다.

3) 건전한 놀이를 보급하기 시작하였다.

놀이의 결핍, 놀이의 빈곤으로부터 벗어나 건전한 놀이를 통해 소년의 자질을 계발하고 소년의 지위를 향상시켜 건전한 한국민으로 성장할 수 있도록 도왔다.

4) 아동문학열이 일어났다.

소년운동은 사회운동과 문예운동으로 병행되었기 때문에 아동문학열이 점고(漸高)되었다. 그 가운데에서도 『어린이』지를 통해서 아동문화가 조장, 정착되어간 비중은 매우 컸다.

5) 인간평등사상을 보급시켰다.

브나로드운동, 야학 등을 통하여 무산층(無産層)의 권익옹호를 선도하여 민족 일반의 평등의식을 깨우쳤다.

6) 민족혼을 일깨웠다.

이는 당시 사회운동의 공통 핵심점이기도 했지만 특히 자라나는 2세에게 민족혼을 고취함으로써 일제의 통치로 인한 민족사의 단절위기에서 이 나라의 정통성을 이어받도록 했다.

7) 세계시민정신을 함양하였다.

국권침탈 하에 의기소침해진 한국 소년들에게 세계인의 일원이라는 새로운 생기를 불어넣어 새 시대의 인류문명에 기여할 수 있는 덕성을 키워나갔다.

8) 한국소년운동사의 방향을 제시하였다.

어린이날 기념행사는 근대 소년운동사의 새 기운을 일으킨 경사일 뿐 아니라 한국소년운동사의 기반을 다지고 전통을 수립하여 후대에 고귀한 유산을 물려주었다.

이 연구 과정을 통하여 한국소년운동사가 민족운동사 그 자체의 전위운동이었음을 분명하게 파악할 수 있었다.

제10장
한국소년운동사 관계 연표
(1905~1945)[*]

* 연표의 월일은 사건이 실제 성립된 날짜, 예정된 날짜, 글 또는 소식이 지면에 수록된 날짜 등이 혼용되어 있다. 정확한 내용 파악은 연표에 제시한 출전을 참조할 것.(복간위원회 주)

연도	월일	중요 내용	출전
1905	11.17.	•을사조약 조인(외교권의 박탈, 통감부 설치)	『한국현대사』 9
1906	03.02.	•초대 통감 이등박문 부임	〃
	11.01.	•양재건, 조중응, 이인식, 이해조 등 최초의 소년잡지 『소년한반도』 창간(통권 6호로 종간)	『소년한반도』 1
	_._.	•조철호, 무관학교 입학	『교육논총』 12
1907	01._.	•안창호 등 신민회 조직	『한국현대사』 9
		•국채보상운동 시작	〃
	04.01.	•『소년한반도』 종간	『소년한반도』 6
	07.14.	•이준, 헤이그에서 분사(憤死)	『한국현대사』 9
	07.31.	•군대해산의 조칙 발표	〃
	12.24.	•이승훈, 오산학교 개교	『한국사』 20
1908	11.01.	•최남선, 최초의 월간종합지 『소년』 창간 (최초의 자작 신체시 〈해에서 소년에게〉 발표), 1911년 5월 15일 23호로 폐간됨	『소년』 1
		•방정환, 어린이 토론 연설회인 「소년입지회」 조직	『나라사랑』 49
1909	06.초.	•박용만, 미주 네브라스카주에서 박처후 · 임동식 · 정한경의 주선으로 kearny 농장의 청소년을 모아 소년병학교 엶	『한민족독립운동사』 2
	09.30.	•조철호, 무관학교 폐교로 일본 동경 중앙유년학교로 유학	『교육논총』 12
	11._.	•전국의 학교수 총 2,216개교	『한국현대사』 9
	_._.	•방정환, 매동보통학교에 입학	『나라사랑』 49
1910	08.13.	•『천도교회월보』 창간, 1937.5.15, 275호로 폐간	『한국언론사』
	08.26.	•경무총감부, 『소년』지 정간시킴	『한국현대사』 9
	08.29.	•한일합병조약문 공포	〃
	10.04.	•방정환, 미동 보통학교 2학년으로 옮김	『나라사랑』 49
	11.10.	•캔사스시에 소년병학원 조직	『한국현대사』 9
	12.07.	•『소년』 정간 해제	〃
1911	01.25.	•『소년』 정간됨	〃
	04.10.	•『소년』 정간 해제	〃
	05.15.	•『소년』지 23호로 폐간	〃
	08.23.	•조선 교육령 공포	〃

	09._.	• 105인 사건	〃
1912	08.15.	• 최남선, 어린이 교양잡지 〈붉은 저고리 〉 창간 (타블로이드판 2면, 월2회)	〃
	09.16.	• 소년병학교, 졸업생 13명 배출, 참석 손님 약 150명	『한민족독립운동사』
	_._.	• 정성채, 경신학교(儆信學校)에 입학	『한국보이카우트60년사』
1913	03.25.	• 방정환, 미동보통학교 4학년 졸업. 선린상업학교에 입학	『나라사랑』 49
	04._.	• 최남선, 『소년』의 후신으로 월간 『새별』 창간 1915.1.5, 통권16호로 종간	『새별』 1
	05.13.	• 안창호, 흥사단 창립	『한국현대사』 9
	05.28.	• 조철호, 일본육군사관학교 제26기생으로 졸업	『교육논총』 12
	09.05.	• 최남선, 월간 소년소녀잡지 『아이들보이』 창간	『아이들보이』 1
	09._.	• 이승만, 한인중앙학원 학장에 피임	『재미한인 50년사』
1914	06._.	• 이승만, 한인중앙학원에서 분리하여 한인여자학원설립	〃
	09.05.	• 『아이들보이』 13호로 종간	『아이들보이』 13
	_._.	• 방정환, 선린상업학교 2년 중퇴	『나라사랑』 49
1915	01.05.	• 『새별』 16호로 종간	『새별』 16
1916	03 · 10	• 이승만, 한국여자학원기숙사명을 한인여자성경학원이라 함	『재미한인50년사』
1917	02._.	• 여운형, 상해에 인성학교 설립하여 재 상해 한국인 자제 대상으로 민족교육 실시	『성신사학』 8
1917	04.08.	• 방정환, 손병희 3녀 용화양과 결혼	『매일신보』 1917.4.10
	04.15.	• 『소년구락부』 5월호 발간	〃
	04._.	• 정성채, 연희전문학교에 입학	『한국보이스카우트60년사』
	06.13.	• 무자역두(無子驛頭)에서 조선소녀단 고종황제봉영	『매일신보』 1917.6.13
	06.15.	• 김기전, 「무정」 122회를 독(讀)하다가」 발표	『매일신보』 1917.6.15
	06._.	• 이광수 단편 〈소년의 비애〉, 『청춘』 8 발표	『한국현대사』 9
	07.17.	• 이광수 와세다대 특대생으로 선정	『매일신보』 1917.7.17
	07._.	• 이광수 단편 〈어린 벗에게〉 발표	『청춘』 9

연도	월일	내용	출전
	10.05.	•중앙기독교청년회 소년부 조직, 고등예비과 신설 (강사 : 이상재, 최중선, 이명칠)	『한국현대사』 9
	10.05.	•하와이에서 소녀여성기구로 형제클럽 조직	『재미한인50년사』
	_ . _ .	•방정환, 청년지하운동조직체 「청년구락부」 조직	『아동문학개론』
		• Walter 정, 한인 최초로 미국 보이스카우트 호노눌루 14대에 입대하여 반장으로 활약	『한국보이스카우트 60년사』
1918	02.20.	•서당규칙 공포	『한국현대사』 9
	04.16.	•이광수, 단편 〈윤광호〉 발표	『청춘』 13
	07._.	•방정환, 보성전문학교 입학	『나라사랑』 49
	09.26.	•이광수, 〈자녀중심론〉 발표	『청춘』 15
	09._.	•이승만, 한인중앙학원 설립	『재미한인50년사』
	12._.	•전국서당현황, 서당 : 23,369, 교사 : 25,590, 학생 : 260,975명	『청춘』 13
	_ . _ .	•이승만, 하와이에서 최초의 한인보이스카우트 조직	『한국 보이스카우트 60년사』
1919	01.25.	•미주, 『소년한국』 발간, 주필 : 박진섭, 김현구	『재미한인50년사』
	03.01.	•3 · 1운동 발발	『나라사랑』 49
		•방정환, 『독립신문』(사장 : 윤익선)을 등사판으로 박아 배부, 〈독립선언서〉 돌리다가 일경에 피검, 1주일 만에 가석방	〃
	03 · 10.	•국내 한국남녀소년단, 파리강화회의에 청원서 제출	『독립운동사자료』 7
	03._.	•해참위신한촌에서 소년애국단 조직됨(목적 : 결사구국, 회원 : 42명, 회장 : 정창선, 부회장 : 김운학)	『한국현대사』 9
	03._.	•서간도 신흥학교, 다물단조직	『성신사학』 8
		•정성채, 연희전문학교 중퇴, 그 후 정신학교 출신 정수면양과 결혼	『한국 보이스카우트 60년사』
		•조철호, 군용기밀품을 가지고 중국 상해 방면으로 가다가 국경에서 검거	『교육논총』 12
	07.09.	•원산소년단 발대	『한국 보이스카우트 60년사』
	08.21.	•상해에서 격일간지 『독립신문』 창간, 사장 : 이광수	『한국언론사』
	09.02.	•천도교청년교리강연부 발족	『신인간』 428
	_ . _ .	•상해공동조계에 인성학원 소년회 조직, 회장 : 한규영	『한국 보이스카우트 60년사』
		• Walter 정, 이승만의 지시로 하와이 한인보이스카우트의 소년지도자로 활약	『한국 보이스카우트 60년사』

		•안변소년회 창립, 사업내용 : 학습회, 동화회, 회원 : 30명, 기타 : 17세 이하로 구성	『동아일보』 1926.12.18
		•왜관소년회 창립, 회원 : 몇십 명	『동아일보』 1927.08.16
1920	01._.	•김기전, 「개벽」지 편집국장 취임	『신인간』 428
	03.06.	•《조선일보》 창간	《조선일보》 1
	03._.	•방정환, 일본동양대학 철학과에 학적 둠	『나라사랑』 49
		•천도교청년교리강연부를 천도교청년부로 명칭 변경	『신인간』 428
	04.01.	•《동아일보》 창간	《동아일보》 1
	06.15.	•『개벽』지 창간(이두성 발행)	『개벽』 1
		•김기전 〈금싸락·옥가루〉 발표	〃
	07._.	•김기전 〈유년남녀의 해방을 제창함〉 발표	『개벽』 2
	08.25.	•방정환, 번역동시 〈어린이노래〉 발표를 통해 「어린이」란 호칭 사용	『개벽』 3
	11.23.	•월간 『새동무』 창간	『한국현대사』 9
	_._.	•상해인성학교소년회현황, 목적 : 지·덕·체 배양, 직원 : 안창호, 조상섭 등 15명, 단원 : 58명, 통신소 : 자통로(自通路), 후복리(厚福里), 금체진(金體鎭)	『독립운동사자료』 9
1921	01.10.	•안성소년단 발대, 단장 : 김태영, 부단장 : 박용태, 총무 : 우종안	《동아일보》 1924.1.8.
	01._.	•안성기독교소년회 설립, 목적 : 지덕 수양, 기독교전도	《동아일보》 1921.4.10
	02._.	•안성천주교소년회 조직	《동아일보》 1921.2.8
	04._.	•김기전, 천도교청년회 유소년부 특설, 회원 : 2,30명	『신인간』 428
	05.01.	•천도교청년회 소년부의 명칭을 천도교소년회로 변경(가입연령 7-16세)	『천도교청년회회보』 3
		•천도교소년회 창립, 지도위원 : 방정환, 김기전, 이정호	『천도교의 소년운동사』
	05.15.	•이광수, 동아일보사에 입사	『독립운동사자료』 7
	06.05.	•천도교소년회 임원선정(회장 : 구자춘, 간무 : 김도현(현), 신상호, 정인엽, 장지환, 총재 : 김기전, 고문 : 정도준, 박사목, 지도위원 : 이병헌, 박용준, 신용복, 강인택, 김상률, 조기간, 김인숙	『천도교청년회회보』 3

	06.상순.	•마포소년친목회 창립, 발기인 : 김덕근, 이필홍 등	《동아일보》 1921.7.28
	06.12.	•천도교소년회 춘계운동회 개최, 장소 : 취운정, 회원 : 250명, 구경군 : 2400여 명	『어린이』 1-2
	06.20.	•천도교소년회 원족회 개최	〃
	06.22.	•방정환, 〈내일을 위하여〉, 〈잘살기 위하여〉라는 연제로 강연	〃
	07.10.	•방정환, 소년강연회 개최 (천도교소년회)	〃
	08.18.	•김천소년회 조직, 목적 : 소년 교양, 사업 내용 : 문예전람회, 회원 : 250명	《동아일보》 1928.2.11
	08._.	•천도교 안주청년회 소년부 창립, 후에 안주소년회, 회원 : 50명	『어린이』 1-3
	10.16.	•천도교소년회 추계 대운동회 개최(장충공원)	『천도교의 소년운동사』
	11._.	•이광수, 〈소년에게〉 발표	『개벽』 17
	12._.	•방정환, 한국 최초의 번역 동화집 「사랑의 선물」 저술	『천도교의 소년운동사』
		•이돈화, 〈신조선의 건설과 아동문제〉 발표	『개벽』 17
	_._.	•정성채, 중앙기독교청년회 소년부 간사가 됨	『한국 보이스카우트 60년사』
		•성진소년회 조직, 목적 : 소년지도, 사회봉사, 회원 : 40, 비고 : 성진소년회 산하에 소년군도 조직	《동아일보》 1926.7.22
		•예천소년회 조직, 회원 : 120여 명, 기타 : 창립 당시 불교소년회였는데 1925.5. 개명함	《동아일보》 1926・10.26
		•정주문인소년회 조직, 대표 : 김도현 후에 전창운, 강형채, 조상순, 김이현, 회원 : 60명	《동아일보》 1926.8.31
		•고창무장소년회 조직, 사업내용 : 중학야학교를 조직, 기타 : 1927.3.27. 당지근광단(當地槿光團)과 합체함	《동아일보》 1927.9.14
1922	1._.	•평양천도교소년회 주최, 아동문제강연회 이돈화 강연, 연제 : 〈10년 이후 조선을 잊지마라〉, 〈신조선과 자손중심주의〉, 〈신조선과 소년회〉	『천도교의 소년운동사』
	02.08.	•이광수, 〈소년동맹과 조선민족의 부활〉 발표	『개벽』 20
	03.01.	•이광수, 〈소년동맹과 그 구체적 고안〉 발표	『개벽』 21
	03._.	•원산불교소년회 창립	『어린이』 1-3
	04.01.	•천도교통영소년회 창립	『어린이』 1-3
	05.01.	•천도교소년회, 「어린이날」 제정 기념식 거행	『신인간』 428

	05.30.	• 고양동아소년수양회 창립, 회원 : 현상준	《동아일보》 1922.6.3.
	06._.	• 개성소년회 창립	《동아일보》 1925.6.28
	07.07.	• 방정환, 「사랑의 선물」(개벽사, 1926년 이후 박문서관) 출간 (5년간 9판 중판, 1928년 11판까지 현재 확인)	『천도교의 소년운동 사』
		• 천도교 겸이포소년회 창립	『어린이』 1-1
	09.31.	• 정성채, 소년척후대 창설	『조선고등경찰관계 연표』
	10.05.	• 조철호, 조선소년군 조직	《동아일보》 1922.10.8
	12.01.	• 『소년신보』 창간	『한국현대사』 9
	12._.	• 성해소년회 조직	《동아일보》 1923.4.29
		• 강화소년회 창립	『기전문화연구』 7
	_._.	• 수원소년군 발대, 대표 : 고인관, 후에 김로적 회원 : 30여 명, 기타 : 초기명칭은 「빛의 모듬」이었음	《동아일보》 1927.1.20
		• 영변 팔원(八院) 어린이회 조직, 회원 : 30여 명	『동아일보』 1926.10.29
1923	01.13.	• 가평소년회, 토론회 개최	『어린이』 1-2
	01.14.	• 방정환, 「동극대회」 개최(천도교소년회 주최) 내용 : 〈한네레 의 죽음〉(2막), 〈별주부전〉(2막)	『천도교의 소년운동 사』
	01.15.	• 공주여자소년회 창립, 회장 : 김영희, 총무 : 안옥희, 평의원 : 18명	『어린이』 1-2
	01.16.	• 원산기독청년회 주최, 원산소년웅변회 개최	〃
	01._.	• 조철호, 〈소년군단! 조선 「뽀이스카우트」〉 발표	『개벽』 31
		• 방정환, 〈새로 개척되는 「동화」에 관하야〉 발표	〃
	02.18.	• 『어린이』 창간 기념 가극대회 개최	『천도교의 소년운동 사』
		• 창녕소년회 축구대회 개최	『어린이』 1-2
	03.16.	• 동경에서 색동회 창립, 동인 : 방정환, 강영호, 손진태, 고한 승, 정순철, 조준기, 진장섭, 정병기, 윤극영, 조재호	『색동회 어린이운동 사』
	03.18 ·	• 가덕도천성소년회 창립	『어린이』 2-4
	03.20.	• 방정환, 『어린이』지 (4x6배판) 창간	『어린이』 1-1
	03._.	• 반도소년회 조직, 지도자 : 이원규, 고장환, 정홍교, 김형배	『인문과학연구』 2

	04.초.	•륜성소년회 창립, 회장 : 신규범, 회원 : 160명	『어린이』 1-9
	04.17.	•비상설기구로 조선 소년운동협회 결성(중심단체 : 천도교소년회, 참가단체 : 천도교소년회, 불교소년회, 조선소년군)	『사학연구』 33
	04.18.	•소년운동협회 주관, 소년연예회 개최 소년문제 강연회	〃
	04._.	•명천(明川) 양견(良見)소년회 조직	『어린이』 1-10
	05.01.	•제1회 「어린이날」 기념행사(주최 : 조선소년운동협회, 후원 : 천도교, 조선일보, 동아일보, 장소 : 서울 천도교당)	『신인간』 428
		•김기전, 〈개벽운동과 합치되는 조선의 소년운동〉 발표	『개벽』 35
		•(개벽 논설)〈5월 1일은 어떠한 날인가〉 발표	〃
		•색동회 발회식 거행	〃
	0 5 . 하순.	•평산문화소년회 창립, 회장 : 김심원, 부회장 : 신례범, 간사 : 류인하, 회원 : 30명	『어린이』 1-9
	05._.	•최초의 소년형무소인 특설소년형무소, 개성에 설치	『한국현대사』 9
		•영흥소년회 창립총회	『조선일보』 1923.5.13
	봄	•조치원소년회 창립, 회원 : 50여 명	『어린이』 1-9
	06.24.	•조선소년군본부 위생사상 보급을 위해 소년적십자반 조직	『한국현대사』 9
	07.10.	•이천소년운동구락부 조직, 회원 : 20(30)명, 명칭은 협성소년회	《동아일보》 1926.7.30
	07.23.	•어린이사 · 색동회 공동주최, 일주일간 전조선소년지도자대회 개최, 색동회 주관 제1회 「아동문제강연회」 및 「아동예술강습회」 개최	『천도교의 소년운동사』
		•서울무산소년단 창립총회	《조선일보》 1923.7.23
	07.31.	•인천조선소년군 창립, 목적 : 사회봉공, 정신수양, 회원 : 50명	《동아일보》 1923.8.4
	07._.	•광명소년친목회 창립	『어린이』 2-4
		•용강선창소년체육단 창립	《동아일보》 1924.9.22
	08.15.	•의령입산소년회 창립	『어린이』 1-10
	08.17.	•사리원소년회 조직	《조선일보》 1923.8.17
	08.25.	•송파소년회 창립총회	『어린이』 1-10
	08._.	•봉산소년회 창립, 대표 : 최화숙, 목적 : 무산소년운동, 회원 : 약 200명	《동아일보》 1926.7.3

		•『어린이』지, 「소년운동특집호」 발간	『어린이』 1-8
	09.15.	•정순철, 동요 〈형제별〉 소개	〃
		•김기전, 〈수수께끼 두 마디〉 발제	〃
	09.16.	•평창소년회 창립	『어린이』 1-10
	09.22.	•『어린이』사 주최, 소년소녀대회 개최, 인사 : 김기전, 동화 : 방정환, 정순철, 동화극 : 「황금국」, 「앵무의 집」, 동요극 : 「노래주머니」, 무도 : 여러 가지	『어린이』 1-8
	09._.	•통천고저(通川庫底)기독소년회 조직, 사업내용 : 미술전람회, 야학회 개최, 회원 : 80여 명	《동아일보》 1927.3.26
		•부천모도(富川茅島)소년회 조직, 회장 : 이성복, 부회장 : 류재열, 총무 : 김수익	《동아일보》 1923.9.29
		•불교소년회 조직	『사학연구』 33
	10.20.	•개천(价川) 군우리(軍隅里)소년회 창립	『어린이』 1-10
	10._.	•『개벽』 10월호, 내용불온 이유로 발매금지	『한국현대사』 9
		•평택소년회 창립, 회원 : 38명, 기타 : 평택소년야구단이던 것이 1924년 4월에 개칭. 문예, 야구, 정구, 축구 등 4부를 설치	《동아일보》 1927.4.23
		•개성소년회, 『소년』 발행	『어린이』 1-9
		•선천(宣川)천도교소년회 창립, 회원 : 200여 명	『어린이』 2-2
	11.25.	•「어린이」사 방정환, 동화회를 개최	『천도교의 소년운동사』
	11._.	•고흥 어린이 수양단 조직, 사업내용 : 동화회, 토론회, 학교교육, 동화극, 조기회, 사회훈련, 대표 : 김철현, 김윤희, 회원 : 50명	《동아일보》 1927.2.9
	12.31.	•개성새별사 주최, 소년소녀음악회	《동아일보》 1924.1.3
	-.-.-	•이천설악소년회 조직, 사업내용 : 운동 정구에 열중, 공원개설, 회원 :40명	《동아일보》 1927.2.17
		•강릉불교남자소년회 조직, 사업내용 : 웅변, 토론, 가극 개최, 회원 : 80여 명	《동아일보》 1927.5.28
		•강릉불교여자소년회 조직, 사업내용 : 웅변, 토론, 가극 개최, 회원 : 80여 명	《동아일보》 1927.5.28
		•창원진동소년회 조직, 목적 : 인격수양, 지식 계발, 회원 : 60여 명	《동아일보》 1927.11.17
		•창원불교소년회 창립, 대표 : 박만선, 후에 김홍권, 김달헌, 설영우 외 4인, 회원 : 40여 명	《동아일보》 1927.11.18

1924	01. _ .	•곽산천도교소년회 창립, 회원 : 200명	『어린이』 2-4
	02. 07.	•서재현(徐載賢), 상해인성학원소년회 2대 회장 피선	『한국보이스카우트 60년사』
	02. _ .	•벽동신소년회 조직, 목적 : 소년지식계발, 회원 :80여 명, 기타 : 신명학교소년만으로 구성	《동아일보》 1927.2.25
		•함열(咸悅)동지회소년부 창립	『어린이』 2-2
	03.01.	•서울YMCA보이스카우트, 조선소년군과 합병, 소년척후단조선총연맹 조직 (총재 :이상재)	『한국현대사』 9
	03.20.	•서산서녕소년회 창립, 목적 : 지 · 덕 · 체육, 대표 : 조철호, 김제룡 외 제씨, 회원 : 70여 명	《동아일보》 1927.6.14
	03. _ .	•영광법성소년단 조직, 목적 : 체육문예증진, 회원 : 30명	《동아일보》 1927.5.7
		•혁신소년회 조직	《동아일보》 1927.3.1
	03. _ .	•여운형, 상해교민단장에 임명	『독립운동사자료집』 7
	04.21.	•제2회 「어린이날」기념 선전준비회합 참가단체 : 51개, 색동회, 천도교소년회, 소년척후단, 기타 : 각 소년잡지사 대표와 유지 20여 명, 준비위원 선출(방정환, 김기전, 이종린, 이두성, 김옥빈, 조철호, 심상진, 차상찬, 조기간, 강우 등 제씨	『천도교의 소년운동사』 및 《동아일보》 1924.4.23., 《조선일보》 1927.4.23
		•조선청년총동맹 창립, 가맹단체 : 220개	《동아일보》 1924.4.22
	05.01.	•제2회 「어린이날」 기념 축하식 거행 (『어린이대회』)〔어린이날 경축 의연금〕 출자명단, 〔어린이날 공동염원〕 취지	《동아일보》 1924.4.23
	05.02.	•「어머니 대회」 개최	《동아일보》 1924.5.1
	05.03.	•「아버지 대회」 개최	〃
	05.04.	•「노동소년 위안회」 및 「대원유회」 개최	〃
	05. _ .	•평강소년회 조직, 목적 : 지 · 덕 · 체 증진, 사업내용: 강연회 및 토론회, 대표 : 성순봉 외, 회원 : 23명	《동아일보》 1926.9.4
		•전영택, 〈소년문제의 일반적 고찰〉 발표	『개벽』 47
	06.26.	•간도 용정촌소년척후대, 소년척후단 조선총연맹에 가입	『한국 보이스카우트 60년사』
	07.05.	•인천소년회 창립, 명예회장 : 이길용, 총무 : 유두희, 서무부장 : 전일남, 간사 : 최광준, 김순봉	《동아일보》 1924.7.8
	07.11.	•조선소년척후대, 기부연예가극회, 주최 : 간도 용정의 예문회(藝文會), 후원 : 동아일보, 조선일보 용정 지부	『한국 보이스카우트 60년사』

	07._.	•척후대 복장이 러시아 적위군과 같다고 청진소년척후대 해산	《조선일보》 1924.7.11
	08.08.	•창원웅천소년회 창립, 대표 : 김현상, 김도용 외 5인, 회원 : 50명	《동아일보》 1927.11.17
	08._.	•의성소년단 조직, 대표 : 오병수, 후에 김규복, 오의수, 오상종, 회원 : 100여 명	《동아일보》 1927.1.12
		•방정환 「전국 소년지도자대회」 개최	『천도교의 소년운동사』
		•명진소년회 결성	『사학연구』 33
	09.13.	•이상재, 조선일보사 사장 취임 (~1927.3.25)	『한국언론사』
	10.01.	•신의주소년회 창립, 목적 : 지식계몽, 우의돈독, 체육증진, 사업증진 : 무산아동교양 및 간이교육 실시, 대표 : 박명제, 이윤근, 고학영, 이인찬 회원 : 80여 명	《동아일보》 1926.9.19
		•이천소년회 조직, 목적 : 지방사업, 회원 : 40명	《동아일보》 1926.7.30
	10._.	•고양광호소년척후단 조직, 대표 : 김영종, 이상은, 후에 이순종, 이원익으로 교체, 회원 : 24명	《동아일보》 1927.2.3
	11.01.	•윤극영, 동요〈반달〉발표	『어린이』 2-11
	11._.	•평양 천도교소년회, 「기근구제」 모금운동 전개	『천도교의 소년운동사』
		•영양소년단 발기	《조선일보》 1924.11.23
	12.18.	•여운형, 인성학교장, 교민단장 겸임	『독립운동사자료』 7
	_._.	•안성소년회 창립, 회원 : 30명	《동아일보》 1926.7.11
		•괴산소년군 창립, 목적 : 소년군의 목적을 실행, 대표 : 정운석, 류정규, 기타 : 1925년 8월 조선소년군 제5호대로 지정	《동아일보》 1926.10.8.
		•이천성호소년회 조직, 사업내용 : 노동야학회개최, 농촌진흥에 노력, 회원 : 21명	《동아일보》 1927.2.17
		•창원가덕소년회 조직, 목적 : 체육에 힘씀, 대표 : 최창세, 하기환, 회원 : 40명	《동아일보》 1927.11.16
		•개성중앙회관소년부 창립	《동아일보》 1924.11.17
1925	01.24.	•《동아일보》 지면 확장에 따라 「소년동아일보」라는 소년소식란 등장	《동아일보》 1925.1.24
	01._.	•함흥소년척후대 창립	《동아일보》 1926.7.27

			•무리한 청진 경찰 소년소녀의 토론을 까닭 없이 금지	《조선일보》 1925.1.25
			•안성동신소년회 조직	《동아일보》 1925.1.14
			•서울무산소년집회 금지	《조선일보》 1925.1.25
		02.04.	•서울소년단 발기	《조선일보》 1925.2.4
		02.상순	•이천소년단, 권학회, 이천소년구락부와 합동으로 이천소년회 창립, 회장 : 유정준, 부회장 : 최종훈, 총무 : 김병철	《동아일보》 1925.2.6
		02.12.	•방정환, 천도교청년회 주최, 강연회에 연사로 나감, 연제 :〈살아 나갈 길〉	『천도교의 소년운동사』
		02.15.	•숭인면내 소년회연합으로 햇발회 창립	《동아일보》 1928.2.28
		02.16.	•취야소년회 창립총회	《조선일보》 1925.2.16
		02.18.	•양주창동소년회 창립, 회장 : 조희천, 부회장 : 김수주, 총무 : 최천봉	《동아일보》 1925.2.18
			•중가구(中佳邱)소년단 조직	《조선일보》 1925.2.18
		02.24.	•양주유신소년회 창립	《조선일보》 1925.2.24
		03.21.	•『어린이』 창간 2주년 기념 지방순회 소년소녀대회 개최	『천도교의 소년운동사』
		03._.	•통천소년단 조직, 대표 : 김섭호, 후에 김칠성, 기타: 1925년 9월 강원소년연맹에 가입	《동아일보》 1927.3.29
			•서천소년회, 금주금연운동 참가	『천도교의 소년운동사』
			•용강(龍江) 신흥청년회 소년부 조직	《동아일보》 1925.4.10
		04.26.	•「어린이날」 행사, 경무국장 및 각도 경찰부에 신고, 「어린이날」 예고 선전 개시	『천도교의 소년운동사』
		04.28.	•삐라, 포스타 전국 배부 완료	『천도교의 소년운동사』
		04.30.	•기행렬 참가단체 결정, 천도교소년회 외 15개 단체	『천도교의 소년운동사』
			•『어린이』사 · 색동회 주관, 동화구연대회 개최	『천도교의 소년운동사』

	04._.	•「어린이날 노래」 제정	《동아일보》 1925.4.30.
	05.01.	•제3회 어린이날 기념행사, 준비위원 : 조철호, 설의식, 방정환, 이종린, 김정진, 김기전, 박팔양, 정병기, 황병수, 이성삼, 차상찬, 조기간, 김옥빈, 이두성, 강우, 정순철, 류지영, 이원규, 이정호, 이태운, 이범승, 박군실, 원달호, 김동호, 이을, 홍일창, 홍광호, 신형철 등 28명	《동아일보》 1925.4.23
		•경찰은 어린이날 금지 결정	《조선일보》 1925.4.29
	05.03.	•소년소녀잡지 『우리소년』 창간	《동아일보》 1926.5.2
	05.09.	•강화삼산소년회 창립, 위원장 : 문현일 외 13인 , 지도자 : 김상규 외 3인	《동아일보》 1925.5.19.
	05.11.	•조선소년단 송우 제10호대 설립	『일제 침략하 한국 36년사』
	05.12.	•「치안유지법」 공포	《동아일보》 1925.5.9
	05.24.	•경성소년지도자연합회 : 오월회 조직 결의	『사학연구』 33
	05.31.	•오월회 창립총회, 위원 : 방정환, 고한승, 정홍교(소년운동협회의 후신)	〃
	봄.	•서울 연건동 창경국민학교 자리에 젊은 목수 장무쇠가 어린이를 위한 조그만 집을 지음. 이것이 우리나라 최초의 어린이회관임	《소년조선일보》 1985.5.5
	06.21.	•정상훈, 인천소년군 단장에 선임	《동아일보》 1925.6.26
	07.05 ·	•개성용화소년회 창립, 위원 : 박명득, 최덕겸	《동아일보》 1926.7.12
	07.07.	•상해인성학원 소년회 해체되고 대신 상해한인소년회가 조직 (후에 상해한인동자군으로 개칭)	『한국 보이스카우트 60년사』
	07.18.	•의정부기독청년회 주최, 소년소녀웅변대회	《동아일보》 1925.7.15
	07.25.	•수원엡윗청년회 주최, 소년소녀현상토론회	《동아일보》 1925.7.17
	07.31.	•강화 개벽지사 주최, 동화회	《동아일보》 1925.8.6
	07.-.	•해주신흥소년회 창립, 목적 : 윤리적 해방, 인격적 예우, 사업 내용 : 무산소년교양 및 훈련, 회원 : 120명	《동아일보》 1926.7.29
	08.01.	•여주여남(麗南)소년회 창립	《동아일보》 1925.8.12

		•남한순회동화공연, 연사 : 오월회의 정홍교	《조선일보》 1925.8.1
	08.15.	•상해 쌍주지방에서 우리청년회 조직, 집행위원장 : 이철, 소년부위원 : 박호정, 장종진	『독립운동사 자료집』 7
	08.__.	•청구소년회 발기총회	《조선일보》 1925.8.2
	09.06.	•개성 천도교소년회, 개성중앙회관 소년회, 남부엡윗소년회, 태극소년회, 개성소년회, 용화소년회 6개 소년단체 대표가 모여 새벽회 조직	《동아일보》 1925.9.12
	09.15.	•경성소년연맹회 총회, 임시의장 : 정홍교	『사학연구』 33
		•제주소년연맹 조직	〃
	09.__.	•의정부 소년척후대 창립, 대장 : 차석영	《동아일보》 1925.9.22
		•개성소년척후대 조직, 대장 : 하채성	〃
	10.15.	•『소년주보』 창간	『한국현대사』 9
		•창원웅천기독교소년회 조직, 대표 : 해리 교회 유지, 후에 김상덕, 김재룡, 주영호, 김창배, 회원 : 50명	《동아일보》 1927.11.17
	10.__.	•창원소년회 창립, 대표 : 김한룡, 고 황수성, 김성호, 회원 : 40여 명, 기타 : 해단체는 일시 중지되었다가 동년 12월에 이영일, 설영우가 재조직	《동아일보》 1927.11.18
	11.__.	•정주소년군오산지영 창립, 회원 : 24명	《동아일보》 1926.8.31
	12.01.	•제천소년회 조직 , 사업내용 : 정구대회, 조기운동, 문고설치	《동아일보》 1926.7.24
	12.__.	•방정환 연사의 동화회 금지	《조선일보》 1925.12.7
	__.__.	•밀양소년군 창립, 대표 : 서재석, 회원 : 20명	《동아일보》 1926.8.8
		•조소앙, 상해에서 화랑사 조직 (후에 상해 한인동맹에 통합)	『한국현대사』 9
		•서울의 40여 소년단체 소년운동협회 조직	〃 『한국현대사』 9
		•명진소년회, 명진회관 설립	『사학연구』 33
1926	01.__.	•미국 아리조나주 거주 동포(최춘흥, 이승민, 노재호 등 12명) 미화 35$ 소년척후단 조선총연맹 이상재 총재에게 기탁, 총연맹 연맹기본금으로 영구 보존 결정	『한국 보이스카우트 60년사』

	02.15.	•북청소년총연맹 조직, 사업내용 : 전선소년소녀현상문예막집, 대표 : 이의종, 고화산, 서상원, 후에 이주형, 조훈 외 13인, 회원 : 1,800명, 기타 : 32개 세포단체가 4구로 구분하여 구(區)연맹을 조직	《동아일보》 1927.6.6
	02._.	•북청경찰, 북청소년회 간부를 구타	《조선일보》 1926.2.21
	03.01.	•『아이생활』 창간 (주일학교 연합회 간행)	『한국현대사』 9
	03._.	•이원소년연맹 돌연 해산	《조선일보》 1926.3.5
	03._.	•경성소년회의 해산 명령	《조선일보》 1926.3.28
	03._.	•시흥, 안양소년척후대 창립, 목적 : 소년사업, 사회사업, 대표 : 김명자	《동아일보》 1926.10.5
	04.01.	•월간지 『신인간』 창간	『신인간』 1
	04.10.	•적전(籍田)소년수양회 창립	『일제침략하 한국 36년사』
	04.26.	•순종 황제 승하	《동아일보》 1926.5.1
		•소년운동협회 음력 5월 1일로 제4회 「어린이날」 행사 연기, 그러나 국장일과 겹쳐 중지 결의	《동아일보》 1926.6.1
	05.01.	•제4회 「어린이날」 기념식 중지 결의 (소년운동협회)	『천도교의 소년운동사』
	05.02.	•경주기독소년단 창단	《동아일보》 1926.5.13
	05._.	•춘천기독소년회 조직, 목적 : 기독정신배양, 회원 : 60여 명	《동아일보》 1926.11.30
		•철산기독소년회 조직, 목적 : 소년지식 증진, 대표 : 정린종, 김원식, 기타 : 윤독부(輪讀部)를 둠	《동아일보》 1926.11.23
		•신천소년회 창립 , 대표 : 허의순 외 유지, 후에 허의순	《동아일보》 1926.8.12
		•회령소년척후대 창립	《동아일보》 1926.4.10
		•보은소년회 조직, 대표 : 김경수, 류순철 외 수인	《동아일보》 1927.7.22
	06.01.	•소년소녀 〈영데이〉 창간	《동아일보》 1926.4.23
	06.10.	•순종국장일, 6·10만세운동 발발	『천도교의 소년운동사』

		•소년군 단번 1호 오봉환, 돈화문 광장에서 만세운동에 참여, 그 후 주모자로 지명 수배되어 체포	『한국 보이스카우트 60년사』
		•방정환, 「6·10 만세운동」으로 예비 검속됨	『나라사랑』 49
	06.13.	•여주광진소년회 창립, 회원 : 30여 명	《동아일보》 1926.7.12
	06.14. (단오)	•오월회, 「어린이날」 기념행사 경찰 금지로 중지	《동아일보》 1926.6.14
	06._.	•조철호, 6·10만세운동에 연루되어 일경에 체포	『항일 학생운동사』
	07.03.	•애조소년회 창립	《동아일보》 1927.7.3
	07.11.	•안성적호(赤虎)소년단 창립, 회원 : 30여 명	《동아일보》 1926.7.11
	07.26.	•강화소년군 결단식	《동아일보》 1926.7.14
	07._.	•해주군소년연맹 결성, 회원 : 600명, 기타 : 4개 세포단체 포함	《동아일보》 1926.7.29
		•광주소년회 조직, 목적 : 체육·지육, 대표 : 박오태, 서재익, 회원 : 26명, 기타 : 서무·체육·지육부 둠	《동아일보》 1926·10.2
		•철산차련(車輦)기독소년회 창립, 사업내용 : 웅변연습, 대표 : 김진근, 조희수, 최성걸, 후에 박송엽, 조희주, 최성걸, 조석윤	《동아일보》 1926.11.24
	08.01.	•『개벽』 72호, 안녕질서 문란혐의로 발간 중지	『개벽』 72 『개관』 72
	08.03.	•곡성옥과(谷城玉果) 제일선소년단 조직, 목적 : 덕·지·체육	《동아일보》 1927.10.9
	08.07.	•고룡소년회 창립, 명예회장 : 조창선, 간사장 : 김상익 등	《동아일보》 1926.8.8
	08.14.	•용정에 간도소년군, 해란강 상류 용주사 부근에서 3일간 야영	『한국 보이스카우트 60년사』
	08.21.	•박천영미(博川領美)소년회 조직, 사업내용 : 동화회, 강연회, 조기회, 대표 : 김병태 외 23인, 회원 : 70여 명	《동아일보》 1926.10.18.
	08.25.	•『어린이』사 천도교당에서 납량동화, 동요, 연극대회 개최	『한국현대사』 9
	08.26.	•개성소년연맹 결성, 회원 : 300명	《동아일보》 1927.11.6
	08._.	•오봉환, 상해로 망명, 그 후 황포군관학교 입교 후 의열단에 입단	『한국 보이스카우트 60년사』
	09.09.	•고양의화소년단 조직, 사업내용 : 원족회, 간친회, 어머니대회 개최, 대표 : 정인세, 김룡규, 김준혁, 김형준, 장홍한 후에 장홍근, 회원 : 38명	《동아일보》 1927.2.3

	09.12.	•샛별소년회와 장호원소년단이 합병하여 효천소년회로 개칭, 회장 : 조성진, 총무 : 홍순옥	《동아일보》 1926.9.15
	09.21. (추석)	•오월회 「어린이날」 기념행사 거행	《동아일보》 1926.9.21
	09. _ .	•춘천샛별소년회 창립, 사업내용 : 토론회, 전람회, 교양훈련, 회원 : 남녀 40여 명	《동아일보》 1926.11.30
		•고양조양소년회 조직, 대표 : 강대희, 김창원 외 의 20명, 후에 최봉도, 임청택, 태광경	《동아일보》 1927.2.3
		•해남산이(山二)소년단 창립, 회원 : 70명	《동아일보》 1927.6.22
		•고양조양소년군 조직	《동아일보》 1926.8.18
	10.14.	•『어린이』사, 동화구연대회 개최	『천도교의 소년운동사』
	10. _ .	•해남삼산(三山)소년단 조직, 회원 : 54명	《동아일보》 1927.6.22
	11.01.	•덕원군에 제4소년회 창립	《조선일보》 1926.11.1
	11.04.	•해주 노동소년 서면(書面)으로 창립	《조선일보》 1926.11.4
	11.09.	•목포에서 소년단 창립	《조선일보》 1926.11.9
	11.10.	•함흥소년회, 혁신총회 열고 선언	《조선일보》 1926.11.10
	11.12.	•글동무회 조직	《조선일보》 1926.11.12
		•천도교소년회 동화회 개최	《조선일보》 1926.11.12
	11.13.	•조선에 첫 조직된 소녀군, 정동소년척후군 정동소녀단 결단식	《조선일보》 1926.11.3
	11.16.	•의화소년단에서 어머니대회 개최	《조선일보》 1926.11.16.
	11. _ .	•이광수, 동아일보사 편집국장 취임(~1927. 9)	『한국언론사』
	12.01.	•추자(楸子)무산소년단 창립	《조선일보》 1926.12.1.
	12.14.	•김구, 임정국무령에 취임	『대한민국임시정부사』

		•길주소년회 해산명령	《조선일보》 1926.12.14
	12.16.	•고창소년회 해산명령	《조선일보》 1926.12.16
	12.17.	•마산소년소녀연합주최, 마산아버지회 개최	《조선일보》 1926.12.17
	12.18.	•문예운동사, 《조선일보》 공동으로 기독청년회관에서 문예대강연회 개최(연사 : 방정환 외 6명)	『한국현대사』 9
	12.23.	•소년회에 가입하면 퇴학처분, 경주고보 교장 고압정책	《조선일보》 1926.12.23
	12._.	•『별나라』지 창간	『사상계』 1962.5
	겨울.	•의주기독소년부 창립, 회원 : 약 50명, 기타 : 의주소년회와 모든 것이 비슷	《동아일보》 1927.5.21
	_._.	•의주소년회 창립, 목적 : 체·지·덕육, 소년수양, 사업내용 : 동요, 동화, 음악, 축구, 토론, 웅변대회 개최, 대표 : 김성옥, 후에 이재기회원 : 남 38명, 여 21명, 기타 : 남녀 양 부를 둠	〃
		•고창소년회 조직, 목적 : 교양과 운동, 회원 : 100여 명	〃
1927	01.13.	•초산소년소녀회 조직, 사업내용 : 동화, 창가, 기타 유익사업, 회원 : 남 52명, 여 39명, 기타 : 연령 10-16세, 매주 월요일에 모임	《동아일보》 1927.9.14
	01.31.	•간도소년회 창립, 해란강에서 간도소년소녀빙상경기대회 개최	《동아일보》 1927.1.26
	02.10.	•간도소년군 조직, 남녀현상동화대회	『한국 보이스카우트 60년사』
	02.15.	•신간회 결성 (회장 : 이상재)	『한국사』 22
	02.16.	•경성방송국 (JODK). 한일어 혼합방송을 시작함. 방정환 최초로 라디오 통해 방송함 (연제 : 「어린이와 직업」)	『천도교의 소년운동사』
	03.05.	•조철호, 간도 방면으로 망명, 그 후 용정에 있는 대성중학과 동흥중학에서 교편 잡음	『교육논총』 12
	03.29.	•이상재 서거	『한국현대사』 9
	04.07.	•이상재, 최초의 사회장으로 장례식 (한산에 안장)	〃
	04.20.	•안동서, 현상동화대회 금지	《조선일보》 1927.4.20
	04.22.	•고양고성소년회 발회	《동아일보》 1927.4.22
	05.01.	•소년운동협회와 오월회(대표 : 정홍교). 따로 「어린이 날」 기념행사 거행	『한국사상』 12

	05.09.	•곽상훈, 신정회(新正會) 조직 가담	『한민족광복투쟁사』
	05.10.	•목포소년단 발회식 성황	《조선일보》 1927.5.10
	05.14.	•신흥소년회 창립, 경찰이 무리금지	《조선일보》 1927.5.14
	05.15.	•대전소년척후단 창립	《동아일보》 1927.5.21
		•소년운동단체 「통합창립 준비회합」을 가짐	『천도교의 소년운동사』
	05.16.	•춘천소년회 창립	《동아일보》 1928.5.16
		•금릉소년회 창립대회	《동아일보》 1927.5.20
	05.18.	•괴산소년회 창립	《동아일보》 1927.5.27
	05.--.	•소년운동협회와 오월회가 합쳐 조선소년연합회를 창립(위원장 : 방정환)	《동아일보》 1927.5.5
		•조선소년연합회, 「어린이날」을 오월 첫 번째 일요일로 변경 건의	『나라사랑』 49
		•보령경찰서, 동화회 금지	《조선일보》 1927.5.19
	봄	•의주소년회 창립, 대표 : 이창룡, 회원 : 약 30명	《동아일보》 1927.5.21
	06.03.	•평강사랑회 창립	《동아일보》 1927.6.10
	06.19.	•전진소년회 창립, 위원 : 최호현 등 9명	《동아일보》 1927.7.1
	06.20.	•창원웅천새별회 조직, 목적 : 지·덕·체육, 대표 : 김현주, 전덕경 외 5인, 회원 : 25명	《동아일보》 1927.11.17
	06.25.	•용인청년회 주최, 제2회 7군 소년 정구대회	《동아일보》 1927.6.9.
	06.30.	•대구소년단 각단 합단 결정 : 대구소년혁영회, 소년개조단, 노동소년회, 대구소년회 등 4단체	《동아일보》 1927.7.4
	06.--.	•거창소년회 창립, 사업내용 : 소년잡지사 운영계획, 대표 : 신창선, 신병식, 회원 : 25명	《동아일보》 1927.8.23
		•동아일보 인천지구 주최, 제2회 전인천소년야구대회 개최	《동아일보》 1927.6.11

	날짜	내용	출처
	07.01.	• 『동아소년』 발간	《동아일보》 1927.7.5
	07.02.	• 개성광명소년회 창립, 위원 : 최정득, 이경춘, 안경윤, 장대봉	《동아일보》 1927.7.17
	07.03.	• 함안소년회 창립	《동아일보》 1927.7.2
	07.13.	• 공주에서 개최된 소년강연에서 전백 씨 등단 금지로 군중 일시 흥분	《조선일보》 1927.7.13
	07.26.	• 한국소년문예연맹 결성, 『조선소년운동』을 발행키로 결정	『한국현대사』 9
	07.30.	• 조선소년연합회 통합 발기대회를 가짐, 참가 : 4개 연맹 단체와 68개 단체	《동아일보》 1927.8.1
	07.31.	• 강화에서 조선소년군 제1회 짬보리(-8. 3)	《동아일보》 1927.7.30
	08.09.	• 『어린이』사 (방정환) 동화구연대회를 개최	《동아일보》 1927.7.30
	08.28.	• 금지로 일관한 대구경찰서, 동화회도 금지	《조선일보》 1927.8.28
	09.03.	• 조선동화연구회협회 창립, 발기인 : 윤극영	《조선일보》 1927.9.3
	09.28.	• 신영의 의용소년단 해산	《조선일보》 1927.9.28
	10.07.	• 취랑진소년회 창립, 발기인 : 진태윤, 김민식	《동아일보》 1927.10.13
	10.13.	• 나주 반남면 신진소년 창립	《조선일보》 1927.10.13
	10.16.	• 조선소년연합회 재통합(위원장 : 방정환). 52개 단체에서 96명 참석	『신인간』 439
	10.23.	• 예동소년회 창립대회	《조선일보》 1927.10.23
		• 백의소년회 창립	《조선일보》 1927.10.23
		• 윤치호, 소년척후단 조선총연맹 총재에 취임	《조선일보》 1927.10.23
	12.03.	• 시흥 죽률리소년회 조직, 발기인 : 김규영	《동아일보》 1928.2.17
	_._.	• 순창소년단 창립	《동아일보》 1927.9.17

1928	01.01.	• 홍은성, 〈재래의 소년운동과 금후의 소년운동〉, 3회 기고	《조선일보》 1928.1.1~3
	01.03.	• 방정환, 〈대중훈련과 민족보건-제1요건은 용기 고무〉 기고	《조선일보》 1928.1.3
	01.10.	• 소년연합회 상무위원 결의, 소년운동의 선언강령을 통일	《조선일보》 1928.1.10
	01.11.	• 김태오, 〈정묘 1년간 조선소년운동〉 2회 기고	《조선일보》 1928.1.11
	02.06.	• 오월회 해산	『사학연구』 33
	02.07.	• 「어머니대회」를 개최 (조선소년연합회) (방정환, 「소년 운동과 가정교양」 강연)	『천도교의 소년운동사』
	02.08.	• 김태오, 〈소년운동의 당면문제〉 6회 기고	《조선일보》 1928.2.8
	02.09.	• 경성소년연맹 발기, 준비위원 : 고장환, 방정환 등	《조선일보》 1928.2.9
	02.16.	• 오월회 후신으로 경성소년연맹 창립	『사학연구』 33
	02.22.	• 조문환, 〈특수성의 조선소년운동〉 7회 기고	《조선일보》 1928.2.22
	02._.	• 수원원리(園里)소년저축조합 조직	《동아일보》 1928.2.29
	03.02.	• 수원발안소년회 창립	《동아일보》 1928.3.12
	03.03.	• 152개 단체가 가맹하여 소년조선총동맹 창립	『조선민족독립운동비사』
	03.10.	• 포천소년회 창립, 회장 : 김종국, 부회장 : 조무환	《동아일보》 1928.3.27
	03.15.	• 「조선소년연합회」 제2회 정기총회(단체 대표 50명 참석). 회명을 조선소년총동맹 개칭, 3월 31일 일제의 명칭 불허로 조선소년총연맹으로 재개칭 (색동회, 조선소년총연맹 탈퇴)	『사학연구』 33 《조선일보》 1928.3.27.
	03.25.	• 이동녕, 안창호, 김구 등 한국독립당 조직	『대한민국임시정부사』
	03.28.	• 조선소년총연맹, 제1회 중앙집행위원회서 「소년기부터 과학적으로 지도하자」 결의	《조선일보》 1928.3.28
		• 김태오, 〈이론투쟁과 실천적 행위〉 7회 기고	《조선일보》 1928.3.21~4.4
	03.31.	• 공주소년동맹 창립대회	《조선일보》 1928.3.31
	05.06.	• 조선소년총동맹 제6회 어린이날 행사	『신인간』 439

		•방정환, 동화구연대회 개최	『천도교의 소년운동사』
	05.08.	•죽산소년회의 기념회 중지, 선전문 초안이 불온하다는 이유로	《조선일보》 1928.5.8
	05.13.	•천도교서천소년연맹 창립	《동아일보》 1928.5.13
	06.30.	•전조선소년소녀 현상웅변대회 장소 : 천도교기념관	《동아일보》 1928.6.19
	07.29.	•경기소년연맹 창립, 장소 : 견지동 시천교당, 출석대위원 : 30여 명, 위원장 : 고장환, 총무 : 최영윤	《동아일보》 1928.7.31
	08.01.	•오산청년동맹 주최, 기호소년정구대회	《동아일보》 1928.8.1
	08.20.	•개성소년연맹 창립 1주년 기념 동화회 개최	《동아일보》 1928.8.28
	08.26.	•광주소년회 창립	《동아일보》 1928.8.20
	09.14.	•「세계아동예술전람회」의 내용 공개, 주최 : 「어린이사」, 주관 : 색동회, 후원 : 동아일보 학예부, 협찬 : 재경 해외문학회	『천도교의 소년운동사』
	09.25.	•「세계아동예술전람회」 준비위원 결정	『천도교의 소년운동사』
	10.02.	•「세계아동예술전람회」 개장, 장소 : 천도교기념관, 〔어린이운동이 실질적으로 일어난 지 만 5년만에 이룩된 한국소년교육운동의 최대의 결실임—동아일보 사설〕	『천도교의 소년운동사』
		•전남소년연맹사건의 정홍교, 고장환, 방면	《조선일보》 1928.10.2
	10.12.	•방정환, 「경과보고와 감사」를 발표함(동아일보-아동예술활동의 현황과 희망을 밝힘)	『천도교의 소년운동사』
	12.27.	•서신내용이 불온하다는 이유로 봉화 유곡(酉谷)소년회 간부 권달 검거	《조선일보》 1928.12.27
	-.-.-	•윤동주, 〈어린이〉, 〈아이생활〉 정기구독	『진리와 자유의 기수들』
	-.-.-	•오봉환, 황포군관학교 졸업 후 의열단의 일원으로 국내 잠입을 시도하다 일경에 검거 당함	《조선일보》 1991.7.13
		•『어린이』지, 「조선자랑호」 특집호 발간	『어린이』 7-3
1929	01.17.	•신창소년회 임시총회 해산, 문서 모두 압수	《조선일보》 1929.1.17
		•목포소년동맹 임시대회 개최	《조선일보》 1929.1.17

01.21.	• 전 마산 소년남녀현상동화대회 금지	《조선일보》 1929.1.21
01.30.	• 김제소맹(少盟)대회 재차 금지, 사상분자가 지도한다고	《조선일보》 1929.1.30
03.03.	• 취운소년회, 월례동화회 금지	《조선일보》 1929.3.3
03.06.	• 경성(鏡城)소년동맹 창립총회, 경찰에 의해 금지	《조선일보》 1929.3.6
03.12.	• 김제 경찰이 공덕소년회 임시대회 금지	《조선일보》 1929.3.12
03.25.	• 강계소년군사건 최고징역 10개월 언도	《조선일보》 1929.3.25
05.06.	• 「어린이날에 임하여」 사설 3회 게재	《조선일보》 1929.5.6~8
05.04.	• 방정환, 〈조선소년운동의 역사적 고찰 (1~6)〉 기고	《조선일보》 1929.5.4.~14
05.12.	• 취운소년회 토론 금지	《조선일보》 1929.5.12
05.29.	• 소년운동과 지도자 감시	《조선일보》 1929.5.29
05.＿.	• 어린이날 행사 좌우익 분리 행사	『사학연구』 33
06.03.	• 신우경성지회 주최, 소년문예대강연 연사 : 이익상, 방정환, 방인근	《조선일보》 1929.6.3
06.16.	• 밀양소년대회 금지	《조선일보》 1929.6.16
06.＿.	• 조소앙, 상해에서 소년단체 화랑사 조직	『조소앙』
08.29.	• 화랑사, 〈제19회 국치일을 당하여〉를 발포	『독립운동사 자료』 7
09.01.	• 제주소년의 가택 수색 격문 압수	《조선일보》 1929.9.1
09.24.	• 마산소년동맹 위원장 경찰이 검거	《조선일보》 1929.9.24
10.03.	• 화랑사, 〈건국기원절을 당한 우리들의 각오〉의 선전문 반포	『독립운동사 자료』 7
10.08.	• 단천군 소년동맹 집회금지	《조선일보》 1929.10.8
11.03.	• 광주학생운동발발	『한국현대사』 9
11.07.	• 신우회(新友會), 우이(牛耳) 잡고 소년회 순회선전	《조선일보》 1929.11.7

	11.16.	• 이유도 없이 하동소년회 창립대회 금지	《조선일보》 1929.11.16
	12.01.	• 수원소년동맹 창립, 집행위원장 : 안봉출	『일제 침략하 한국 36년사』 9
	12.04.	• 화랑사, 〈순국 24주년 기념에 즈음하여〉, 〈5개 조약의 시대성〉 발표, 내용개요], 「지금부터 24년 전 러·일전쟁이 종료되자 일본은 조선에 보호조약(5개조)를 제출하였다. 그 시에 민족을 위하여 생명으로서 독립정신을 우리들에게 심어준 민(閔) 선생 등 7의사 순국 24주년 기념일이 곧 금일이다. 우리들은 이날을 기념하는 동시에 더한층 활발한 활동을 전개하여야 할 것이다」	『독립운동사 자료』 7 『민족독립투쟁사』 169 (윤기섭 소유 제 32호)
	12.21.	• 문천 경찰, 착취운운 했다고 소년회장을 취조	《조선일보》 1929.12.21
	12.27.	• 조선소년총연맹 제2회 정기대회, 경찰 삼엄한 경계	《조선일보》 1929.12.27
	12._.	• 이광수, 동아일보사 편집국장 재취임(~1933.8)	『한국언론사』
1930	01.12.	• 수원소년동맹위원회 또 금지	《조선일보》 1930.1.12
	01.16.	• 동래소년동맹 동래지부 주최 토론회 금지	《조선일보》 1930.1.16
	01.19.	• 홍원청맹(靑盟)에서 소년들의 집회 금지	《조선일보》 1930.1.19
	02.05.	• 마산소년동맹 3주기념 금지	《조선일보》 1930.2.5
	02.09.	• 평양소년회, 부흥회 금지	《조선일보》 1930.2.9
	03.04.	• 소년 25명 또 검속	《조선일보》 1930.3.4
	03.10.	• 영흥소년결사사건 혐의자 5명을 송국	《조선일보》 1930.3.10
	03.11.	• 언양격문사건, 격문 살포한 언양소년회원 오호근 송치	《조선일보》 1930.3.11
	03.12.	• 온성소년회 위원회 금지	《조선일보》 1930.3.12
	03.13.	• 오노(五老)소년회 집회 금지	《조선일보》 1930.3.13
	03._.	• 홍원에서 300소년 만세시위	《조선일보》 1930.3.19

	03._.	•마산소맹 집회 금지	《조선일보》 1930.3.22
	05.04.	•어린이날 기행렬 시위하다 김해소년회원 10여 명 검거	《조선일보》 1930.5.6
	05._.	•재경성 일반소년운동단체 대표자 연합회 주관 어린이 행사	『사학연구』 33
	06._.	•명천소년회, 정기총회 또 금지	《조선일보》 1930.6.3
	06._.	•장검(長劍) 휴대한 4소년 독립전쟁 때 선봉이 되고자 입산하다가 체포	《조선일보》 1930.6.7
	07._.	•인천경찰, 소년회 지도한다고 윤경순, 손기원군을 취조	《조선일보》 1930.7.9
	08.01.	•화랑사의 이만영, 옥인섭 등이 중심이 되어 상해한인소년대와 통합	『한국 보이스카우트 60년사』
		•상해 한인소년동맹 조직 (집행위원장 : 이만영, 지도자: 옥인섭, 조리제, 차영선, 김양수, 이규홍, 박성근, 조시제)	『한국 보이스카우트 60년사』
	08.05.	•출포(出浦)소년회 창립대회 중지	《조선일보》 1930.8.5
	08.13.	•오산소년동맹지부 간판 철회 명령	《조선일보》 1930.8.13
	08.19.	•조철호, 서울로 돌아옴	『교육논총』 12
	10._.	•밀양소년지부 설치와 동화대회 금지	《조선일보》 1930.10.16
	11.24.	•영흥소년대회 4명을 일시 검속	《조선일보》 1930.11.24
	12._.	•목포 경찰이 동화대회 금지	《조선일보》 1930.12.18
		• [국외 한인소년단 분포상황] 상해 한인 소년동맹, 집행위원장 : 이재청, 집행위원 : 조시재 외 7명 청원현 요동연합회소년부 : 최영덕 류하현, 조선인소년탐험대 신빈현, 국민부소년단 신빈현, 적제소년신보, 주필 : 박재 길림 길성소년탐험대, 대장 : 김일영, 제1반장 : 허성, 제2반장 : 진규삼 반석현, 재중국 한인청년동맹소년탐험대, 위원장 : 오해추, 서무부장 : 주광, 조직부장 : 류영빈, 선전부장 및 소년부장 : 이북성, 검사부장 : 이병화, 반석현, 재중국 한인청년동맹 소년부 위원 : 주광	『국외 조선인 불온단체 분포도』

	_._.	•『어린이』지 발행부수 10만 돌파	『나라사랑』 49
1931	01._.	•안변소년단원 검거 사건 확대, 사건 내용은 비밀	《조선일보》 1931.1.13
	01._.	•익산소맹사건 공판, 1년 구형	《조선일보》 1931.1.23
	01._.	•익산소맹사건 판결, 정영모 징역 8개월 언도	《조선일보》 1931.1.29
	02._.	•주촌주재소, 소년금주단연동맹문서 모두 압수	《조선일보》 1931.2.24
	03.21.	•전조선 어린이날 중앙연합준비회 개최	『사학연구』 33
	04.02.	•중앙연합준비회가 어린이날 주관 담당토록 결정	〃
	04.05.	•김기전, 김규수, 이도순 등 오심당 주의 강령 결성	『신인간』 428
		•연강소년운동자들 무산소년일 지지하고 어린이날 반대	《조선일보》 1931.4.5.
	04.14.	•연태(蓮台)주재소, 소맹원 6명 검속	《조선일보》 1931.4.14
	04.18.	•상해 한인소년동맹, 상해 한인여자청년동맹 : 병인의용대·상해 애국부인회·한국노병회의 5단체 연서로 6부 회의 2천년 기념 선언을 발포함	『독립운동사자료집』 7
	05.07.	•조철호, 이윤걸 양과 결혼	『교육논총』 12
	07.01.	•만보산사건 발생	『한국현대사』 9
	07.10.	•상해 소년척후대, 소년동맹대표, 흥사단·애국부인회·병인의용대·한인 예수교회 대표 300여 명과 함께 상해 각 단체 연합회 결성	『한국독립운동사』
	07.17.	•방정환, 「개벽사」의 경영난과 과로로 인한 고혈압 악화로 경성제국대학부속병원에 입원	『천도교의 소년운동사』
	07.21.	•통영소년동맹위원회 금지	《조선일보》 1931.7.21
	07.23.	•방정환, 입원 일주일 만에 영면 (1899-1931)	『신인간』
	07.25.	•소파 방정환 영결식 (하오10시, 장소 : 천도교광장)	〃
	08.12.	•제주 회월리 청소년 수명 검거, 소년회 내의 무슨 사건인 듯	《조선일보》 1931.8.12
		•삼천포소맹원, 경찰태도에 분개하여 유치 중 5명 단식	《조선일보》 1931.8.12
	08.20.	•이정호 『파란 많던 방정환 선생의 일생』 발표	『어린이』 9-7

	09.18.	•만주사변 시작	『한국현대사』 9
	10.03.	•해주소년결사, 중심인물 김춘보 피검	《조선일보》 1931.10. 3
	10._.	•조철호, 동아일보사 입사 (~1937.2)	『동아일보사』 1
	_._.	•정성채, 김수동과 같이 『소년척후교범』 집팔, 단가가 문제되어 일경에 압수당함	『한국 보이스카우트 60년사』
1932	01.01.	•정홍교, 〈조선소년운동개관, 금후운동의 전개를 망함〉 기고 (전 6회)	《조선일보》 1932.1.1~19
	01.08.	•이봉창 일왕 유인(裕仁)에게 투탄의거	『한국 보이스카우트 60년사』
	02.18.	•화랑사 총회에서 동 회의 간부 경질 (집행위원장 : 김덕근, 위원 : 이규서, 민○○, 연충렬, 신해균)	『상해한보』 9 『독립운동사 자료』 7
	03.01.	•화랑사, 〈3·1절 기념에 제하여〉 격문 반포, 특별회원 : 원세훈, 김광련, 박영석	『민족독립투쟁사 사료』
	04.29.	•윤봉길 의거	
		•도산 안창호, 척후대 기부금 2원 마련하여 독립지사 이유필의 아들(이만영)에게 전하려고 그의 집을 방문하였다가 프랑스 조계경찰에 체포당함	『한국현대사』 9 『한국보이스카우트 60년사』
	04.30.	•상해 프랑스조계에 있는 대한 교민단사무소에서 연도 미상의 소년운동 관계문서 다수를 일경에 압수당함. 〔압수된 문서〕『새싹』 창간호 1부, 〈한인소년동맹 가맹 청원서〉 11부, 〈한인소년동맹 어린이날 기념 의연서(義捐書)〉 1부, 『노동소년』 12부	『독립운동사 자료』 7
	06.07.	•안창호, 국내로 압송	
	09.10.	•상해 불꽃(焰)소년회 『노동소년』 편집부에서 『소년팜플레트』 발행	『독립운동사 자료』 7
1933	01.03.	•〈시대사조에 따라 약진하는 소년운동, 조선이 가진 귀여운 새힘〉 등 9회 연재로 게재	《조선일보》 1933.1.3~11
	02._.	•청양소년사건 7명을 송국	《조선일보》 1933.2.26
	02._.	•조선중앙일보사, 『소년중앙』 창간	『한국현대사』 9
	05.30·	•근포소년사건 최고 2년반 구형	《조선일보》 1933.5.30
	06._.	•오봉환, 충주에서 제50호대 조직	『한국보이스카우트 60년사』
	09.14.	•이광수, 조선일보사 편집국장 취임(~1933.8.1)	『한국언론사』

	12._.	•조선소년총동맹 가맹 단체 : 150명, 회원 : 4,720명 유지	『조선민족독립운동비사』
1934	03._.	•오봉환, 조선소년군 총본부 간사장에 취임	『한국보이스카우트 60년사』
	06._.	•만주 안동현에 제31호대 조직 (대장 : 이동찬)	『한국보이스카우트 60년사』
	11._.	•『개벽』지 속간	『한국언론사』
1935	03._.	•『개벽』지 4호 발행 후 휴간	〃
	03._.	•『어린이』지 통권 122호로 폐간	『어린이』 122호
	04.21.	•만주 개원 제58호대 조직, 단장 : 김교형, 부단장 : 김운서, 고문 : 홍순형, 대장 : 강병언, 부대장 : 김구팔, 단원 : 22명	『한국보이스카우트 60년사』
1936	05._.	•정성채, 일제의 요주의 인물로 지목되어 소년부 간사직에서 퇴임	〃
	07.23.	•방정환, 홍제동 화장터에서 5년을 묵던 유골이 망우리 묘지에 안장	『나라사랑』 49
	_._.__	•김기전, 폐병으로 해주 요양원에 입원, 10여 년간 신앙 생활	『신인간』 428
1937	02._.	•정성채, 수송교회 장로로 피택, 이 해에 적극신앙단 조직과 흥업클럽 사건으로 양차에 걸쳐 투옥	『한국보이스카우트 60년사』
	04.01.	•조선일보사, 월간 『소년』을 창간	『한국언론사』
	05.02.	•제16회 어린이날 행사를 마지막으로 개최, 이후 광복 때까지 어린이날 행사 중단	《조선일보》 1937.5.3
	05.15.	•『천도교월보』 275호로 종간	『천도교회월보』275
	07.07.	•중 · 일 전쟁 발발	『한국현대사』 9
	09.03.	•조선소년단총본부 등 소년단체 해산당함	〃
1938	03.10.	•안창호, 경성제대병원에서 서거(1878~1938)	『도산 안창호』
	03.25.	•미성년자 끽연금지법 · 미성년자음주금지법 공포, 4월 1일 시행	『한국현대사』 9
	04.05.	•최남선, 만주건국대 교수로 부임	〃
	06.08.	•『조선소학생신문』 폐간 당함	〃
	06.29.	•방공훈련을 전국에 실시	〃
1939	10._.	•조철호, 보성전문학교 교련교사로 취임	『한국보이스카우트 60년사』
	11.10.	•창씨개명령 공포	『한국현대사』 9
1940	03.25.	•조선소년원령 및 조선교정원령 시행	〃

	05.01.	•『소파전집』 간행 (박문출판사 500부 한정판)	『나라사랑』 49
	08.10.	•조선일보, 동아일보 폐간 당함	『한국현대사』 9
	09.09.	•학생복장을 국방색으로 통일시킴	〃
	09.17.	•한국광복군총사령부 성립	〃
1941	03.22.	•조철호, 이의식내과에서 입원 9일 만에 운명 (1890.2.15~1941). 5일장으로 하여 보성전문학교장으로 거행, 장지 : 망우리 공동묘지	『교육논총』 12
	03._.	•총독부, 보호교도소 설치	『한국현대사』 9
	11.20.	•윤동주, 〈서시〉 발표	『진리와 자유의 기수들』
	12.08.	•태평양전쟁 발발	『한국현대사』 9
	12.09.	•임정, 대일 선전포고	〃
1942	03._.	•조선총독부소년심판소 관제 공포 (일칙)	〃
	04.01.	•서울에 소년심판소 개소	〃
	07.06.	•이승만, 미국의 소리 방송 출연	〃
	10.01.	•조선어학회사건	〃
	11.11.	•조선소년심판소 개청	〃
	_._.	•한국어의 교수와 사용 금지	〃
1943	03.01.	•한국에 징병제 공포	〃
	10.25 ·	•제1회 학병 징병검사	〃
1945	02.16.	•민족시인 윤동주, 생체실험으로 후쿠오카형무소에서 옥사 (1917. 12. 30~)	『진리와 자유의 기수들』
	08.15.	•민족광복	『한국현대사』 9

『한국소년운동사』 이야기

소파가 맺어준 인연

성주현(천도교 상주선도사)

인연(因緣). '인연'이란 말만 들어도 마음이 설레곤 한다. 그러나 무엇보다도 '인연'하면 문학가 피천득이 떠오른다.

"어리석은 사람은 인연을 만나도 몰라보고, 보통 사람은 인연인 줄 알면서도 놓치고, 현명한 사람은 옷깃만 스쳐도 인연을 살려낸다. 그리워하는데도 한 번 만나고는 못 만나게 되기도 하고, 일생을 못 잊으면서도 아니 만나서 살기도 한다."

이렇듯 인연이란 있으면서도 모르고 지나가기도 하고, 한 번 스쳐 가도 그것이 오랜 시간 동안 이어지기도 한다. 먼동 선생과의 인연은 후자가 아닌가 한다.

먼동 선생님과의 인연을 맺게 해준 것은 '소파 방정환 선생' 덕분이었다. 소파는 누구나가 아는 바와 같이 어린이 운동, 소년운동의 아버지로 불린다. 어쩌면 아버지라기보다는 친구와 같은 존재이다. 먼동 선생님은 소년운동을 주제로 처음으로 박사학위를 받았다. 시쳇말로 박사학위는 일종의 자격증이라고도 한다. 이는 학위논문 주제가 후속 연구로 이어지지 않기 때문이기도 하다. 그렇지만 먼동 선생님은 소년운동 연구의 개척자이기도 하지만, 일생을 소년운동 연구와 함께 하였다.

이처럼 일생을 소년운동을 연구한 먼동 선생님과 인연을 맺게 된 계기는, 필자가 1980년대 후반 천도교의 기관지『신인간』을 발행하는 신인간사 입사였다.『신인간』의 편집기자로 활동하던 중 1990년대 후반 필자는 경기대학교 대학원 석사과정에 입학하였고, 한국민족운동사학회 편집이사로 활동하고 있었다. 또한 이 시기 동학과 동학농민혁명, 천도교라는 키워드로 동학학회가 설립되었다. 필자 역시 천도교와 관련된 민족운동과 동학을 키워드로 하는 동학학회 회원으로 활동하였다. 이러한 시기 먼동 선생님도 한국민족운동사학회 평의원, 동학학회 발기인과 홍보이사로 활동 중이었다.

예나 지금이나 동학과 천도교를 주제로 연구에 집중하고 있지만, 당시『신인간』편집기자로 소파의 아드님 방운용 선생님으로부터 소파와 관련된 옛이야기도 많이 들을 기회가 있었다. 그뿐만 아니라 아동문학평론가로 널리 알려진 단국대학교 이재철 선생님과도 자주 뵐 기회가 많았다. 그러다 보니 소파, 소년운동, 아동문학 등에 대한 관심도 자연스럽게 많아질 수밖에 없었다. 이러한 와중에 먼동 선생님과도 만날 수 있는 기회가 있었다. 신인간사 사무실에서 뵙기도 하고, 먼동 선생님 연구실에서 뵙기도 하고, 김응조『신인간』주간과도 함께 즐거운 자리를 하기도 하였다. 마시지 못하는 막걸리도 곁들이면서. 더욱이 당시 필자는 한양대학교 대학원 박사과정에 재학 중이어서 먼동 선생님을 뵐 기회가 자주 있었다.

먼동 선생님과 잊을 수 없는 것은 동학(同學)을 함께 하는 연구자로서 인연이다. 당시 한양여자대학에 재직 중이며 무악실학회 회장으로 활동하면서 한국 문명에도 관심이 많았다. 1999년 2월, 한국문명학회를 설립하고 초대 회장으로 추대되었다. 필자도 선생님 덕분에 한국문명학회에 가입하고 발표할 기회도 있었다. 2000년 중반 박사과정에 있던 필자는 천도교청년당으로 논문을 준비하던 중이었다. 선생님 덕분에 「일제하 천도교청년당의 민족교육-시일학교를 중심으로」, 「해방 후 천도교청우당의 정치활동과 통일정부수립운동」 등을 발표하였으며, 학회지 『문명연지』에 게재되었다.

한국문명학회 회장으로 재직 중이던 먼동 선생님은 한국문명사에서 '동학'의 의미가 매우 크며, 가장 한국적인 것이라는 말씀을 늘 아끼지 않으셨다. 이러한 인식에 따라 학회지를 발행할 때마다 동학과 관련된 연구논문이 게재되어야 한다고 하였다. 그 덕분에 필자는 「동학혁명 참여자의 혁명 이후 활동」, 「1920년대 상해지역 천도교인의 활동과 민족운동」, 「일제강점기 천도교 청년 단체의 창립과 그 배경」 등의 연구 외에도 「1910년대 일본불교의 조선포교활동」, 「한말 김포지역 민족운동」 등도 『문명연지』에 꾸준히 게재할 수 있었다. 먼동 선생님의 적극적인 권유로 왕성한 연구를 하게 되었으며, 연구자로서 자리매김을 할 수 있었다. 먼동 선생님도 한국 문명과 관련된 여러 권의 책을 내셨는데, 이중에는 늘 동학, 천도교를 키워드로 하는 관련 글을 수록하였다. 한국문명학회 활동을 함께 하면서 가장 부러웠던 것은 세계 문명 현장을 답사하는 것이었다, 먼동 선생님은 방학 때면 늘 문명 현장을 답사하셨는데, 방랑기 많던 필자는 여러 가지 여건이 맞지 않아 한 번도 참가하지 못하였다.

먼동 선생님은 필자에게 필요한 자료도 선뜻 주셨다. 선생님의 연구실에는 손때가 묻어 있는 자료들이 상당하였다. 느즈막이 연구자의 길로 들어선 필자로서는 구하기 어려운 자료들이 적지 않아 한편으로는 보고 싶은 욕심이 없지 않았다. 역사학을 연구하는 경우 자료는 무엇보다도 중요할 뿐 아니라 다른 연구자에게 보여주지도 않는 사례가 적지 않았다. 그럼에도 먼동 선생님은 필요한 자료가 있으면 가져가라고 아낌없이 내주었다. 그뿐만 아니라 박사과정에 있는 필자에게 한양여자대학에 강의할 기회를 주기도 하였다. 한국사라는 교양과목이었다. 강의가 있는 날이면 먼동 선생님과 가벼운 식사도 하고 천도교, 소파, 소춘 등 소년운동과 관련하여 논의하기도 하였다.

어느 날 하루는 선생님이 천도교 중앙대교당을 사진에 담고자 하였다. 중앙대교당은 소파를 비롯하여 소춘 김기전 등이 소년운동을 하면서 강연과 구연동화를 했던 곳이었다. 선생님은 그 현장의 모습을 놓치지 않고 싶었던 것이었다. 신인간사에 있던 필자는 어떻게 하면 좋은 장면을 담을 수 있을까 고민이 없지 않았다. 주변의 고층 건물로 인해 중앙대교당을 제대로 담으려면 높은 건물 옥상이 가장 좋은 장소였기 때문이었다. 고민을 하던 중 중앙대교당이 한눈에 들어오는 인근의 라이온스회관이 보였다. 선생님과 필자는 회관 옥상으로 올라갔다. 혹시 제지당하면 어쩌나 하면서.

중앙대교당이 눈앞에 선명하게 모습을 드러냈다. "와!" 하고 놀라시면서 카메라를 눈에 대고 셔터를 눌렀다. 중앙대교당 앞에서 편하게 사진을 찍을 수도 있었지만, 보다 현장감 있고 생생하게 전체 모습을 담고자 하였다. 그냥 지나칠 수도 있지만 그러는 법이 없었다. 꼼꼼하면서도 치밀한 연구자의 모습을 엿볼 수 있었다.

현재 먼동 선생님은 충남 예산군 삽교에서 생활하고 있다. 정확한 기억은 없지만, 선생님이 정년하기 전 추운 겨울날, 삽교에 있는 집에서 하루를 보낼 기회가 있었다. 삽교의 인근지역에는 온천이 여러 군데 있는데, 그중 하나가 덕산의 세심천(洗心泉) 온천이다. 이른 새벽 집을 나서 눈 내리는 운치를 맛보며 온천을 즐기기도 하였다.

정년 후에는 서울에서 지내시는 동안 사당동에서 종종 뵐 기회가 있었다. 사당역에서 조금 떨어진, 지금도 단골로 북적이는 담양죽순추어탕이라는 음식점에서 따끈한 추어탕을 먹곤 하였다. 이때 선생님은 막걸리 한 병을 주문하여 서너 잔 드시고, 필자는 한 잔 정도 마시곤 하였다. 추운 겨울날 먹는 추어탕은 그야말로 한겨울의 즐거움이기도 하였다.

소파가 돌아가신 지 90주기인 2021년 전후의 일이다. 장정희 방정환연구소 소장으로부터 먼동 선생님을 소개해 달라는 요청을 받았다. 소파와 관련한 연구를 꾸준히 해 온 장 소장님은 소년운동 연구의 개척자이신 먼동 선생님을 만나야 한다는 의무감을 가지고 있는 듯했다. 한동안 뜸했던 차에 선생님께 연락을 드렸고, 흔쾌히 승낙하였다. 셋이서 만난 후 방배시장의 한 허름한 선술집에서 함께 저녁을 같이 한 바 있다. 이때 장 소장님은 먼동 선생님에게 방정환 작고 90주기 기념 학술심포지움의 기조강연을 부탁하였다. 소년운동 연구의 개척자이신 선생님을 모시고 의미 있는 말씀을 듣고 싶었다. 첫 만남에서는 거절하였지만, 이후 여러 차례 더 만남을 가진 후 결국 승낙하였다. 먼동 선생님은 고려대학교에서 개최한 학술심포지움에서 「한국 소년운동사와 21세기 전망」이라는 주제로 기조강연을 하였다. 그렇지만 음향기기의 불량으로 제대로 강연을 마치지 못하는 안타까운 상황을 맞기도 하였다. 필자도 학술심포지움에서 「소파 방정환의 전국 순회 강연 활동」을 발표하였다.

이후 장 소장님은 먼동 선생님의 저작인 『한국소년운동사』의 복간을 건의하였다. 1992년에 출판된 이 책은 절판된 지 오래되었을 뿐만 아니라 헌책도 구하기 어려울 정도였다. 소년운동 연구자에게는 바이블과 같은 책이었다. 그렇다 보니 어린이운동 100주년을 기해 복간해 보려고 하였다. 선생님 역시 처음에는 조심스럽게 거절하였지만, 장 소장님의 끈질긴 설득에 의해 복간하는 것을 전적으로 위임하였다. 이 과정에서 먼동 선생님이 생활하는 삽교를 여러 차례 찾게 되었다. 선생님은 삽교역까지 승용차로 마중 나왔다. 이날 선생님은 삽교의 맛집 사과나무로 안내해 주셨다. 이후 사과나무는 삽교를 찾을 때마다 찾는 단골이 되었다. 이곳에서 선생님과 기념촬영을 하기도 하였다. 필자는 훗날 가족과 함께 맛집을 찾았고, 소문난 돈까스 맛을 제대로 느낄 수 있었다.

선생님이 생활하는 집은 크지 않지만, 내외분이 지내시기는 안성마춤이었다. 선생님은 정년 이후 남은 책을 가져와 집안 서재에 가지런히 정리해 놓으셨다. 선생님은 필요한 책이 있으면 가져가라고 했고, 서너 권 챙길 수 있었다. 이후 다시 한번 선생님의 집을 방문하고 『대한민보』 등 지금은 구하기 어려운, 귀한 자료를 덕분에 확보할 수 있었다. 필요한 자료를 필요한 연구자에게 넘겨 주신 선생님께 늘 감사드리고, 좋은 연구에 아직도 활용하고 있다.

먼동 선생님의 『한국소년운동사』 복간을 축하드리며, 늘 건승하시기를 다시 한번 기원드립니다. 그리고 늘 감사드립니다.

『한국소년운동사』의 특징과 복간의 시대적 의미

장정희(사단법인 방정환연구소 이사장)

1.

역사를 인간과 시대의 모순이 서로 길항하며 미래 지향적 가치를 밀고 온 진보의 과정이라고 본다면, 한국 근대 어린이 운동사의 기초 단계에서 제 힘을 숫구쳐 우뚝 맺어 놓은 형상이 바로 '한국 소년운동사'가 아닐까 합니다. 사람이라면 누구든 '인격'을 가진 존재로서 '평등주의'가 물결치던 근대의 한 시기에, 오직 소년, 어린이만큼은 아직 사회적으로 자유와 인격이 인정되지 못하고 있었습니다. '부모가 생존하는 동안에는 자녀에게는 아무 자유가 없고 마치 전제군주하의 신민과 같이 부모의 임의대로 처리한 노예나 가축과 다름이 없었다.'[1]는 당대 한 지식인의 한탄에서 엿볼 수 있듯, 그만큼 소년운동은 그 시대 우리 역사의 가장 절박한 주제였습니다.

방정환이 그의 글에서 호소했듯이, '몇백 년 몇천 년 눌려 엎드려만 있던 조선의 어린이'[2]는 소년운동의 인도 아래 고개를 들고 외치기 시작했습니다. 사회로 걸어 나왔습니다. 우리 역사상 '어린 사람의 해방 운동'이 가장

---

1   이광수, 「자녀중심론」, 『청춘』, 1918.9.
2   방정환, 「어린이날」, 『어린이』, 1926.5.

첨예한 방식으로 본격적인 출발을 하였던 것입니다. 소년들은 사회와 어른의 생각을 바꾸기 위해 깃발을 들었고, 선전지를 인쇄하였으며, 행렬을 지어 거리 선전을 펼쳤습니다. 소년회가 만들어지고, 어린이날이 제정되고, 어린이 잡지가 창간되고, 어린이를 연구하는 모임이 만들어지고, 소년운동을 조직해 나갈 전국 단위 운동 단체도 생겨났습니다. 소년운동은 소년 자신의 문제를 자각한 해방 운동이면서도 식민지 현실 속에서 나라를 되찾기 위한 민족독립운동사의 거대한 흐름으로 합류해 나갔습니다.

한국 소년운동사는 우리 근현대사의 질곡에 찬연한 빛을 던진 선봉이었습니다. 그러나 해방이 되고 역사와 사회의 모든 입각점이 또 다시 '어른'이라는 힘에 의해 재편되는 동안, 소년운동이 이룩한 역사적 성취는 자취가 흐려지고 제대로 정리되지 못했습니다. 이러한 안타까운 현실을 직시하여 어린 사람의 소년운동을 주목하고, 이를 체계적으로 종합하여 한국사 연구의 한 분야로 학문화한 점은 김정의『한국소년운동사』가 이룩한 뚜렷한 공적이라고 평가하지 않을 수 없습니다.

2.

김정의『한국소년운동사』의 특징적 면모를 몇 가지 보겠습니다.

먼저, 시대적으로 김정의『한국소년운동사』는 1860년부터 1945년 해방될 때까지 약 100년간 전개된 한국 소년운동사 전 과정을 다룹니다. 민족독립운동사의 관점으로 소년운동사를 조명하고 체계화한 이 저술은 '1860년'과 '1945년'을 시대 구분의 양대 기점으로 삼고 있습니다. '1860년'은 소년운동의 기반이 된 동학의 인간 해방 사상이 태동한 시기이며, '1945년'은 우리 민족이 일제의 탄압에서 벗어나 독립을 쟁취하고 민족 해방을 맞이한 해이기 때문입니다.

저술의 전체적인 체계는 총 10장과 부록으로 구성되어 있습니다. 제1장 머리말, 제2장 소년운동의 기반 조성, 제3장 『개벽』지의 소년관, 제4장 소년회 운동, 제5장 범민족적 소년운동, 제6장 소년단(Boy Scout) 운동, 제7장 소년운동의 노선 갈등과 일제 탄압, 제8장 국외에서의 한인소년운동, 제9장 맺음말, 제10장 한국소년운동사 관계 연표(1905~1945)입니다. 초판 당시의 부록 연표를 제10장으로 포함하고, '『한국소년운동사』 이야기'를 복간본 부록으로 덧붙인 것이 특징입니다. 특히, '소년관'의 태동과 형성 과정을 다룬 전반부의 서술은 중요하게 다뤄집니다.

전체적인 목차에서도 대략 그 흐름의 얼개를 그려볼 수 있듯, 한국 소년운동사의 전개는 성장과 상승 곡선만을 그린 것이 아니었습니다. 김정의 『한국소년운동사』는 그 성쇠 과정을 직시합니다. 결코 성장만을 미화하지 않습니다. 그리하여 한국 소년운동의 태동, 성장, 발전, 분열, 대립, 탄압, 강제 해산, 지하 운동, 민족 해방에 이르는 전 과정을 사실의 기록물로서 체계화하여 보여 주고자 합니다.

본격적으로 소년운동의 전개 과정을 다루는 본문에서는 '소년회' 운동과 '소년단(보이스카우트)' 운동을 각기 다른 장으로 구분하는 것도 특징으로 나타납니다. 전자의 소년회 운동이 우리 민족 내부의 '자생적' 운동이었다면, 후자의 소년단 운동이 해외로부터 받아들인 '수용적' 운동이라는 차이를 명시적으로 드러낸 것입니다. 김정의 『한국소년운동사』는 전자의 '소년회' 운동 중심 인물로 김기전·방정환, 후자의 '소년단' 운동 중심 인물로 조철호·정성채를 별도의 장으로 다룰 만큼 중요하게 기술하고 있습니다. 두 흐름은 각기 발족한 배경은 달랐지만, 소년들의 인격 완성과 건실한 민족성으로 민족 독립운동의 보루가 되겠다는 거시적 방향에는 일치하였습니다. 물론 각기 배경을 달리하는 차이점으로 인해 한국 소년운동의 두 방향이 서로 다른 특성과 한계를 내포하게 되는 과정도 세밀하게 천착해 갑니다.

무엇보다도 김정의 『한국소년운동사』는 한국 소년운동의 시공간 지형도를 확장했습니다. 본격 소년운동 발생기에 설립된 진주소년회(1920.8.)와 천도교소년회(1921.5.) 설립에 앞서, 시기적으로 3.1독립만세운동이 일어나던 1919년에 한반도와 해간도 일대에 가장 빨리 소년단체가 조직되었음을 밝혀 줍니다. 국내의 원산소년단, 안변소년회, 왜관소년회, 국외의 대한민국임시정부 산하 상해소년회, 연해주 신한촌 소년애국단이 그러한 예입니다. 해외의 미주 한인 '보이 스카우트' 운동 역시도 국내에 양대 소년단이 설립되기 전부터 이미 서로 연계 고리를 갖고 있었음을 밝혀 서술하고 있습니다.

이러한 사실들은, 한국 소년운동이 한반도의 지역성을 넘어 동북 아시아, 미주 지역까지 영향 관계에 놓여 있던 '국제적' 연대 운동이었음을 일정 부분 증거해 주는 듯합니다.

3.

김정의 『한국소년운동사』 복간은 이 시대에 어떤 의의가 있는 것일까? 과거의 원문을 그대로 복원하여 후대에 계승하는 작업이어야 할까? 복간을 넘어 시대성을 견인할 수 있는 개정 단계로 나아가야 하는 것일까? 복간 위에서는 이러한 질문들을 되물으며 성찰했습니다.

그 결과, 김정의 『한국소년운동사』 복간은 최대한 초판의 원문을 충실하게 복원하는 방향으로 정했습니다. 연구의 성과물을 과도하게 개변할 경우 전체적인 체계가 흐트러질 염려가 있기 때문입니다. 김정의 『한국소년운동사』를 기반으로 한국 소년운동사 연구를 좀더 발전시켜 나갈 수 있는 가능성을 더 높여준 셈입니다. 그러면서도 추가 확인 자료, 또는 시의성을 적절히 반영하여 일부 내용을 보완하는 작업은 필요해 보였습니다.

무엇보다도 초판 김정의 『한국소년운동사』에서 정리한 '1920년대 소년운동 관계의 성쇠 단체' 564단체에서 이번 복간본은 '224단체'를 추가하여 788단체까지 보완하여 저술의 완성도를 얼마간 높일 수 있었습니다. 초판에서는 1920년대 《동아일보》, 《조선일보》, 『어린이』, 『한국 보이스카우트 60년사』 및 일제 조선총독부 기록 등에 나타난 소년단체명이 정리되었습니다. 새로 발굴된 『어린이』지, 부록 어린이신문 『어린이세상』, 천도교 잡지 『신인간』, 그 외 새로 발굴된 신문 자료를 통해 그동안 활동이 기록되지 못한 소년단체를 상당수 추가 확인한 것은 뜻밖의 성과였습니다. 여기에는 필자의 조사 노력도 없지 않았지만, 성주현 교수의 천도교 소년회에 대한 연구, 이주영 위원의 향토사 자료 제공에서 많은 도움을 받았습니다.

그리고 한국 소년운동의 '소년 해방' 정신이 좀 더 선명하게 수용될 수 있도록 하였습니다. 김기전의 '소년 해방' 담론은 본 저술의 소년관 태동 부분에서 중요한 비중으로 다룹니다. 그리하여 초판 당시 절의 제목이었던 '동학의 소년애호사상'을 '동학의 소년해방사상'으로 교정함으로써 동학에 원류를 둔 한국 소년운동의 지향성을 더욱 선명히 드러내고자 한 것입니다.

1923년 소년운동협회 명의로 공표한 '소년운동 선언'(2023년부터 '어린이 해방 선언'으로 국제적 통칭)이 지닌 세계사적 의미를 다층적으로 보완하고자 했습니다. 이 선언은 1924년 제네바에서 발표된 '아동 권리 선언'(1924, 일명 제네바 선언)보다 '1년' 앞선 선언으로 윤석중이 그 위상을 평가한 적이 있습니다. 그러나 한층 더 주목할 점은 '국제 아동 권리 선언'이 어린이를 위한 구호와 구조를 핵심 내용으로 한 데 반해, '1923년 5월 1일' 우리의 선언은 '어린이의 완전한 인격적 예우' '윤리적·경제적 억압으로부터 어린이의 해방' 등을 핵심 사항으로 담고 있다는 사실입니다. 따라서 시기적으로 '1년' 앞섰다는 사실에 그치는 것이 아니라, 우리의 1923년 어린이날 선언이 어린이의 '해방'과 '권리'를 아울러 선언했다는 선구성을 보론하게 되었습니다.

끝으로, 초판 이후 발굴된 『어린이』 잡지 자료에 대한 서지 사항을 보완하였고, 역사적으로 바르게 추산되지 못하여 반복적으로 혼선을 일으키고 있는 어린이날 회차 문제도 '1922년 5월 1일' 어린이날 제정 연도를 기점으로 '회' 표기 대신에 '주년' 방식으로 통일한 점을 적어 둡니다.

4.

김정의 『한국소년운동사』는 한국 소년운동사 서술의 역사적 등불입니다. 우리의 고귀한 소년운동 역사를 비로소 학자의 관점으로 객관화하고 그 실증 자료를 찾아 씨실과 날실을 엮어 짜 낸 찬연한 대한민국 소년운동의 연표요, 그 운동의 주소와 구심체를 세밀하게 표시한 광활한 지도서라고 말할 수 있겠습니다. 김정의 『한국소년운동사』는 이번 복간을 시작으로 후학들의 한국 소년운동사 연구를 촉진하게 될 것입니다. 한국 소년운동사 연구가 과거의 기록사적 문헌에 멈추지 않고 이 시대에 함께 호흡할 수 있기를 바라기 때문입니다.

『한국소년운동사』가 현대 어린이 문화 운동에
미친 영향

이주영(어린이문화연대 상임대표)

2022년 5월 1일, 이날은 우리 어린이 운동 역사에서 매우 뜻깊은 날입니다. 어린이문화연대 어린이날 100주년 기념사업회(회장 이주영)와 천도교청년회(회장 이재선)가 함께 1922년 5월 1일 어린이날을 선포했던 100주년을 기리는 '어린이날'을 부활시킨 날이기 때문입니다. 천도교소년회(회장 이정호)가 창립 1주년인 1922년 5월 1일을 '어린이날'로 정했고, 1923년 5월 1일 소년운동협회(회장 방정환)에서 '어린이 해방 선언문'을 선포하였습니다.

곧 우리 어린이날은 5월 1일입니다. 그런데 1928년부터 5월 1일에 못하고 5월 첫 공휴일로 바꾸었습니다. 그 까닭은 일제의 탄압, 어린이 운동 단체의 분열, 방정환이 어린이 운동 단체 주도권에서 밀려났기 때문입니다. 그 이후 일제의 탄압이 더욱 심해졌습니다. 1935년에는 소년회 교과서나 다름없던 『어린이』가 폐간되었고, 1937년 9월 3일자로 소년회가 모두 강제 해산을 당했습니다. 당연히 1938년부터는 어린이날 기념행사도 못 하게 되었습니다.

1945년 8월 15일 해방되고, 이듬해인 1946년 어린이날 기념행사가 다시 시작되었습니다. 그런데 아쉽게도 천도교소년회에서 처음에 정한 5월 1일이 아니라 5월 첫 공휴일인 5월 5일에 했습니다. 그게 굳어져 지금까지 5월 5일에 어린이날 행사를 하고 있습니다.

당시 동경에 유학하면서 아동문화를 공부하고 있던 방정환이 '일제가 만든 아동 애호의 날을 모를 리 없었을 것입니다. 그럼에도 천도교소년회와 이를 후원하고 지도하던 김기전과 방정환은 그보다 며칠 빠른 1922년 5월 1일을 어린이날로 정했고, 1923년 5월 1일에는 소년운동협회 이름으로 어린이날과 어린이 해방 선언문을 선전하는 날로 정했습니다.

저는『한국소년운동사』를 읽고서야 그 까닭을 알게 되었습니다.『한국소년운동사』를 읽고 몇 가지 크게 깨달은 것이 있습니다.

1. 1920년대 어린이 운동은 3·1혁명 경험과 그 정신으로 시작되었습니다. 그러나 그 씨앗은 멀리는 화랑정신에 있고, 가까이는 동학에 뿌리를 두고 있음을 책 맨 앞 장에서 밝혀 놓았습니다. 선생님은 그 까닭을 더 깊이 연구한 논문을『한국소년운동론』[1]에 싣기도 했습니다.

2. 그동안 1920년대 어린이 운동은 방정환이라는 탁월한 활동가 한 사람으로 대표되어 왔습니다. 그러나 그 바탕에는 김기전, 조철호, 정성채와 색동회 회원을 비롯해 전국 곳곳에 수많은 어린이 운동가와 지역 운동가들이 함께했다는 것입니다.

3. 1920년대 어린이 운동은 어른보다 어린이들이 스스로 먼저 시작했습니다. 3·1혁명에 참여했던 어린이들이 앞장서 전국 각지에서 소년회를 만들어 활동했습니다. 저는 소년회가 이렇게 많은 줄 이 책을 보고 처음 알았

1 김정의,『한국소년운동론』, 혜안, 2006.

습니다. 저는 그 활동 방법과 내용과 규모를 보면서 1920년대 어린이 운동이 당시는 물론 이후 우리 한글보급 운동, 민족해방 운동, 사회변혁 운동의 바탕이 되었다고 생각하게 되었습니다.

4. 이 책을 보면서 '어린이날'이 소비하는 날이 아니라 '어린이날 기념행사'로 처음 정신을 기리고 계승하면서 새로운 내일을 위해 새로운 마음을 다짐하고 새로운 가치를 창조하는 날이어야 함을 깨달았습니다. 어린이날이 사달라고 하는 유행성 선물이나 사주고, 하루 맛있는 거 먹으면서 유흥지나 위락시설 같은 데 놀러가는 날, 어린이가 자기 욕심을 채우고 어른은 그 노예처럼 지내는 소비중심주의 날이 되어서는 안 됩니다.

5. 어린이날 100주년이 되는 2022년부터는 어린이날 기념행사를 회(回)가 아니라 돌(週年)로 헤아려 나가고 있습니다. 어린이날은 1938년부터 1945년까지 일제 탄압으로 기념행사를 갖지 못했습니다. 올바른 어린이날 제정 정신을 살리기 위해서는 어린이날을 기념하지 못한 8회차를 빼야 하는데, 언제부터인가 그 8년까지 다 넣어서 헤아리게 되었기 때문입니다.

무엇보다 고마운 일은 역사 속에 묻힐 뻔한 1920년대 어린이 운동 정신과 소년회 운동, 어린이 해방 선언 정신을 이어갈 수 있는 연구 성과를 저술하여 책으로 전해 주신 것입니다. 만일 김정의 선생님이 한국 소년운동사를 연구하여 책으로 출판하지 않았다면 1920년대 어린이 운동과 어린이 해방 선언이라는 소중한 역사 자산을 우리들이 알기 어려웠을 것입니다.

이러한 배움과 깨달음을 얻어 시작된 것의 하나로 어린이문화연대를 통해 전개한 현대 어린이문화운동 이야기를 증언해 보고자 합니다. 김정의 선생님의 『한국소년운동사』 이 책 한 권이 한 사람의 어린이 운동 역사에 대한 생각과 교육 사상을 변화시켰습니다. 그리고 그 생각의 변화는 곧이어 우리 사회 어린이 문화 운동의 방향을 전환하는 데로 나아가게 된 것입니다.

어린이문화연대는 1922년 5월 1일 어린이날을 만든 날과 1923년 5월 1일 어린이 해방 선언 정신을 되살려서 이어가자는 뜻에 공감하는 어린이 관련 30여 단체와 어린이날 100주년 기념사업추진위원회를 결성해서 2022년 어린이날 100주년 기념행사를 추진하였습니다. 2022년 4월 27일 기자회견을 통해 이런 뜻을 밝혔고, 5월 1일 거리 행진을 재현하였습니다. 방정환 생가 터인 세종문화회관 예인마당에서 약 500여 명 어린이와 어른들이 모여 어린이 해방 선언문을 낭독하고 행진을 시작하였습니다. 광화문과 종로, 인사동을 거쳐 천도교 대교당 마당까지 거리 행진을 하면서 시민들에게 어린이 해방 선언문을 배포하였습니다. 이를 시작으로 5월 한 달 동안 제주도에서 휴전선 근처 파주시까지 전국 곳곳에서 100여 가지도 넘는 행사가 진행되었습니다.

사실 저도 다른 대부분 사람들과 마찬가지로 초등학교 다닐 때 어린이날을 만든 분이 방정환이라고만 배워왔습니다. 어린이날은 과자 먹고 짜장면도 먹고 그냥 노는 즐거운 날이었습니다. 그러다 초등학교 교사가 된 1978년에 만난 이오덕 선생님이 꼭 사야 한다고 권유해서 『어린이』 영인본 10권을 당시 한 달 월급보다 많은 돈을 주고 샀습니다. 1980년에 서울양서협동조합 산하 모임으로 어린이도서연구회를 만들었는데, 그 모임에서 3년에 걸쳐 어린이 영인본 10권을 돌려가면서 함께 읽기를 했습니다. 그때 같이 읽던 회원들은 모두 놀랐습니다. 그 잡지를 주관한 방정환 선생님의 어린이에 대한 사랑과 열정을 고스란히 느낄 수 있었기 때문입니다. 어린이도서연구회는 그 힘을 받아 1980년대 어려운 여건 속에서도 어린이 독서 운동을 개척해 나가기 시작했다고 할 수 있습니다. 나 역시 이 책을 읽기 전까지는 5월 5일 어린이날과 그 모습을 당연하게 생각했습니다. 어린이들이 자유롭게 놀 수 있는 날이 1년에 하루라도 있으니 얼마나 다행이냐고 생각했습니다.

1983년 한국글쓰기교육연구회와 서울YMCA초등교육자협의회가 결성되면서, 교사들이 학급 어린이 중에서 5월 5일 어린이날 휴일에 집에 혼자 있는 아이들을 나오라고 해서 함께 노는 작은 행사가 전국으로 퍼져 나갔습니다. 그 흐름이 점점 커져서 1991년에는 전국교직원노동조합 초등위원회(위원장 이상호)에서 주관하고, 여러 시민단체들이 함께 하는 5월 5일 어린이날 '머리가 하늘까지 닿겠네' 행사가 시작되었던 것입니다. 민속놀이 12마당, 연극마당, 이야기마당, 체험마당, 먹거리마당… 참여한 단체에 따라 각양각색의 마당을 준비해서 어린이와 부모들 스스로 자유롭게 참여하거나 쉬면서 부모와 자녀가 하루를 함께 하는 날이었습니다. 마지막으로 대운동장에 모두 모여서 대동놀이를 하고, 어린이 해방 선언문을 낭독했습니다. 반응이 너무 좋아서 전교조 전국 시군구 지회 주요 연간 행사로까지 퍼져나갔습니다.

그러다 김정의 선생님이 쓴 『한국소년운동사』를 만났습니다. 1999년 어린이도서연구회에서 방정환 탄생 100주년 사업으로 1월부터 6개월 동안 전국 지회가 함께 방정환 작품 읽기를 했는데, 그때 우연하게 처음 읽게 되었습니다. 이 책을 읽고 5월 1일과 어린이 해방 선언문이 참 중요하다는 것을 처음 알게 되었습니다. 그래서 1999년에 어린이도서연구회(이사장 이주영), 남북어린이어깨동무(이사장 이기범), 공동육아협동조합(이사장 정병호) 세

단체가 모여서 5월 1일 어린이날 기념행사를 하기로 하고, '새 천년 어린이 선언'을 하였습니다. '새 천년 어린이 선언문'은 1923년 한국소년운동협회에서 선포한 '어린이 해방 선언문'을 3월부터 세 단체 대표와 전국에서 신청한 33명 어린이들과 같이 읽고 토론하면서 통일과 평화와 환경 정신을 더 담아서 만든 것입니다.

1999년 5월 1일 어린이날 기념행사는 대학로에서부터 1,000여 명의 어린이와 어른들이 어린이 선언문 각 조항을 쓴 깃대 깃발을 높이 들고 서울대병원을 넘어 종로를 행진해서 세종문화회관 예인마당 방정환 생가터 빗돌 앞에 모여서 마무리 행사를 했습니다. 그리고 선언문을 청와대에 전달했습니다. 5월 5일 하자는 의견도 있었지만 나는 어린이날 기념행사는 5월 1일 해야 그 역사적 의미가 있다고 했습니다.

이후 세 단체가 같이 있던 대학로 어린이 평화의 집이 문을 닫아서 각각 이사를 가면서 헤어지고, 저도 어린이도서연구회 이사장 임기를 다했기 때문에 더 이상 추진하지 못했습니다. 그 이후 각 단체는 자기 단체에 맞는 선언문을 따로 만들었습니다.

그 과정과 내용은 『어린이 문화 운동사』(이주영, 보리, 2014)에 소개해 놓았습니다. 이 책을 읽은 사람들이 놀라워하는 것 중 하나가 '놀이'의 보급과 민족의식의 함양입니다. 1920년대 방정환과 어린이운동에서도 '놀이'를 상당히 중요하게 인식하고, '놀이'를 직접 보급하고 지도하기 위해 노력하는 모습을 볼 수 있습니다. 그 정신을 이어서 2015년에 강원도 교육청을 중심으로 '어린이 놀 권리 헌장'을 만들었고, 5월 4일 국회에서 어린이문화연대와 17개 시도교육감협의회 이름으로 함께 선포를 했습니다.

2014년부터 방정환연구소 장정희 박사를 중심으로 국립어린이청소년도

서관에서 매주 『어린이』 읽기 모임이 시작되었고, 이 모임이 앞장서 2018
년 그리스 아테네에서 열린 국제아동도서협의회(IBBY)에 참가해서 방정환
과 어린이 해방 선언 정신을 세계에 널리 알렸습니다. 그리고 2022년 어린
이날 100주년 때는 5월 5일이 아니라 5월 1일 어린이날을 기념해서 그 정
신을 되살리자는데 뜻을 모았습니다. 『한국소년운동사』를 읽고 어린이날
의 제정 정신과 소년해방의 뜻에 공감하였기에 5월 1일을 되살리자는 뜻을
모을 수 있었습니다.

　그 뜻을 좀 더 여러 단체와 함께하기 위해서 2020년 국회 도종환 의원과
협의했더니 적극 찬성하였습니다. 그래서 도종환 의원실이 주최하고, 어
린이문화연대·천도교청년회·사)방정환연구소가 공동주관해서 「방정환
세계화를 위한 정책포럼」을 시작했습니다. 2022년 5월 1일 어린이날 기념
행사를 되살리는 거리 행진은 2023년 5월 1일, 2024년 5월 1일, 2025년 5월
1일에도 진행되었습니다. '어린이가 행복한 세상'이라는 표어를 내걸고 참
가 어린이들이 다양한 자기 의견을 손팻말이나 깃발에 써서 들고 거리 행
진을 했습니다. 이 책이 한글본으로 복간되면 전국으로 5월 1일 어린이날
기념행사가 퍼져나가는 데 큰 힘이 될 수 있을 거라고 생각합니다.

　이렇듯 1920년대 시작한 어린이 운동 100년을 짚어보며 어린이 운동 역
사를 이어가는데 김정의 선생님이 평생 연구한 이 책이 있었기 때문에 가
능했습니다. 이렇게 한글로 바꾸고 다듬어 다시 펴내게 되어 너무 기쁩니
다. 앞으로 어린이 관련 일을 하는 사람들을 비롯해 내일을 새롭게 살아갈
더 많은 새로운 사람들이 이 책을 꼭 읽고 새로운 세상, 어린이와 젊은이
와 늙은이 모두 서로가 서로를 하늘로 섬기면서 살아가는 새로운 대한민국
100년을 만들어 가는 디딤돌로 삼기를 간절히 소망합니다.

김정의 선생님께 드리는 편지

홍승진(서울대 국문학과 교수)

김정의 선생님, 안녕하세요? 저는 한국 현대 시를 생각하는 국문학자 홍승진입니다. 선생님께서 1992년에 펴내신 책 『한국소년운동사』가 다시 나온다는 말을 듣고는 이 책을 찾아 읽었습니다. 이 책이 저를 사로잡은 까닭은 크게 세 가지로 새로운 생각을 일으키기 때문입니다. 첫째로는 역사를 새롭게 생각하게 하는 점이며, 둘째로 민족을 새롭게 생각하게 하는 점이며, 셋째로 어린이를 새롭게 생각하게 한다는 점입니다. 이러한 세 가지를 두고서 선생님께 고마운 마음을 말씀드리고 싶기도 하고 또 궁금한 점을 여쭙고 싶기도 하여 편지를 드립니다.

선생님 전공은 역사학이고 제 전공은 국문학이지만, 저도 선생님처럼 훌륭한 역사학자가 되어야 하겠다고 마음을 먹습니다. 저도 한국 현대 시의 역사를 이모저모 깊이 따지려고 애쓰기 때문입니다. 그래서 역사를 어째서 살펴야 하느냐는 물음이 저에게는 무척 뼈저립니다. 물론 이 물음은 너무나 많은 이가 오랫동안 되풀이한 물음이자 쉽게 풀기 어려운 물음이겠지만요. 그럼에도 자꾸만 물을 수밖에 없고 물어야만 하는 물음이기도 합니다. 제 학문이 헛되지 않다고 믿고 싶기 때문입니다. 온 삶을 역사학에 바치신 선생님께서는 어떠한 마음으로 역사학을 하셨는지요?

과거에 정말 무슨 일이 일어났는지를 알아내는 일에 그치는 역사학은 구태여 애써 할 일이 되기 어렵다고 생각합니다. 누구도 과거에 일어난 일을 하나도 빠짐없이 그대로 알아낼 수는 없을 것이기 때문입니다. 또한 똑같은 일을 두고서도 사람마다 그 일을 헤아리는 방식과 말하는 방식이 다 다를 것입니다. 이렇게 생각하는 저로서는『한국소년운동사』라는 역사책을 처음 훑어보고서, 주제넘은 말씀이오나, 이 책이 그저 지난날에 일어난 일을 알아내고 모아놓은 책 같다고 느꼈습니다. 너무 많은 자료 더미와 너무 많은 사건이 줄줄이 이어지는 책이다 보니, 읽기가 메마르고 지루하였음을 숨김없이 털어놓습니다. 이 역사책의 가치는 지난날에 무슨 한국 어린이 운동들이 일어났는지를 알고 싶어 하는 이들에게 사전과 같은 노릇을 하는 데나 있겠다고만 섣부르게 생각하였습니다.

책장을 덮고 곰곰이 되짚으니, 어린이 운동에 초점을 맞추어 한국 역사를 살핀 책은『한국소년운동사』이전에 단 한 권도 없었다는 생각이 들었습니다. 그때까지 한국 역사를 파헤친 학자들이 수없이 많았을 터인데도, 어린이 운동이라는 관점으로 한국 역사의 흐름을 꿴 학자는 김정의 선생님 한 분뿐이셨구나 하는 마음에 놀라움이 차올랐습니다. 죽은 역사학이 옛날에 일어난 일을 그저 알아내고 모으는 데 그친다면, 산 역사학은 새로운 관점으로 옛날에 일어난 일 가운데에서 어떠한 일이 더 중요하고 덜 중요한지를 꿰뚫는다는 점을 선생님 책에서 배웠습니다. 수많은 관점 가운데에서 어떻게 어린이 운동이라는 관점으로 한국 역사를 꿰뚫겠다고 마음먹으실 수 있었는지요. 우러러보이기도 하고 궁금하기도 합니다.

함부로 헤아려보자면, 아마도 선생님께서 이렇게 새로운 관점으로 살아 있는 역사학을 밀고 나아가신 힘은 민족과 어린이를 새롭게 생각하시는 마음에서 비롯하지 않을까 합니다. 선생님께서는 『한국소년운동사』 머리글에서부터 어린이 운동사를 "민족독립운동사의 최후 보루"로 생각하며 살폈다고 적어두셨습니다. 이 관점 앞에서 저는 두 가지를 묻지 않을 수 없습니다. 하나는 민족이 오늘날에도 왜 중요하냐는 물음이며, 다른 하나는 어린이 해방 운동이 어째서 민족 독립운동의 최후 보루이냐는 물음입니다. 앞의 물음을 먼저 따진다면, 오늘날에는 적지 않은 이들이 민족이라는 낱말을 꺼리거나 내팽개치곤 합니다. 민족이라는 낱말을 앞세우는 일은 한 민족이 다른 민족을 미워하거나 억누르는 데 빠질 위험이 있기 때문이라는 것입니다. 한국 현대 시를 밝히려는 저로서는 이러한 말을 들을 때마다 고개를 끄덕이면서도 제가 밝히려는 시가 어째서 한국 시여야 하는지를 되돌아보게 됩니다. 일제강점기에는 겨레라는 낱말이 좋은 힘을 불러일으킬 수 있었지만, 나라가 독립한 지 오래 지난 오늘날에는 겨레라는 낱말이 어떠한 뜻을 품을 수 있을까요?

민족이라는 한 낱말의 뜻은 두 겹으로 이루어진다는 점을 선생님 책에서 새롭게 깨닫습니다. 왜냐하면 돈 많고 힘센 이들은 더 많은 돈과 힘을 얻으려고 저들이 다스리는 민족을 고분고분하게 만들려고 하거나 저들이 다스리지 않는 민족을 짓밟으려고 하기 때문입니다. 저들에게 민족이라는 낱말이 뜻하는 바는 가난하고 힘없는 이들에게 겨레라는 낱말이 뜻하는 바와 크게 다르다는 사실을 『한국소년운동사』에서 찾을 수 있습니다. 선생님께서는 "동학의 소년해방사상이 한국소년운동의 기저사상이라는 점"을 또렷이 밝혀주시기 때문입니다. 동학은 억누르는 이들의 바람을 뒷받침하는 사상이 아니라 억눌리는 이들의 눈물과 꿈을 그러모은 사상이라고 생각합니다. 억눌리는 이들이 찾는 겨레라는 낱말은 모든 생명이 어떻게든 억눌려서는 안 된다는 진실과 모든 생명이 억눌리지 않고 살 수 있다는 상상을 품고 있지 않을지요.

오늘날에도 겨레라는 낱말이 더 좋은 누리를 꿈꾸는 데 이바지할 수 있다면, 그 까닭은 이 낱말이 품고 있을 진실과 상상 때문이겠습니다. 뭇 목숨이 어떻게 억눌려왔냐는 진실과 어떻게 억눌리지 않을 수 있냐는 상상을 품으면서 펼치는 겨레라는 낱말은 그 겨레를 이루는 이들만의 해방이 아니라 온 누리를 이루는 뭇 목숨의 해방에 이바지할 수 있다고 생각합니다. 선생님께서 "한국소년운동사가 민족운동사상에서 갖는 위상과 의의" 가운데 하나로 "세계시민정신을 함양하였다"는 점을 꼽으신 대목은 널리 퍼진 고정관념을 사뭇 뒤흔듭니다. 민족정신을 높이는 일과 세계 시민정신을 높이는 일은 서로 동떨어지거나 맞부딪치는 일이라는 통념이 오늘날에는 널리 퍼져 있기 때문입니다. 그런데 동학은 중국 사상들이나 유럽 사상들과 달리 한국 민중이 절망 속에서 희망을 찾아온 역사를 바탕으로 하는 사상이면서도, 온 누리 뭇 목숨을 하늘님으로 모셔야 한다고 생각하는 사상입니다. 이처럼 『한국소년운동사』는 한국 어린이 운동에서 한국 민족해방의 길을 찾아내는 흐름이 우주 생명을 해방하는 길의 실마리일 수 있음을 밝힙니다.

어린이 해방 운동이 민족 독립운동의 최후 보루인 까닭도 이제는 더 또렷이 다가옵니다. 제가 생각하기에 살아 있는 역사학은 새로운 관점으로 과거를 다시 꿰는 일과 같으며, 새로운 관점이 비롯하는 자리는 억눌리는 이들이 슬퍼하고 꿈꾸는 자리와 같습니다. 지구상의 인류 역사를 통틀어서 어린이는 언제든 어디서든 억눌려왔습니다. 요즘에는 지난날보다 어린이가 훨씬 더 살기 좋아졌다고도 하며, 때로는 어린이를 받드는 일이 지나

치다고도 합니다. 그렇지만 너무 어려서부터 너무 많은 학원에 다니는 어린이들을 보면, 또는 제대로 돌봄을 받지 못하는 어린이들을 보면, 어른이 바라는 바에 따라서 어린이를 억지로 끼워 맞추는 일은 더 약삭빠르게 탈바꿈하며 되풀이되고 있다고밖에 말할 수 없습니다. 선생님께서 밝혀주셨듯이, 한국 어린이 운동이 세계 어린이 운동사에서도 두드러지게 빨리 일어나고 크게 벌어진 힘은 어린이들을 하늘님으로 모셔야 한다고 말한 동학에서 비롯한다고 볼 수 있습니다. 동학에서 어린이들을 하늘님으로 모셔야 한다고 말한 까닭은 동학이 어린이들과 같이 억눌린 이들의 눈물과 꿈을 그러모으는 사상이기 때문일 것입니다.

한국 어린이 운동의 역사에 갈피갈피 새겨진 눈물과 꿈은 오늘날 온 누리 어린이들의 눈물과 꿈에 맞닿아 있다고 생각합니다. 왜냐하면 오늘날 억눌려 있는 이들이 꿈꿀 수 있는 세상은 지난날 억눌린 이들이 눈물 어린 눈으로 떠올린 세상일 수 있기 때문입니다. 살아 있는 역사학이 억눌린 이들의 눈물 젖은 꿈에서 새로운 관점을 길어내어 과거를 다시 꿰뚫는 일일 수 있는 까닭도, 지난날의 눈물과 꿈이 오늘날의 눈물과 꿈에 맞닿아 있을 것이기 때문이라고 생각합니다.

어린이를, 겨레를, 역사를 다시 비추어주신 선생님께 엎드려 절을 올립니다. 저도 선생님처럼 어린이를, 겨레를, 역사를 다시 비추는 학자가 되겠습니다. 『한국소년운동사』에서 받은 은혜를 갚는 길은 이뿐이라고 마음속에 새기면서요.

한국 소년운동의 종합적 정리

이현희(전 성신여대 사학과 교수)

한국 근·현대사의 연구 분야는 아직까지도 새롭게 개척하거나 집대성해야 할 작업이 많이 남아 있다고 생각한다. 이 분야 학문에 종사하고 있는 평자로서 더욱 천착, 정리되어야 할 특수사나 인물 시대사 등이 눈에 띄고 있다는 점을 익히 느끼고 있었다. 그런 작역(作域) 중의 하나가 바로 한양여전 김정의 교수의 역저 노작 『한국소년운동사: 1860~1945』이라고 생각된다.

평자가 오랫동안 저자 김 교수와 동학 관계로 인연을 맺으면서 학문적 업적이나 진지한 의욕, 연구하려는 꾸준한 자세에 늘 탄복해 왔었다. 그러던 중 마침 우리나라 소년운동에 관해서 깊이 있게 연구하고 그것을 학술 논문집으로 묶어 상재하게 되었다고 알려 왔을 때 그다운 학문적 열정이 마침내 오늘에 이르러 결실을 보게 되었다는 기쁨에 찬 대화를 나눈 일이 있었다. 저자 김 교수는 말수가 적은 대신에 강한 집념과 놀라운 실천력이 뒷받침된 웅변적인 업적의 소유자라고 해도 과찬만은 아닐 것이다.

무악실학총서 제1집으로 낸 이 무게 있는 저서는 모두 9개 항으로 목차를 구성, 서술해 간 바 제1장의 머리말과 제9장의 맺음말을 제외하면 순수한 학문적 업적으로서의 천착은 7개 장에 이른다고 볼 수 있다.

국내에서의 소년운동사를 이렇게 개척적으로 집대성한 최초 최대의 성과라고 믿어 의심치 않는다.

첫째, 저자는 소년운동의 개시를 1860년 동학창도의 민족사적인 의미로서 인내천과 보국안민의 개천(開天) 개벽(開闢) 사상에서부터 찾고 있다. 그것은 동학이 실학으로부터 연유한 사상적 맥락성을 의식한 것 같으며, 그것을 더 소급해 볼 때 단군의 홍익인간의 이념과 이화세계(理化世界)의 인류 구원 사상에서 '소년'의 존재 의미를 연결하고 있다. 이는 매우 탁견이 아닐 수 없는 것이다. 이후 독립협회와 애국(구국) 계몽운동으로 연결되어 3·1혁명(운동)에 이르기까지의 소년운동을 그 기반 조성기로 잡아보고 있다. 약간의 비약된 입론(立論)의 여지가 눈에 보이고 있는 바 이는 목적 설정에 쫓기다 보니 그런 약간의 미숙함을 보인 것이라 할 수 있다.

둘째, 천도교 경영의 『개벽』 잡지를 통해서 소년관을 검토하고 있다. 저자는 전통관에서의 '소년' 의식을 비판했고, 소년 문제를 운동사적 차원에서 다루고 있다. 소년운동의 목표와 반성을 동시에 나타내서 그 소년사적 연구 업적을 착실히 닦아가고 있다.

셋째, 저자 김 교수는 소년운동의 시초와 어린이 운동의 유래를 학술적으로 정리한 뒤 김기전(金起田)과 방정환(方定煥)의 기여도를 높이 평가하고 있다. 이어 범민족적 소년운동의 성립과 그 각종 행사를 활성화라는 제목으로 구국운동적 차원에서 취급하고 있다. 그것은 '조선소년운동협회'의 성립과 그 확산책에 따라 각종 어린이날 기념행사로서 구체화되고 있음을 뒷받침하고 있다. 여기서 비로소 우리나라 소년운동의 조직화, 체계화가 이룩되는 성숙단계로의 활약상을 예리한 필치로 비쳐주고 있다.

넷째, 소년단 일동의 조직과 이념 문제가 다루어지고 있다. 조선척후군과 조철호(趙喆鎬), 소년척후대와 정성채(鄭聖采)의 공로가 뒷받침되면서 통합과 분리의 여러 가지 어려움을 전개하면서 '놀이'의 보급을 잔잔하게 서술해가고 있다.

조철호나 정성채 등의 소년운동에 끼친 영향은 전기적(傳記的) 차원을 넘어 이념적이고 민족사적 측면에서 그 분량을 더해 심층적으로 고찰함이 좋을 듯싶어 아쉬움을 표한다. 조철호는 당시 중앙고보의 교사였으나 근대 소년운동의 창시자요 중흥자로서의 위상을 정리해 둠이 소년운동사 연구에 보탬이 되리라고 믿는다. 아울러 일제가 소년운동을 탄압하기 전, 소년 운동계에 이념이 전파 유입됨으로써 5월회, 조선소년연합회, 조선소년총연맹이 결성되는 과정과 특징을 좀 더 예리하고도 집중적으로 다루었으면 금상첨화였을 것으로 본다. 왜냐하면 이 부분에서의 세련된 처리 솜씨가 다음으로 나올 소년운동의 대립 격화를 무난히 소화할 수 있기 때문인 것이다. 일제의 소년운동 탄압은 침략자다운 너무나도 당연한 귀결인 것이다. 그 탄압을 다른 민족운동적 차원과 이념적 갈등 속에서 좀 더 명쾌히 처리하였으면 지하 활동으로 전이(轉移)되는 절차와 과정·경과·성격 등을 쉽게 이해할 수 있지 않겠는가 싶다. 소년운동도 다른 운동이 탄압받고 있었던 것과 비교 검토하는 항목 설정이 필요했다. 비교와 구조적 서술은 소년운동사를 그만큼 돋보이게 하고 성격 규명이 더욱 명료해지기 때문인 것이다.

다섯째, 해외에서의 소년운동을 취급하고 있는 것은 소년운동의 시각이나 범위, 규모, 인적 구성 등을 보다 다양하게 검토하겠다는 저자의 학문적 연구 영역 확대 의욕이 빚은 결과로 찬사를 보내고 싶다. 일견 기발표된 단편적인 소년운동의 경우는 대개가 국내편 서술로 종결되는 아쉬움을 보였다. 저자는 중국의 상해 일대와 해간도(海間道), 미주 지역으로까지 확장해서 고찰하려는 진지한 학구적 의욕과 열의를 보이고 있다. 그러나 여기서 더욱 욕심을 부리자면 구라파나 일본 지역에서의 소년운동에 관련된 자료가 속속 개발 보급되고 있는 만큼 소년운동의 해외 연구 광역화라는 측면에서 더욱 검토 삽입해 주었으면 하는 욕심을 나타내고 싶다. 이는 이 책의 재판 이후에 개정 증보판으로 보강해 주면 이 연구서의 가치를 더욱 돋보이게 할 것이 확실하다. 상해에서의 소년운동은 인성학교의 기여도와 임정 국무위원 이유필의 큰 자제 이만영(李晩榮) 등이 간여한 '상해한인척후대' '상해한인소년동맹'의 업적도 간결하면서도 심층적으로 엮어간 것을 볼 때 저자의 노고가 매우 컸음을 알게 한다. 연해주와 간도, 미주 지역 등에서의 소년운동의 실상도 각종 자료를 수집 정리해서 소상하게 천착하고 있음을 본다. 저자의 연구 태도는 이처럼 해외 소년운동을 서술하는 데까지도 시종일관 질서 정연하게 겸손한 연구 자세를 보여주고 있어 호감이 간다.

저자는 이 책의 서술을 마무리하면서 부록으로 '한국소년운동사 관련 연표'와 '관련 참고문헌'을 상세히 수집해서 연구사에 도움이 되게 하고 있다. 찾아보기도 뒤에 넣어 일목요연하게 사실과 인명 등을 일시에 파악케 배려하고 있다.

378쪽에 달하는 양장판의 아담한 장정까지도 신경을 쓴 저자의 개척적이고, 집대성했다는 노고를 새삼 치하치 않을 수 없다. 저자가 쓴 이 관계의 한두 편의 학술논문을 대할 때보다 이렇게 오랫동안 자료를 수집, 정리하고 분석, 종합하기에 이르기까지 전과정을 거쳐 이제 하나의 논문집을 일관성 있게 출간하게 되니 관심자에게는 물론 일반인에게까지도 소년사나 그 운동사를 한 눈으로 보고 이해하는 데 크게 도움을 준다고 믿어 의심치 않는다.

우리나라 최초의 소년운동사라는 개척적인 업적을 내서 우리 사학계에 크나큰 경사요 수확이라 아니할 수 없게 되었다. 그처럼 '개척 업적'이니만큼 뒤에 나올 동류(同類)의 업적에게 추월당하거나 보완의 압박 여지도 없지 않을 것이다. 그것은 저자의 그 다음 업적을 통해 해답이 나오리라고 본다.

소년운동이라고 서술할 때 간혹 '청년운동'의 범주에 속한 내용도 이 책에서는 얼마간의 혼돈이 일어나고 있는 것 같다.

이 점은 다시 재고할 여지가 있지 않을까 싶다. 연구자에게는 연구 시각이 한정되거나 아전인수적인 해석이 어쩔 수 없이 따라다니게 마련인 것이다. 소년은 높고 푸르며 내일의 희망인 것이다. 소년을 인도할 청·장년이 이 책을 통해 소년의 바람직한 미래상을 제시해야 할 것이다. 다소의 미흡한 점이 있으나 장구한 세월, 소년운동 연구에 몰두한 저자의 지칠 줄 모르는 노고를 치하 격려하며 이 방면에 더욱 정진하길 축원한다.

*　이 글은 성신여대 사학과 명예교수였던 이현희 교수가 『서평문화』 제10집(한국간행물윤리위원회, 1993.8.)에 발표한 글을 가져와 재록한 것이다. 이현희 교수는 2010년 10월 17일 향년 73세로 운명하셨다. (편집자 주)

참고문헌
찾아보기

참고문헌

1. 자료

『경서』, 『삼국사기』, 『삼국유사』, 『고려사』, 『고려사절요』, 『경국대전』, 『조선왕조실록』, 『동국통감』, 『지봉유설』, 『목민심서』, 『동경대전』, 『용담유사』, 『서유견문』, 『서우(西友)』, 『대한자강회월보』, 『한국통사』, 『한국독립운동지혈사』, 『소년한반도』, 『소년』, 『천도교회월보』, 『소년군단보』, 『조선소년군요람』, 『공립신보』, 『묵암비망록』, 『어린이』, 『학생』, 『의여차(意如此)』, 『소년군교범』, 『신인간』, 『숫자조선연구』, 『조선총독부시정연보』, 『조선총독부관보』, 『우가키 가즈시게 일기(宇垣一成日記)』, 『간도』, 『십자군』, 『자유문학』, 『현대교육』, 『교육자료』, 『삼천리』, 『사상계』, 『보이스카우트』, 『햇불』, 『백범일지』, 『크리스찬문학』, 『한국일보』, 『중앙일보』, 『순국』, 『여성동아』, 『주간조선』, 『진리·자유』, 《황성신문》, 《독립신문》, 《조선일보》, 《동아일보》, 《대한매일신보》, 《매일신보》, 《경향신문》

김낙산(金樂山). 1943. 『춘산이유필소사(春山李裕弼小史)』, 미간본.

김영윤(金榮潤). 1980. 『「개벽」지 압수원본선집』, 서울: 현대사.

김옥균(金玉均) 외. 이민수 외 역. 1981. 『한국의 근대사상』, 서울: 삼성출판사.

김원용(金元容). 1959. 『재미한국인 50년사』(독립운동사편찬위원회 소장본)

김정명(金正明). 1967. 『조선독립운동』 1-5, 동경: 原書房.

김정주(金正柱). 1970. 『조선통치사료』, 동경: 한국사료연구소.

김홍일(金弘壹). 1972. 『대륙의 분노』, 서울: 문조사.

국사편찬위원회. 1966-1970. 『한국독립운동사』 1-5.

국사편찬위원회. 1966-1972. 『고종시대사』.

국사편찬위원회. 1968. 『한국독립운동사』 자료3, 임정3.

단국대학교부설동양학연구소. 1975. 『박은식전집』 상·중·하.

대한민국국회도서관. 1976. 『한국민족운동사료』, 3·1운동편. 1·2·3과 중국편.

독립운동사편찬위원회. 1970-1976. 『독립운동사자료』 1-13, 서울: 독립유공자사업기금
　　　운용위원회.

동아일보사. 1975. 『동아일보사사(社史)』 1.

동양척식주식회사. 1918. 『간도사정』.

류광열. 1933.『간도소사』, 경성: 태화서관.

민족운동연구소. 1956.『여론』 26, 부록: 민족독립투쟁사사료 해외편.

박도식(朴度植). 1983.『조선문제자료총서』 1-11, 川崎: 아세아문제연구소.

박근영. 1974.『보이스카우트 이야기』, 서울: 성바오로출판사.

박영만(朴英晩). 1963.『주춧돌』, 서울: 신태양사.

방운용(方云容). 1965.『소파선생의 약력』, 서울: 삼도사.

방정환(方定煥). 1969.『소파 수필선』, 서울: 을유문화사.

사회문제자료연구회. 1976.「소화10년 여름 이후 중화민국불령선인단체의 정황」,『사상
       정세시찰보고집』 2, 경도: 東洋文化社.

사회문제자료연구회. 1977.『사회문제자료총서』 1-10, 경도 : 東洋文化社

새싹회. 1973.『어린이날의 유래』.

신채호(申采浩). 1972.『단재신채호전집』 상·중·하, 서울: 을유문화사.

안정복 외. 이민수 외. 1981.『한국의 역사사상』, 서울: 삼성출판사.

유길준전서편찬위원회. 1971.『유길준전서』, 서울: 일조각.

외솔회. 1972.『나라사랑』 8, 백암 박은식 특집호.

외솔회. 1976.『나라사랑』 23, 윤동주 특집호.

외솔회. 1978.『나라사랑』 29, 열운 장지영 특집호.

외솔회. 1983.『나라사랑』 49, 소파 방정환 특집호.

유형원 외. 강만길 외역. 1981.『한국의 실학사상』, 서울: 삼성출판사.

윤동주. 1967.『하늘과 바람과 별과 시』, 서울: 정음사.

이강훈(李康勳). 1974.『항일독립운동사』, 서울: 정음사.

이광린(李光麟). 신용하(愼鏞廈). 1984.『사료로 본 한국문화사』(근대편). 서울: 일지사.

이범석(李範奭). 1971.『우등불』, 서울: 삼육출판사.

임종국. 1991.『실록 친일파』, 서울: 돌베개.

전택부. 1977.『토박이 신앙산맥』, 서울: 대한기독교출판사.

정인섭. 1975.『색동회 어린이운동사』, 서울: 학원사.

조선일보사. 1991.『조선일보사사(社史)』.

주요한(朱曜翰). 1983.『안도산전(安島山傳)』, 서울: 삼중당.

중앙교우회. 1969.『중앙육십년사』.

중앙연구원근대사연구소. 1988.『국민정부와한국독립운동사료』, 사료총간 7, 대북: 중앙
       연구원근대사연구소.

추헌수(秋憲樹). 1971. 『자료한국독립운동』, 서울: 연세대학교출판부.

한국보이스카우트50년사편찬위원회. 1973. 『한국 보이스카우트 50년사』, 未刊本.

한국정신문화연구원. 1983. 『한국독립운동자료집』.

오카요이치(岡庸一). 1903. 『최신한국사정』 1-2, 大版: 靑木蒿山堂.

내무성경무국. 1933. 「재상해조선인의불온상황(在上海朝鮮人の不穩狀況)」, 『사회운동의 상황(社會運動の狀況)』.

대장성관리국. 1947. 『일본인의 해외활동에 관한 역사적 조사(日本人の海外活動に關する歷史的調査)』 1-12.

도쿠나가 이사미(德永勳美). 1907. 『조선총람』 1-2, 동경: 博文館.

산구흡일(山口吸一). 1930. 『조선제재법규』, 경성: 조선도화출판주식회사.

양소전 외. 1987. 『관내지구조선인반일독립운동자료 휘편(彙編)』 심양: 요녕민족출판사.

연변문사자료연구위원회. 1985. 『延邊文史資料』 상.하, 연길: 연변인민출판사.

조선총독부. 1915. 『국경지방시찰복명서』.

조선총독부. 1918. 『통계연감』.

조선총독부. 1921. 『학교와 소요』.

조선총독부경무국. 1927. 『朝鮮の治安狀況』昭和二年版.

조선총독부경무국. 1930. 『朝鮮の治安狀況』昭和五年版.

조선총독부경무국. 1931. 『間島問題の經過と移住鮮人』.

조선총독부경무국. 1934. 『國外ニ於ケル容疑朝鮮人名簿』.

조선총독부경무국. 1936. 『最近に於ける朝鮮治安狀況』.

조선총독부내무국. 1927. 『滿洲西北利亞地方における朝鮮人事情』.

조선총독부고등법원검사국사상부. 1936. 「上海及南京地方に於ける朝鮮人の狀況」, 『思想彙報』 7.

조선총독부중추원. 1918. 『동부간도 및 함경남북도 특별조사 보고서』 1.

조중부(趙中孚)·장존무(張存武)·호춘혜(胡春惠) 외. 1987. 『근대중한관계사자료휘편』 1-8, 대북: 國史館.

평강유이(坪江油二). 1986. 『조선독립운동비사』, 서울: 고려서림.

2. 저서

강만길(姜萬吉). 1982. 『조소앙』, 서울: 한길사.

강만길(姜萬吉). 1984. 『한국근대사』, 서울: 창작과비평사.

강만길 외(姜萬吉 外). 1985. 『한국민족운동사론』, 서울: 한길사.

강재언. 1983. 『근대한국사상사연구』, 서울: 미래사.

강재언. 1985. 『한국의 근대사상』, 서울: 한길사.

고려대학교민족문화연구소. 1964. 『한국문화사대계』 1.

고려대학교민족문화연구소. 1976. 『한국현대문화사대계』 7-8.

구자헌(具滋憲). 1961. 『아동복지』, 서울: 한국사회복지연구소.

국민윤리학회. 1983. 『한국(韓國)의 전통사상』, 서울: 형설출판사.

국사편찬위원회. 1973. 『일제침략하 한국36년사』, 서울: 탐구당.

국사편찬위원회. 1982. 『한국현대사』, 서울: 탐구당.

국사편찬위원회. 1987. 『한민족독립운동사』 2, 서울: 탐구당.

김성식(金成植). 1977. 『일제하한국학생독립운동사』, 서울: 정음사.

김성식(金成植). 1987. 『대학사(大學史)-독일학생운동사』, 서울: 제삼기획.

김승학(金承學). 1966. 『한국독립사』, 서울: 독립문화사.

김영작(金榮作). 1989. 『한말 내셔널리즘 연구』, 서울: 청계연구소.

김용덕(金龍德). 1971. 『한국사의 탐구』, 서울: 을유문화사.

김용덕(金龍德). 1976. 『조선후기사상사연구』, 서울: 을유문화사.

김용덕(金龍德). 1984. 『한국사수록(隨錄)』, 서울: 을유문화사.

김원모(金源模). 1984. 『근대한국외교사연표』, 서울: 단국대학교출판부.

김을한(金乙漢). 1976. 『월남이상재일대기』, 서울: 정음사.

김정의. 1985. 『한국사의 이해』, 서울: 형설출판사.

김창수 외(金昌洙外). 1981. 『일제하식민지시대의 민족운동』, 서울: 풀빛.

김창수 외(金昌洙外). 1987. 『한국근대의 민족의식연구』, 서울: 동화출판공사.

김철준(金哲埈). 1976. 『한국문화론』, 서울: 지식산업사.

김태곤 외. 1973. 『한국종교』, 이리: 원광대학교종교문제연구소.

금장태(琴章泰). 1987. 『한국실학사상연구』, 서울: 집문당.

노영택(盧榮澤). 1979. 『일제하민중교육운동사』, 서울: 탐구당.

노태구. 1982. 『동학혁명연구』, 서울: 백산서당.

대한소년단본부. 1962. 『보이스카우트 운동의 약사』.

독립기념관한국독립운동사연구소. 1988. 『한국독립운동사연구』.

동아일보사. 1969. 『3·1운동 50년 기념논집』.

동아일보사. 1977. 『일정하(日政下)의 금서33권』.

동아일보사. 1987. 『현대사를 어떻게 볼 것인가』 1, 2.

망원한국사연구실. 1989. 『한국근대민중운동사』, 서울: 돌베개.

문순태. 1986. 『동학기행』, 서울: 어문각.

문정창(文定昌). 1965. 『군국일본점령36년사』, 서울: 백문당(栢文堂).

민족문화협회. 1982. 『민족운동총서』.

박경식(朴慶植). 1986. 『일본제국주의의 조선지배』, 서울: 청아출판사.

박영석(朴永錫). 1982. 『한국독립운동사연구』, 서울: 일조각.

박영석(朴永錫). 1988. 『민족사의 새 시각』, 서울: 탐구당.

박성수(朴成壽). 1980. 『독립운동사연구』, 서울: 창비사.

박성수(朴成壽) 외. 1987. 『한국인의 원형을 찾아서』, 서울: 일영.

방선주(方善柱). 1989. 『해외에서의 한인독립운동』, 춘천: 한림대학교출판부.

백낙준(白樂濬). 1973. 『한국개신교사』, 서울: 연세대학교출판부.

백종기(白鐘基). 1981. 『한국근대사연구』, 서울: 박영사.

백철(白鐵). 1958. 『국문학전사』, 서울: 신구문화사.

백철(白鐵). 1977. 『한국신문학발달사』, 서울: 박영사.

변태섭(邊太燮). 1978. 『한국사의 성찰』, 서울: 삼영사.

서울대학교대학신문사. 1977. 『한국근대사의 재조명』, 서울: 서울대학교출판부.

서울대학교사회과학연구소. 1986. 『가치의식의 변화와 전망』, 서울: 서울대학교출판부.

서울특별시사편찬위원회. 1972. 『서울통사』, 서울특별시.

서울특별시사편찬위원회. 1977-1983. 『서울육백년사』 1-5, 서울특별시.

성신여자대학교인문과학연구소. 1983. 『한국근대민족의식의 성장』, 서울: 성신여자대학
　　　교출판부.

손인수(孫仁銖). 1964. 『한국교육사상사』, 서울: 재동(載東)문화사.

손인수(孫仁銖). 1971. 『한국근대교육사』, 서울: 연세대학교출판부.

손인수(孫仁銖). 1978. 『한국인의 가치관』, 서울: 문음사.

손인수(孫仁銖). 1980. 『한국개화운동연구』, 서울: 일지사.

송건호(宋建鎬). 1977. 『한국민족주의의 탐구』, 서울: 한길사.

송민호(宋敏鎬). 1970. 『일제하의 문화운동사』, 서울: 민중서관.

신규식(申圭植). 민병하(閔丙河) 역. 1975. 『한국혼』, 서울: 박영사.

신복룡. 1978. 『동학사상과 한국민족주의』, 서울: 평민서당.

신용하(愼鏞廈). 1976.『독립협회연구』, 서울: 일조각.

신용하(愼鏞廈). 1980.『한국근대사와 사회변동』, 서울: 문학과지성사.

신용하(愼鏞廈). 1985.『한국민족독립운동사연구』, 서울: 을유문화사.

신용하(愼鏞廈). 1987.『한국근대사회사연구』, 서울: 일지사.

신일철(申一澈). 1973.『최수운연구』, 서울: 경인문화사.

신일철(申一澈). 1981.『신채호의 역사사상연구』, 서울: 고려대학교출판부.

아세아문제연구소. 1974.『실학사상의 탐구』, 서울: 현암사.

안병우 외. 1990.『북한의 한국사 인식』, 서울: 한길사.

안병직(安秉直) 외. 1979.『변혁시대의 한국사』, 서울: 동평사(東平社).

안병직(安秉直) 외. 1980.『한국근대민족운동사』, 서울 : 돌베개.

양순담. 1968.『베이든폴전』, 서울: 대한교과서주식회사.

역사문제연구소. 1990.『민족해방운동사』, 서울: 역사비평사.

역사학회. 1984.『일본의 침략정책사 연구』, 서울: 일조각.

연세대학교출판위원회. 1982.『진리와 자유의 기수들』, 서울: 연세대학교출판부.

오지영(吳知泳). 1940.『동학사』, 경성: 영창서관.

오천석(吳天錫). 1964.『한국신교육사』, 서울: 현대교육총서출판부.

우남전기편찬회. 1959.『우남노선』, 서울: 동아출판사.

우정상·김영태. 1968.『한국불교사』, 서울: 건수당(建修堂).

원유한(元裕漢) 외. 1973.『한국사대계』, 서울: 삼진사(三珍社).

유원동(劉元東). 1983.『한국실학개론』, 서울: 정음문화사.

유종기. 1979.『동학혁명』, 서울: 동학사상연구소.

유홍렬(柳洪烈). 1963.『한국천주교회사』, 서울: 카톨릭출판사

육십년사편찬위원회. 1984.『한국보이스카우트60년사』, 서울: 한국보이스카우트연맹.

윤병석(尹炳奭). 1990.『국외 한인사회와 민족운동』, 서울: 일조각.

윤병석(尹炳奭). 1990.『독립군사-봉오동 청산리의 독립전쟁』, 서울: 지식산업사.

윤석중(尹石重). 1962.『아동문학의 지도와 감상』, 서울: 동아출판사.

이광린(李光麟). 1970.『한국개화사연구』, 서울: 일조각.

이광린(李光麟). 1981.『한국개화사상연구』, 서울: 일조각.

이광린(李光麟). 1981.『한국사강좌』V(근대편). 서울: 일조각.

이광린(李光麟). 1986.『한국개화사의 제문제』, 서울: 일조각.

이광수(李光洙). 1975.『유정/소년편』, 서울: 삼중당.

이광수(李光洙). 1985.『도산 안창호』, 서울: 흥사단출판부.

이기동(李基東). 1980.『신라골품제사회와 화랑도』, 서울: 일조각.

이기백(李基白). 1974.『민족과 역사』, 서울: 일조각.

이능화(李能和). 1918.『조선불교통사』, 경성: 신문관.

이돈화(李敦化). 1933.『천도교창건사』, 경성: 천도교중앙종리원.

이만규(李萬珪). 1947.『조선교육사』, 서울: 을유문화사.

이만열(李萬烈). 1980.『박은식』, 서울: 한길사.

이민수. 1975.『독립운동가 30인전』, 서울: 서문당.

이병헌(李炳憲). 1959.『삼일운동비사』, 서울: 시사시보사.

이선근(李瑄根). 1950.『화랑도연구』, 서울: 해동문화사.

이선근(李瑄根). 1974.『화랑도와 삼국통일』, 서울: 세종대왕기념사업회.

이을호(李乙浩). 1966.『다산경학사상연구』, 서울: 을유문화사.

이을호(李乙浩). 1970.『현대인을 위한 다산의 목민심서』, 서울: 현암사.

이정식. 1982.『한국민족주의의 정치학』, 서울: 한밭출판사.

이정식. 1982.『한국민족주의운동사』, 서울: 미래사.

이재철. 1963.『한국아동문학사』, 서울: 소년한국일보사.

이재철. 1967.『아동문학개론』, 서울: 문운당(文運堂).

이태진(李泰鎭). 1985.『조선시대 정치사의 재조명』, 서울: 범조사.

이태진(李泰鎭). 1986.『한국사회사연구』, 서울: 지식산업사.

이태진(李泰鎭). 1989.『조선유교사회사론』, 서울: 지식산업사.

이현희(李炫熙). 1973.『한국사대계』, 서울: 삼진사.

이현희(李炫熙). 1974.『일제시대사의 연구』, 서울: 삼진사.

이현희(李炫熙). 1976.『한국개화백년사』, 서울: 을유문화사.

이현희(李炫熙). 1981.『한국근대사와 민중의식』, 서울: 탐구당.

이현희(李炫熙). 1982.『대한민국임시정부사』, 서울: 집문당.

이현희(李炫熙). 1982.『한국근대사의 모색』, 서울: 이우출판사.

이현희(李炫熙). 1984.『동학사상과 동학혁명』, 서울: 청아출판사.

이현희(李炫熙). 1985.『동학혁명과 민중』, 서울: 대광서림.

이현희(李炫熙). 1987.『3.1독립운동과 임시정부의 법통성』, 서울: 동방도서주식회사.

이현희(李炫熙). 1989.『임정과 이동녕 연구』, 서울: 일조각.

이현희(李炫熙). 1989.『한민족광복투쟁사』, 서울: 정음문화사.

이현희(李炫熙). 1990.『인물한국사』, 서울: 청아출판사.

이현희(李炫熙). 1991.『한국문화와 역사』, 서울: 형설출판사.

이현희(李炫熙). 1991.『광복전후사의 재인식』, 서울: 범우사.

이현희(李炫熙) 외. 1991.『한국사의 이해(근대.현대편1)』, 서울: 신서원.

이현희(李炫熙) 외. 1991.『일제강점기하의 사회와 사상』, 서울: 신원문화사.

장진호(張眞鎬). 1974.『민족교육의 전개』, 서울: 실학사.

장효문. 1982.『서사시 전봉준』, 서울: 전예원.

전북사학회한국사연구실. 1982.『한국사회사상사론선』, 서울: 학문사.

정약용(丁若鏞). 이익성(李翼成) 역. 1974.『다산논총』, 서울: 을유문화사.

정용욱 외. 1989.『남북한 역사인식 비교강의』(근현대편). 서울: 일송정.

정운채(鄭雲彩). 1973.『인내천 진리와 사인여천주의』, 서울: 성문사.

정운채(鄭雲彩). 1988.『자주주의사상개벽』, 서울: 천도교중앙총부.

정진석(鄭晉錫). 1983.『한국언론사연구』, 서울: 일조각.

정진석(鄭晉錫). 1990.『한국언론사』, 서울: 나남.

조기주. 1979.『동학의 원류』, 서울: 보성사.

조동걸(趙東杰). 1988.『한국근대사의 시련과 반성』, 서울: 지식산업사.

조동걸(趙東杰). 1989.『한국민족주의의 성립과 독립운동사연구』, 서울: 지식산업사.

조용만(趙容萬)외. 1973.『일제하의 문화운동사』, 서울: 민중서관.

차석기(車石基). 1976.『한국민족주의 교육의 연구』, 서울: 진명문화사.

차하순(車河淳). 1976.『서양사총론』, 서울: 탐구당.

채근식(蔡根植). 1985.『무장독립운동비사』, 서울: 대한민국공보처.

천도교사편찬위원회. 1981.『천도교백년약사』(상), 천도교중앙총부.

천도교사편찬위원회. 1990.『천도교교리와 사상』, 천도교중앙총부.

천도교사편찬위원회. 1990.『천도교운동사』, 천도교중앙총부.

최기영(崔起榮). 1991.『대한제국 시기 신문연구』, 서울: 일조각.

최문형(崔文衡). 1990.『제국주의시대의 열강과 한국』, 서울: 민음사.

최문환(崔文煥). 1973.『민족주의의 전개과정』, 서울: 박영사.

최민지(崔民之). 1978.『일제하민족언론사론』, 서울: 일월서각.

최재희(崔載喜). 1971.『역사철학』, 서울: 청림사.

최창규(崔昌圭). 1975.『한국의 사상』, 서울: 서문당.

최현배. 1976.『조선민족갱생의 도』, 서울: 정음사.

최현식. 1980.『갑오동학혁명사』, 서울: 금강출판사.

편집부. 1983.『일제하독립운동가의 서한집』, 서울: 시인사.

한국걸스카우트연맹. 1971.『걸스카우트교범(敎範)』.

한국보이스카우트서울연맹. 1974.『서울연맹20년사』.

한국보이스카우트연맹. 1968.『반장교범(班長敎範)』.

한국보이스카우트연맹. 1969.『스카우트교범』.

한국보이스카우트연맹. 1970.『대 조직의 길잡이』.

한국보이스카우트연맹. 1971.『소년대대장교범』.

한국사특강편찬위원회. 1990.『한국사특강』, 서울: 서울대학교출판부.

한국사상연구회. 1974.『최수운연구』, 서울: 보성사.

한국언론연구원. 1983.『한국신문백년지』.

한국역대장군전편찬위원회. 1970.『한국역대장군전』. 서울 : 대아문화사.

한국역사연구회·역사문제연구소. 1989.『3·1민족해방운동연구』, 서울: 청년사.

한국일보사. 1988.『재발굴한국독립운동사』(Ⅱ).

한국일보사. 1989.『독립운동가열전』.

한국정신문화연구원. 1978.『한국의 민족문화 : 그 전통과 현대성』.

한국정신문화연구원. 1980.『전통적 가치관과 새 가치관의 정립』.

한국정신문화연구원. 1983.『민족의 시련과 영광』.

한국현대사편찬위원회. 1972.『한국현대사』1-9, 서울: 신구문화사.

한기두(韓基斗). 1980.『한국불교사상연구』, 서울: 일지사.

한영우(韓永愚). 1988.『한국의 문화전통』, 서울: 을유문화사.

한우근. 1983.『동학과 농민봉기』, 서울: 일조각.

한흥수(韓興壽). 1977.『근대한국민족주의연구』, 서울: 연세대학교출판부.

현규환(玄圭煥). 1967.『한국유이민사』, 서울: 어문각.

홍순창(洪淳昶). 1975.『한말의 민족사상』, 서울: 탐구당.

홍우. 1991.『동학문명(결실의 문명)』, 서울: 학연사.

홍이섭(洪以燮). 1959.『정약용의 정치경제사상연구』, 서울: 한국연구도서관.

홍이섭(洪以燮) 외. 1964.『20세기의 한국』, 서울: 박영사.

홍이섭(洪以燮). 1968.『한국사의 방법』, 서울: 탐구당.

홍이섭(洪以燮). 1975.『한국근대사의 성격』, 서울: 한국일보사.

홍이섭(洪以燮). 1975.『한국근대사』, 서울: 연세대학교출판부.

홍이섭(洪以燮). 1975. 『한국정신사서설』, 서울: 연세대학교출판부.

홍장화. 1990. 『천도교운동사』, 서울: 천도교중앙총부.

강재언(姜在彦). 1983. 『일본에 의한 조선 지배40년(日本による朝鮮支配の40年)』, 大版: 大版書籍株式會社.

김성식(金成植).김학현(金學鉉)역. 1974. 『항일학생운동사』, 서울: 고려서림.

소화사연구회. 1984. 『소화사사전(昭和史事典)』, 東京: 講談社.

조선민족운동사연구회. 1986. 『조선민족운동사연구』 3, 神戶: 靑丘文庫.

조선사연구회. 1985. 『조선사연구회논문집』 22, 東京: 綠陰書房.

김병민. 1988. 『신채호 문학 연구』, 遼寧: 遼寧民族出版社.

연변대학민족연구소. 1987. 『조선족연구논총』 1, 延吉: 延邊大學出版部.

연변조선족자치주개황집필소조. 1988. 『중국의 우리 민족』, 서울: 도서출판 한울.

조선족간사편사조. 1986. 『조선족간사(朝鮮族簡史)』, 延吉: 延邊人民出版社.

호춘혜(胡春惠). 신승하(辛勝夏) 역. 1978. 『중국 안의 한국독립운동』, 서울: 단국대학교 출판부.

황용국(黃龍國) 외. 1988. 『조선족혁명투쟁사(朝鮮族革命鬪爭史)』, 沈楊: 遼寧民族出版社.

金森襄作. 1985. 『1920년대 조선의 사회주의운동사(年代朝鮮の社會主義運動史)』, 東京: 未來社.

보이스카우트일본연맹. 1969. 『ペーデン·ポーエル專.』, 東京: ボーイスカウト日本聯盟.

山邊健太郎. 안병무(安炳武) 역. 1982. 『한일합병사』, 서울: 범우사.

천전교이(淺田喬二). 1985. 『일본 지식인의 식민지 인식』, 서울: 고려서림.

C. H. Dallet. 안응렬(安應烈)·최석우(崔奭祐) 역. 1979. 『한국천주교회사』, 서울: 분도출판사.

F. A. Mckenzie. 1908. The Tragedy of korea, New York: E. P. Dutton & CO.

F. A. Mckenzie. 1969. Korea's Fight for Freedom, Seoul: Reprinted by Yeonsei University Press.

F. A. Mckenzie. 이광린(李光麟) 역. 1969. 『한국의 독립운동』, 서울: 일조각.

F. M. Watkins. 이홍구(李洪九) 역. 1973. 『근대정치사상사』, 서울: 을유문화사.

Hong Yi-Sup. 1971. Korea's Self-Identity, Seoul: Yeonsei University Press.

J. S. Wilson. 1967. Scouting round the world, London: Tonbridge Printers L. T. D..

J. E. Fisher. 1970. Democracy and Mission in Korea, Seoul: Reprinted by YeonSei University Press.

Robert Baden-Powell. 1967. Scouting for boys, London: C. Arthur Pearson L. T. D..

Robert Baden-Powell. 1950. 『스카우트대장지침』, 서울: 한국보이스카우트연맹.

3. 논문

강길원(姜吉遠). 1978. 「백암박은식연구」, 연세대학교 대학원 석사학위 청구논문.

강재언(姜在彦). 1981. 「신민회의 활동과 105인사건」, 『한국의 개화사상』.

구자혁(具滋赫). 1974. 「장지연과 그의 사상」, 『한국사연구』 9.

김광민(金光敏). 1985. 「개화기의 교육근대화 논의에 관한 연구」, 서울대학교 대학원 박사학위 청구논문.

김근수(金根洙). 1967. 「『개벽』지 소고」, 『아세아연구』 23, 고려대학교 아세아문제연구소.

김근수(金根洙). 1969. 「1920년대의 언론과 언론정책잡지를 중심(中心)으로」, 『3·1운동 50주년 기념논집』, 동아일보사.

김남식(金南植). 1985. 「한국개화기의 민족주의교육의 연구」, 서울대학교 대학원 석사학위 청구논문.

김대상(金大商). 1969. 「3·1운동과 학생층」, 『3·1운동 50주년 기념논집』, 동아일보사.

김명희(金明姬). 1982. 「유길준의 교육사상과 그 활동」, 충남대학교 대학원 석사학위 청구논문.

김민규(金旼奎). 1991. 「후쿠자와 유키치(福澤諭吉)와 조선개화파」, 『실학사상연구』 2, 무악실학회.

김상기(金庠基). 1969. 「3·1운동 후 해외의 민족운동」, 『3·1운동 50주년 기념논집』, 동아일보사.

김상련(金尙鍊). 1972. 「소파연구」(상·중·하). 『신인간』 295호. 296호. 297호.

김성식(金成植). 1971. 「일제하 한국 학생운동」, 『일제하의 민족운동사』, 민중서관.

김성준(金成俊). 1969. 「3·1운동 이전 북간도의 민족교육」, 『3·1운동 50주년 기념논집』, 동아일보사.

김영모(金泳謨). 1969. 「3·1운동의 사회계층 분석」, 『아세아연구』 XII-1.

김옥희(金玉姬). 1973. 「서학의 수용과 그 의식구조」, 『한국사론』 1.

김영호(金泳鎬). 1975. 「개화사상의 형성과 그 성격」, 『한국사』 16, 국사편찬위원회.

김응조(金應祚). 1983. 「소파 선생의 뿌리와 배경」, 『나라사랑』 49, 외솔회.

김응조(金應祚). 1983. 「천도교의 문화운동」, 『인문과학연구』 2, 성신여자대학교.

김정의(金正義). 1985. 「근대소년운동의 배경 고찰」, 『논문집』 8, 한양여자전문대학.

김정의(金正義). 1987. 「근대소년운동연구(I)」, 『논문집』 10, 한양여자전문대학.

김정의(金正義). 1988. 「한국근대소년운동연구(II)」, 『논문집』 11, 한양여자전문대학.

김정의(金正義). 1989. 「한국 근대 소년운동 고찰」, 『한국사상』 21, 한국사상연구회.

김정의(金正義). 1990. 「임술민중항쟁에 관한 일고찰」, 『실학사상연구』 1, 무악실학회.

김정의(金正義). 1991. 「한국근대소년운동사의 역사적 배경에 관한 연구」, 『백산 박성수 교수 화갑기념 논총-한국독립운동사의 인식』.

김정의(金正義). 1991. 「한국소년운동사연구: 1860년~1945년」, 성신여자대학원 박사학위 청구논문.

김정의(金正義). 1992. 「「개벽」지에 나타난 소년관에 관한 고찰」, 『논문집』 15, 한양여자전문대학.

김정의(金正義). 1992. 「근대소년운동의 노선갈등과 일제탄압」, 『실학사상연구』 3, 무악실학회.

김정의(金正義). 1992. 「국외에서의 한인소년운동: 1910~1930년대를 중심으로」, 『하석 김창수 교수 화갑기념 논총』.

김창수(金昌洙). 1984. 「한말의 국학진흥과 민족의식」, 『소헌 남도영 박사 화갑기념 사학논고』, 태학사.

김창수(金昌洙). 1988. 「한인애국단의 성립과 활동」, 『한국독립운동사연구』 2, 한국독립운동사연구소.

김형석(金亨錫). 1989. 「상해거류 한인기독교도들의 민족운동」, 『용암 차문섭 박사 화갑기념 사학논총』.

김혜경(金惠慶). 1990. 「대한민국임시정부의 교육정책 연구」, 『성신사학』 8, 성신여자대학교 사학회.

김호일(金鎬逸). 1981. 「대한민국임시정부의 교육사상」, 『한국사론』 9.

김호일(金鎬逸). 1983. 「독립운동」, 『한국사』 22, 국사편찬위원회.

김호일(金鎬逸). 1987. 「한국근대학생운동연구」, 단국대학교 대학원 박사학위 청구논문.

김효선(金孝善). 1985. 「박은식의 교육사상연구」, 연세대학교 대학원 박사학위 청구논문.

김흥수(金興洙). 1991. 「한국근대 민족사학의 성립과 교육내용에 관한 연구」, 『역사교육』 50.

김희곤(金喜坤). 1986.「신한청년단의 결성과 활동」,『한국민족운동사연구』1.

한국독립운동사연구회. 1991.「대한민국임시의정원의 성격」,『한국민족운동사연구』5, 한국민족운동사연구회.

노승윤(盧承允). 1985.「박은식의 구국사상에 입각한 교육관」,『논문집』8, 한양여자전문대학.

노승윤(盧承允). 1987.「박은식의 민족교육사상연구」, 중앙대학교 대학원 박사학위 청구논문.

노영택(盧榮澤). 1976.「일제하의 서당 연구」,『역사교육』16.

담탁영. 1980.「한국근대민족교육사상의 성장-박은식·신채호·안창호를 중심으로」, 서울대학교 대학원 석사학위 청구논문.

도진순(都珍淳). 1991.「근대민족주의의 형성과 분화」,『한국고대사논총』1, 가락국사적개발연구원한국고대사연구소.

문기상(文基相). 1987.「민족사와 세계사」,『한국사』, 성신여자대학교출판부.

민두기(閔斗基). 1965.「양계초 초기사상의 구조적 이해」,『역사학보』28

박만규(朴萬圭). 1985.「삼균주의 정립의 민족운동사적 배경 고찰」,『변태섭 박사 화갑기념 사학논총』, 삼영사.

박성수(朴成壽). 1984.「단재의 고대사관」,『소헌 남도영 박사 화갑기념 사학논총』, 태학사.

박영석(朴永錫). 1987.「한인소년병학교연구」,『한국독립운동사연구』1, 독립기념관 한국독립운동사연구소.

박용옥(朴容玉). 1983.「민족운동의 새 단계」,『한국사』22, 국사편찬위원회.

박주신(朴州信). 1986.「대한제국시대 민족사학의 교육구국운동에 관한 연구」, 중앙대학교 대학원 석사학위 청구논문.

박찬승(朴贊勝). 1990.「한말자강운동론의 각 계열과 그 성격」,『한국사연구』68, 한국사연구회.

박창건(朴昌健). 1981.「천도교」,『서울600년사』4, 서울시사편찬위원회.

박형표(朴亨杓). 1969.「3·1운동 당시 노령의 한교(韓僑)」,『3·1운동 50주년 기념논총』, 동아일보사.

박환. 1987.「재만 한국독립당에 대한 일고찰」,『한국사연구』59, 한국사연구회.

서굉일(徐紘一). 1984.「1910년대 북간도의 민족주의교육운동(I)」,『백산학보』29, 백산학회.

서굉일(徐紘一). 1985.「1910년대 북간도의 민족주의교육운동(II)」,『백산학보』30, 31,

백산학회.

손인수. 1976. 「한국근대소년운동과 아동 중심의 교육사상」, 『이인기 박사 고희기념 논집』.

손인수. 1979. 「동학사상의 아동관」, 『교육사교육철학』 3.

손인수. 1984. 「근대교육의 보급」, 『한국사』 20, 국사편찬위원회.

송민호(宋民鎬). 1970. 「일제하의 한국저항문학」, 『일제하의 문화운동사』, 아세아문제연구소.

송병기(宋炳基). 1980. 「19세기말 근대의식의 성장」, 『한국사학』 1, 한국정신문화연구원 사학연구실.

신순철(愼淳鐵). 1983. 「애국계몽기의 불교개혁사상」, 『한국종교』 8, 원광대학교 종교문제연구소.

신용하(愼鏞廈). 1977. 「신민회의 창건과 그 국권회복운동(상·하)」, 『한국학보』 8, 9, 일지사.

신용하(愼鏞廈). 1980. 「한국애국계몽사상과 운동」, 『한국사학』 1, 한국정신문화연구원 사학연구실.

신일철(申一澈). 1975. 「신채호의 역사사상연구」, 고려대학교 대학원 박사학위 청구논문.

신일철(申一澈). 1989. 「천도교의 민족운동」, 『한국사상』 21, 한국사상연구회.

신재홍(申載洪). 1981. 「일제치하에서의 한국 소년운동 고」, 『사학연구』 33, 한국사학회.

신재홍(申載洪). 1983. 「1920년대 한국청소년운동」, 『인문과학연구』 2, 성신여자대학교.

신재홍(申載洪). 1988. 「대한민국임시정부외교사」, 경희대학교 대학원 박사학위 청구논문.

신채식(申採湜). 1987. 「동아시아문화의 공통성과 한국」, 『한국사』, 성신여자대학교출판부.

오세창(吳世昌). 1970. 「재만한인의 사회적 실태」, 『백산학보』 9, 백산학회.

오세창(吳世昌). 1984. 「한인의 미주이민과 항일운동」, 『민족문화논총』 6, 영남대학교.

우동수(禹東秀). 1991. 「1920년대 말-30년대 한국사회주의자들의 신국가건설론에 관한 연구」, 『한국사연구』 72, 한국사연구회.

원유한(元裕漢). 1974. 「봉건조선사회 해체과정에 대한 일고찰」, 『최호진 박사 회갑기념 논총』.

유명종(劉明鐘). 1982. 「실학사상」, 『한국민족사상대계』, 형설출판사.

유승희(劉承姬). 1990. 「「신한민보」의 논설 분석」, 『성신사학』 8, 성신여자대학교 사학회.

유영렬(柳永烈). 1984. 「한말애국계몽운동과 윤치호」, 『사학연구』 38, 한국사학회.

유영렬(柳永烈). 1991. 「독립협회의 성격」, 『한국사연구』 73, 한국사연구회.

유준기(劉準基). 1984. 「한계 이승희의 교육사상」, 『소헌 남도영 박사 화갑기념 사학논총』, 태학사.

유준기(劉準基). 1991. 「백암 박은식의 민족주의사학」, 『백산 박성수 교수 화갑기념 논총-한국독립운동사의 인식』.

유홍렬(柳洪烈). 1969. 「3·1운동 이후 국내의 민족운동」, 『3·1운동 50주년 기념논집』, 동아일보사.

윤경로(尹慶老). 1986. 「신민회의 창립 과정」, 『한성사학』 1, 한성대학.

윤병석(尹炳奭). 1987. 「1910년대 미주지역한인사회의 동향과 조국독립운동」, 『두계 이병도 박사 구순기념 한국사학논총』.

윤병석(尹炳奭). 1989. 「대한민국임시정부연구서설-임시의정원문서를 중심으로)」, 『한국사와 역사의식』, 인하대학교출판부.

윤석중(尹石重). 1974. 「천도교소년운동과 그 영향」, 『한국사상』 12, 한국사상연구회.

윤영춘(尹永春). 1965. 「황무지에 세운 기폭(旗幅)-김약연」, 『한국의 인간상』 6, 신구문화사.

윤종영(尹種榮). 1991. 「국사교육의 변천과 과제」, 『실학사상연구회』 2, 무악실학회.

이광린(李光麟). 1975. 「개화파의 개신교관」, 『역사학보』 66, 역사학회.

이광린(李光麟). 1983. 「민족교육」, 『한국사』 22, 국사편찬위원회.

이명화(李明花). 1990. 「북간도 지방에서의 민족주의교육과 식민주의교육」, 『실학사상연구』 1, 무악실학회.

이병도(李丙燾). 1969. 「3·1운동의 민족사적 의의」, 『3·1운동 50주년 기념논집』, 동아일보사.

이상근(李尙根). 1987. 「월남 이상재의 사회사상」, 『박성봉 교수 회갑기념 논총』, 경희대학교출판국.

이상현. 1983. 「소파문학의 비평적 접근」, 『나라사랑』 49, 외솔회.

이연복(李延馥). 1982. 「대한민국임시정부연구(1919-1948)」, 경희대학교 대학원 박사학위 청구논문.

이완재(李完宰). 1984. 「개화사상소고」, 『한국학논집』 9, 한양대학교.

이원순(李元淳). 1977. 「성호이익의 서학사상」, 『교회사연구』 1.

이재선(李在銑). 1978. 「개화기문학의 종합적 연구」, 『개화기문학』 1.

이재순(李載順). 1977.「한말 신민회에 관한 연구」,『이화사원』14.

이재철. 1983.「소파 방정환론」,『나라사랑』49, 외솔회.

이재향. 1966.「소파 방정환」,『교육자료』112.

이지우(李志雨). 1982.「대한자강회의 활동에 대하여」,『경희사학』9, 10.

이현희(李炫熙). 1979.「민족정신의 조류와 그 인식」,『이화』33.

이현희(李炫熙). 1980.「개화기의 인물과 사상」,『한국사상』17, 한국사상연구회.

이현희(李炫熙). 1982.「한말 중인개화사상가의 개혁운동」,『사학연구』34.

이현희(李炫熙). 1987.「일제의 한국교육.종교침략정책의 연구」,『최영희 선생 서냉 화갑 기념 한국사논총』, 탐구당.

이현희(李炫熙). 1987.「한말개화사상의 보급과 갈등문제」,『소헌 남도영 박사 화갑기념 사학논총』, 태학사.

이현희(李炫熙). 1991.「6·10독립만세운동 고」,『6·10독립만세운동』, 6·10만세기념사 업회.

정영희(鄭英熹). 1989.「개화기근대학교 설립에 관한 연구」,『용암 차문섭 박사 화갑기념 사학논총』.

정영희(鄭英熹). 1991.「한국개화기 종교계의 교육운동연구」, 단국대학교 대학원 박사학 위 청구논문.

정재철(鄭在哲). 1981.「일본식민지주의교육에 관한 사회사상적 연구」, 건국대학교 대학 원 박사학위 청구논문.

정희남(鄭熙南). 1968.「한국근대교육에 미친 초기선교사업」, 연세대학교 교육대학원 석 사학위 청구논문.

조동걸(趙東杰). 1977.「1910년대 민족교육과 그 평가상의 문제」,『한국학보』6, 일지사.

조수철(趙守哲). 1978.「「독립신문」에 나타난 실업교육관」, 연세대학교 교육대학원 석사 학위 청구논문.

조운석(趙雲錫). 1980.「백암 박은식 연구」, 연세대학교 교육대학원 석사학위 청구넌문.

조지훈(趙芝薰). 1964.「한국민족운동사」,『한국문화사대계』1, 고려대학교 민족문화연 구소.

조찬석(趙燦錫). 1973.「일제하의 한국소년운동」,『논총』4, 인천교육대학.

조찬석(趙燦錫). 1976.「1920년대 경기지방의 경기자방의 소년운동」,『기순문화연구』7, 인천교육대학.

조찬석(趙燦錫). 1978.「1920년대 서울지방의 소년운동」,『논문집』12, 인천교육대학.

조찬석(趙燦錫). 1981.「관산 조철호에 관한 연구」,『교육논총』 12, 인천교육대학.

조찬석(趙燦錫). 1983.「1920년대 경상북도지방의 소년운동」,『김판영 박사 화갑기념 논문집』, 동아출판사.

조항래(趙恒來). 1981.「한말 신문의 발달과 논조에 관한 고찰」,『한우근 교수 정년기념 사학논총』, 지식산업사.

진영일(陳英一). 1977.「민주주의 사학가들의 서구인식」, 서울대학교 대학원 석사학위 청구논문.

천경화(千敬花). 1977.「일제하 재만한인교육에 관한 연구」,『백산학보』 25, 백산학회.

천관우(千寬宇). 1967.「장지연과 그의 사상」,『백산학보』 3, 백산학회.

천관우(千寬宇). 1982.「한국민족주의의 역사적 구조」,『한국의 민족주의』, 현대사상사.

최준(崔埈). 1983.「언론의 활동」,『한국사』 22, 국사편찬위원회.

최기영(在起榮). 1989.「구한말「공립신보」.「신한민보」에 관한 일고찰」,『칠리 이광린 교수 퇴직기념 한국사논문집』, 서강대학교 동아연구소.

최동희(崔東熙). 1969.「천도교 지도정신의 발전과정」,『3·1운동 50주년 기념논집』, 동아일보사.

최동희(崔東熙). 1980.「동학의 기본사상」,『한국사학』 1.

최성철. 1984.「조선후기 실학의 개혁사상」,『한국학논집』 6, 한양대학교 한국학연구소.

최형련(崔炯鍊). 1969.「3·1운동과 중앙학교」,『3·1운동 50주년 기념논집』, 동아일보사.

최홍규(崔洪奎). 1980.「신채호의 민족독립사상연구」, 건국대학교 대학원 석사학위 청구논문.

최홍규(崔洪奎). 1991.「1920년대 수원지방의 항일민족운동」,『순국』 17, 순국선열유족회.

한상복(韓相福). 1987.「김구의 한군관학교(1934-35) 운영과 그 입교생」,『한국사연구』 58, 한국사연구회.

한상복(韓相福). 1989.「김구의 항일특무조직과 활동(1934-1935)」,『한국민족운동사연구』 4, 한국민족운동사연구회.

한시준(韓時俊). 1986.「조소앙의 역사의식」,『한국사연구』 55, 한국사연구회.

한시준(韓時俊). 1989.「상해 한국독립당연구」,『용암 차문섭 박사 화갑기념 사학논총』.

한우근. 1987.「동학창도의 시대적 배경」,『우계 이병도 박사 구순기념 한국사학논총』, 지식산업사.

허도학(許道鶴). 1982.「애국계몽사상의 구조 연구」, 서울대학교 대학원 석사학위 청구논문.

허재욱(許在旭). 1971.「한국 보이스카우트 운동이 청소년교육에 미치는 영향」, 고려대학교 교육대학원 석사학위 청구논문.

홍순창(洪淳昶). 1989.「신라화랑의 군사적 역할」,『용암 차문섭 박사 화갑기념 사학논총』.

홍이섭(洪以燮). 1969.「3·1운동의 사상사적 위치」,『3·1운동 50주년 기념논집』, 동아일보사.

홍이섭(洪以燮). 1972.「박은식 선생과 독립투쟁사」,『나라사랑』8, 외솔회.

홍종필(洪鐘佖). 1984.「만주조선인 교육문제 소고」,『백산학보』28, 백산학회.

홍종필(洪鐘佖). 1987.「「만주」에서의 조선인 농업이민의 사적 연구(中國東北地方における朝鮮人農業移民の史的研究)」, 경도(京都)대학 박사학위 청구논문.

황선희(黃善嬉). 1989.「1920년대의 천도교와 신문화운동-이돈화의 3대 개벽론을 중심으로」,『용암 차문섭 박사 화갑기념 사학논총』.

【ㄹ】

【ㅁ】

【ㅂ】

【ㅈ】

【기타】

방정환연구소 총서 01

한국소년운동사 개정판

등록 1994.7.1 제1-1071
개정판 1쇄 발행 2026년 3월 1일

기   획 한국소년운동사 복간위원회
지은이 김정의
펴낸이 박길수
편집장 소경희
편집·디자인 조영준
관   리 위현정
펴낸곳 도서출판 모시는사람들
          03147 서울시 종로구 삼일대로 457(경운동 수운회관) 1306호
전   화 02-735-7173 / 팩스 02-730-7173
홈페이지   http://www.mosinsaram.com/

인   쇄 피오디북(031-955-8100)
배   본 문화유통북스(031-937-6100)

값은 뒤표지에 있습니다.
ISBN   979-11-6629-260-6 (94300)
SET ISBN   979-11-6629-259-0 (94300)

* 잘못된 책은 바꿔 드립니다.
* 이 책의 전부 또는 일부 내용을 재사용하려면 사전에 저작권자와
   도서출판 모시는사람들의 동의를 받아야 합니다.